JEWISH STUDIES

教育部人文社会科学重点研究基地

山东大学犹太教与跨宗教研究中心

第19辑

犹太研究

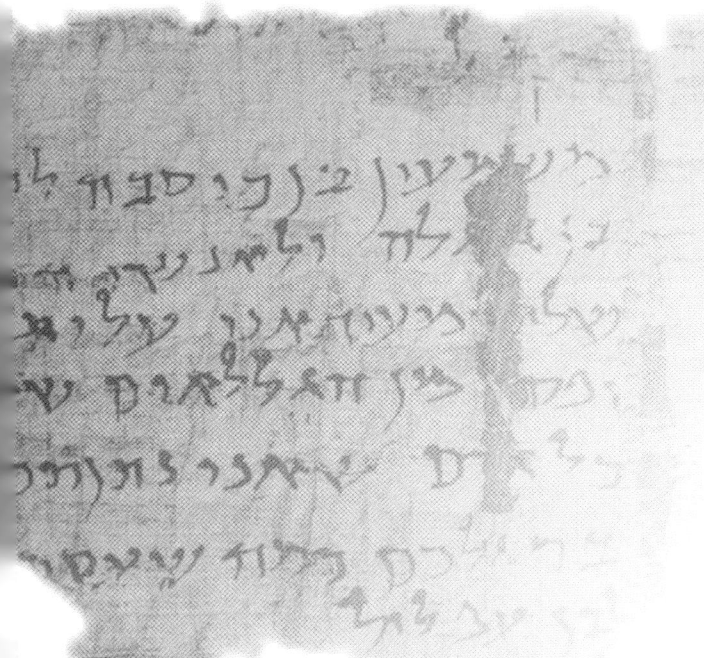

主编

傅有德

副主编

陈家富

董修元

山东大学出版社

图书在版编目(CIP)数据

犹太研究.第19辑/傅有德主编.—济南:山东大学出版社,2022.6

ISBN 978-7-5607-7537-1

Ⅰ.①犹… Ⅱ.①傅… Ⅲ.①犹太教—宗教哲学—研究 ②犹太人—研究 Ⅳ.①B985 ②K18

中国版本图书馆CIP数据核字(2022)第093730号

责任编辑 李 璐
封面设计 牛 钧 王秋忆

出版发行 山东大学出版社
社 址 山东省济南市山大南路20号
邮政编码 250100
发行热线 (0531)88363008
经 销 新华书店
印 刷 济南新科印务有限公司
规 格 787毫米×1092毫米 1/16
16印张 322千字
版 次 2022年6月第1版
印 次 2022年6月第1次印刷
定 价 49.00元

《犹太研究》编委会

目录

C.对话

Dialogue

D.论争

Rejoinder

目录

E.译文

Translation

A

圣典与传统

Scriptures and Traditions

行走于古以色列社会：《箴言》19:15—29和22:1—16的文学结构

李穗洪*

【摘要】《箴言》(尤其是第10—29章)一直被质疑缺乏系统性结构，加上看似相对缺乏关于神作为的教导，因而往往被基督教徒和犹太教徒忽略。本文尝试通过布局构图、关联性思考分析《箴言》19:15—29和22:1—16两段经文，并检视其经文结构及整体信息，展示这卷犹太经典的独特编写，有技巧地反映其观察到的社会实况，及其如何引导当时自处不公义社会的古以色列年轻人按耶和华的价值观去行事从而得福避灾。

【关键词】箴言；系统性结构；首尾呼应；关联性思考；不公义社会；市集

虽然《箴言》的正典地位甚少被质疑，但此书较少被犹太人在会堂用于敬拜和教导，这可能因为《箴言》主要谈及人的应有行为多于神的作为，并且大部分人难以对第10—21章进行段落式释经或分析其处境。[①] 很多人认为《箴言》缺乏系统性结构，尤其是第10—29章，因为当中收集了大量不同题目的独立箴言短句，节与节之间没有明显的关联，例如特伦佩尔·朗文(Tremper Longman Ⅲ)断言《箴言》第10—31章没有系统性结构[②]，威廉·麦卡恩(William McKane)认为《箴言》的大部分内容都没有上下文的关联。[③] 由于大部分短句看似没有组织地被放进不同段落，所以读者难以看到《箴言》的编排模式[④]，这情况自然给人

* 李穗洪，中国宣道神学院签约客座讲师。

① David Hubbard, *Proverbs*, Mastering the Old Testament 15A (Nashville: Thomas Nelson, 1989), 17.

② Tremper Longman Ⅲ, *Proverbs*, BCOT (Grand Rapids: Baker Academic, 2006), 41.

③ William McKane, *Proverbs: A New Approach*, OTL (London: SCM, 1970), 10-11.

④ Michael V. Fox, *Proverbs 10-31*, AB 18B (New Haven/London: Yale University Press, 2009), 477.

“杂乱无章”的感觉。一般人选择将相近主题的箴言短句分类,并加以归纳,作有系统的主题教导,但这变相承认现有的《箴言》文本没有结构因而需要重新编排。迈克尔·福克斯(Michael V. Fox)却正面地美化这种情况:“它是一堆不同种类的珠宝……它本身拥有繁茂丰富的内容,外面则穿戴上一种没有秩序的隽美和吸引。”[①]换句话说,这是一种“凌乱美”。

乌多·斯克拉达尼(Udo Skladny)视《箴言》为古以色列为工匠及农民收集的流行谚语群集和具有主题连贯性及艺术意图一致性的智慧短句群集。[②] 罗纳德·墨菲(Ronald E. Murphy)将《箴言》第10—31章视为由短句组成的一个集群组,以讨论当中的一些共同主题,但未能提供任何段落标题或结构。[③] 克鲁特·马丁·海姆(Knut Martin Heim)主张通过语音、语义、句法和主题重复等来发掘《箴言》短句之间的连贯性,不太关注《箴言》的任何一个单元内的顺序结构,相反坚持只要将一个单元收集到的短句放在一起阅读,就可以提升对经文的“丰富美食体验”。[④]

笔者尝试从《箴言》中抽取两段看似全无结构的经文去分析其阅读连贯性和结构性,第一段经文为第19章第15—29节,它可以示范如何从“凌乱美”看出“有布局的”构图。艾丽斯·奥格登·贝利斯(Alice Ogden Bellis)视此段落为一个聚焦教育但结构疏散的集群组,将第15节及第24节的“懒惰”作为一个单元的首尾呼应(*inclusio*),更视第19章第25节至第20章第1节为另一个关于教育傲慢人的单元。[⑤] 即使R. 诺曼·华柏瑞(R. Norman Whybray)强调依据《箴言》每章的结构、经文整体关联性视第19章为一个整合单元,也只能勉强把它分成数个零碎的小单元,看不出一幅整合的图画。[⑥] 海姆亦提出数个主题和标语(catchwords)将第19章第16—23节串联起来。[⑦] 戴维·哈伯德(David Hubbard)为整个第19章命题为“开放的耳朵和全力以赴的手”,突出管教和财

① Michael V. Fox, *Proverbs 10-31*, AB 18B, 481-482.

② Udo Skladny, *Die ältesten Spruchsammlungen in Israel* (Göttingen: Vandenhoeck & Ruprecht, 1962), 55-77.

③ Roland E. Murphy, *Proverbs*, WBC 22 (Nashville: T. Nelson, 1998).

④ Knut Martin Heim, *Like Grapes of Gold Set in Silver: An Interpretation of Proverbial Clusters in Proverbs 10:1-22:16*, BZAW273 (Berlin: De Gruyter, 2001), 63-64, 106-107.

⑤ Alice Ogden Bellis, *Proverbs*, The Wisdom Commentary 23 (Collegeville: Liturgical Press, 2018), 188-191.

⑥ R. Norman Whybray, *Composition of the Book of Proverbs*, JSOTSupp 168 (Sheffield: Sheffield Academic Press, 1994), 113-114.

⑦ Knut Martin Heim, *Like Grapes of Gold Set in Silver: An Interpretation of Proverbial Clusters in Proverbs 10:1-22:16*, BZAW273, 262-263.

富运用的主题,但仍未能提供一个整体的经文结构或处境。[①]

这两段经文的编修过程可能反映“关联性思考”(associative thinking),这种写作或阅读方法可以帮助读者发现其经文结构或处境。福克斯将“关联性思考”解释为一个过程:“当一个想法产生另一个想法,或一个词引起相关的想法时,结果是一个关联性的排序。”[②]换句话说,编修者写下一个搜集的短句,为了让读者想到同一或相关主题的另一个短句,而使用相近的字词或相关的措辞来加以串联。构建这种关联的工具还可以包括“头韵法,文字游戏,标语,并单词、词根及短句的重复”[③]。福克斯依靠“关联性思考”指出第 10 章第 1 节至第 15 章第 33 节中的一系列“义与恶”对立、第 16 章第 1—9 节中的一连串关于上帝控制,并指出第 16 章第 10—15 节中反思王权的串联较为突出,但他只会以此方法将几节至十多节经文串联为一个小单元。[④] 海姆也曾使用这种方法串联经文成为不同单元,但每次的关联性不太一致,即使同一个单元也会用上不同的关联性因素。[⑤]

其实,想象场景也可以成为“关联性思考”的另一种工具,其将原本没有直接关联的短句串联在一起。《箴言》谈到的不同的人和事,反映人们每天经过大街小巷时所遇见的景象,这场景中遇见的人正是在“关联性思考”的“眼镜”下被设置在一起,第 19 章第 15—29 节正是一个很好的例子。这段经文就像带领人们走进一个“小小区”,在第 15 节看见有人堕入深睡,也有人因懈怠挨饿,他们都是懒惰人。[⑥] 转眼间,在第 16 节即看见遵守诫命的人与轻忽己路的人朝向不同的结局。行远一点,又分别见到怜悯贫寒的人(17)、暴怒的人(19)、仁慈的人(22)。到了第 24 节,懒惰人再次出现。接着在第 25 节,分别看见傲慢人与聪明人面对责备可以同得着益处。随后,再遇见恶待父母的“蒙羞致辱之子”(26)、鄙视判决而作见证的恶人(28)。小小区的不同人物一个个被编修者联想到,依次登场,好不热闹;不过,这不是凌乱,而是反映社会现实,因为人生有时像是随机运转,在一段特定的时间里面,经常碰到相同的人和事,但有些时候,对于某些人和事,却

---

① David Hubbard, *Proverbs*, Mastering the Old Testament 15A , 278-299.

② Michael V. Fox, *Proverbs 10-31*, AB 18B, 480.

③ Michael V. Fox, *Proverbs 10-31*, AB 18B, 480.

④ Michael V. Fox, *Proverbs 10-31*, AB 18B, 480.

⑤ Knut Martin Heim, *Like Grapes of Gold Set in Silver: An Interpretation of Proverbial Clusters in Proverbs 10:1-22:16*, BZAW273, 106-107.

⑥ Waltke 提出第 19 章第 15 节的“תרדמה”(deep sleep)与第 10 章第 5 节的“רדם”(fell into deep sleep)之联系,认为两处经文都指向懒惰的儿子。但笔者认为第 19 章第 26 节与第 10 章第 5 节的关联更大,两节经文以相同字词“בו מביש”(贻羞致辱之子)来分别形容恶待父母的人和收割时沉睡的人。参见 Bruce K. Waltke, *Proverbs 15-31*, NICOT (Grand Rapids: Wm. B. Eerdmans, 2005), 108-109, 123-124。

又久久没能遇上。这种情况,正好配合智慧文学探索生活智慧的特色,反映了作为编修者的智能人对日常小小区中零碎又相联的记忆进行重整或联想。

在第 19 章第 28—29 节中登场的是《箴言》整卷书常常提及的恶人"רשעים"、傲慢人"ללצים"、愚昧人"כסילים",他们成为这个小小区旅程落幕的代表性人物。这可能是编修者的刻意编排,因为三者都是整卷书经常赞扬的正面人物的对立面。例如第 4 章第 14 节恶人"רשעים"的路被用于与第 4 章第 18 节的义人的路作对比;傲慢人"ללצים"首先出现在第 3 章第 34 节,与谦卑人作对比[①];愚昧人"כסילים"早在第 1 章第 32 节已经出现,正是《箴言》引言(1:1—7)中的智慧人的对立面。聚集在小小区旅程终点的三种负面人物,令读者更能想象他们在日常生活中很容易变成这类人。另外,当我们视"关联性思考"为一种编修工具时,就可以想象编修者透过这三种人物,将此段经文与整卷书串联在一起。

但这一段落并未停留在观察和想象,编修者更进一步加插了教诲和吩咐。整个段落出现了三次命令句(Imperatives):"管教儿子"(18)、"聆听劝言、接受训诲"(20)、"停止听错误教导"(27)。福克斯指出在第 20 节突如其来的第二个吩咐属于第二身的劝告,与第 1—9 章的父子教议导语式非常类似,所以就将整个段落归为对年轻人的教导编集。[②] 虽然第三个吩咐是向儿子发出的,亦配合了年轻人为读者的假定,但第一个吩咐是向作父亲的发出的,因此未必将整个段落都归属于面向年轻人读者。相反,由于第二个吩咐没有指明对象,所以对象可以被理解为众读者。而且第 1 章第 4—5 节说明了整卷书的读者包括了无经验的年轻人和富有经验的智慧人。[③] 即使第三个吩咐的对象,按字面意思看是儿子,但"儿子"在整卷《箴言》中也常常被指向领受《箴言》教导的读者。所以,参与这个小小区旅程和被教导提醒的是范围较大的读者对象,包括父亲或富有经验的人(18)、儿子或缺乏经验的人(27),以及一切没有注明对象的读者。

但从市集观察得出命令式的吩咐,需要充足的理由或原动力作为支持,而这动力就是在这个段落出现了三次的耶和华。有学者注意到第 10 章第 1 节至第 22 章第 16 节的 375 个短句中,有 55 句提及耶和华名字的短句穿插其中,其被称为"耶和华箴言"。这显示《箴言》,不只关心世俗生活,也带领读者思考耶和华的价值观,因为编修者刻意将"耶和华箴言"摆放在重要的位置上加以凸显。[④]

---

① Michael V. Fox, *Proverbs 1-9*, AB 18A (New Haven/London: Yale University Press, 2000), 168-169.

② Michael V. Fox, *Proverbs 10-31*, AB 18B, 481-482.

③ Michael V. Fox, *Proverbs 10-31*, AB 18B, 62.

④ Katharine J. Dell, *The Book of Proverbs in Social and Theological Context* (Cambridge: Cambridge University Press, 2009), 58-59, 106.

笔者暂时未能看出编排这些“耶和华箴言”的划一或固定模式，不过，“耶和华箴言”不平均和不定时穿插在不同题目的经文中间，这就正如我们活在世俗中遇到不同的人和事，有时让我们想到神，有时又没有让我们想起神。

以第 19 章第 15—29 节为例，其中耶和华的名字出现了三次。这个段落告诉读者怜悯贫穷人的原因是耶和华的报偿(17)，敬畏耶和华会得着他的祝福(23)，以及人的计谋需要耶和华的筹算去成就(21)。众读者在小小区遇见行善的人和行恶的人，只有敬畏耶和华和渴望耶和华的祝福，才会懂得选择仿效谁的路和生活，聆听和教导怎样的训诲。这个将生活观察、教导训诲及关于耶和华的反思结合起来的经文段落，与以色列的智慧文学特色十分吻合。智慧文学正是建基于密切观察和仔细反思的观察世界的方式，以制定适合其读者的生活策略，涵盖日常工作中可能遇到的一切人、事、物。[①]

“耶和华箴言”在这段经文中成了“关联性思考”中的“标语句”，但编修者没有使它重复出现在每一句短句内，反而是刻意让它只在中间出现，以成功塑造神在小小区市集时隐时现的场境。这段经文让我们想到一个集市的画面，里面不同的人做着看似各不相关的事，而这些经文所指涉的人与出现“耶和华名字”的语句的距离或远或近，就正如有些人按照耶和华的心意行事，有些则恣意违背一样，但所有人都在耶和华的视线范围内，也要面对祂的审判。透过这图像的表达，读者学会以敬畏耶和华的眼光去响应每天生活中遇到的事和人。这段只有第 15 节的经文引领读者遇上耶和华、不同的人物，所以，《箴言》并不是“杂乱无章”，而是有独特的编写目的。其中一个编写目的是给读者指引，去面对日常的挑战：我们该如何应对不同的人，如何成为良善的人，如何在个人和商业活动中作出正确的选择，如何得着神的喜悦和避免灾祸……[②]

编修者们在运用“关联性思考”去编修这卷书时，既要让短句的分布情况反映人类生命旅途的不稳定性，与叙事文体、律法条文截然不同(甚至与后来那些用希罗修辞写作的新约书信结构也不同)，同时又要使人读完一个段落时，透过短句间的间接关联，想象到一幅幅生活图画，探索其中的神学意义和生活智能。这就解释了编修者为何需要通过不同的方法留下线索供读者仔细琢磨：一些学者发现书中的短句编排显示出编修者的匠心，编排工具包括共同主题、相同或相关字词、相近声韵(如相近希伯来字母或重复元音等)。[③] 这幅可能用了多种工

---

① Norman K. Gottwald, *The Hebrew Bible: A Socio-literary Introduction* (Philadelphia: Fortress Press, 1985), 566-567.

② Michael V. Fox, *Proverbs 1-9*, AB 18A, 7.

③ Roland E. Murphy, *Proverbs*, WBC 22, 67.

具去串联和建构的想象图画和场境就是这段经文的一种"结构"。

《箴言》第 22 章第 1—16 节是使用同一个"关联性思考"因素去串联成单元的另一个例子,其经文结构可能更容易被观察。哈伯德为第 22 章第 1—16 节命题为"警醒的行为和热心的公义",强调小心谨慎行事以达至社会公平的重要性[①];墨菲留意到该段落的不少经文都围绕富有人和贫穷人,尤其较集中在第 1—9 节,但仍认为不是每节经文都直接关联该主题[②];贝利斯则只将这段经文归类为财富、贫穷和道德的不同主题,从中可以看到贫富者之间的张力。[③] 但他们仍未能提供一个整体的经文结构或处境。因此,笔者于下文尝试以"关联性思考"去建构这段经文的平衡结构。

很多时候我们会单独讲解第 6 节的"教养孩童走当行的道,就是到老他也不偏离",但其实我们可以用段落式思维去阅读整段经文。这段经文结构脉络的痕迹包括以下三点。第一,第 6 节和第 15 节都提及要教导年轻人。第二,重点字眼重复出现,如有钱人或财富(1a、2a、4a、7a 及 16b)、穷人(2a、7a、9b 及 16a)、口或言语、眼、杖。第三,在第 2、4、12、14 节总共出现了四句"耶和华箴言"。这些元素有助于编修者和读者用"关联性思考"去识别这段经文的平行结构。

编修者在第 1—5 节及第 12—14 节的两个平衡相关单元(A 和 A'),让我们看到耶和华如何掌控、审判这充满富人和穷人的不公义的经济社会。在第 2 节,富人和穷人都是由耶和华创造的,耶和华对富人和穷人有绝对主权,看似神早已在创造计划中定下了各人的财富命运;但第 3—4 节却提醒人要谨慎行事才可避灾罚,并得到神的祝福。虽然创造主在人类经济社会中早已安排了富有贫穷,但亦随时可按人的道德行为重新分配[④],这种财富由神安排但随时按人表现而改变的张力,可以正面培养出穷人的知足和盼望以及富人的慷慨和敬畏。第 4 节提及财富只是耶和华三种祝福的其中一种,只要人对神谦卑,就得着财富、尊荣和生命。对神谦卑,放在第 1 章第 7 节《箴言》钥匙经文的"眼镜"下,就是敬畏耶和华和遵从《箴言》编修者教导的耶和华智慧和价值观。第 4 节的财富、尊荣、生命也分别出现于第 1 节和第 5 节,第 1 节告诉我们尊荣比财富重要。虽然第 3 节和第 5 节没有直接将生命与二者比较,但两节带出避灾保障生命的重要性。如果再加上用《箴言》第 1—9 章父亲对儿子生命的紧张和反对强暴换取的财富

① David Hubbard, *Proverbs*, Mastering the Old Testament 15A , 340-348.

② Ronald E. Murphy, "Proverbs 22: 1-9," *Interpretation* 41.4 (1987): 398-399; Ronald E. Murphy, *Proverbs*, WBC 22, 166-167.

③ Alice Ogden Bellis, *Proverbs*, The Wisdom Commentary 23, 207-212.

④ Bruce K. Waltke, *Proverbs* 15-31, NICOT, 201.

的“眼镜”来看[①],读者就更能看见《箴言》编修者的优先次序是财富次于尊荣,而尊荣又次于生命。这个同时有富人和穷人的社会背后有耶和华作为创造主和审判主,耶和华查看富人与穷人的每一次相遇和互动,这可以解释第 22 章第 3 节明智人所要避免的灾、愚昧人或经验缺乏的人不懂得要避免的灾,正是耶和华的查看和审判所带来的灾。

单元 A'(12—14)中的三节经文都与口或言语相关,涉及恶人那压逼人的奸诈言语、自我催眠的懒惰人言语,以及外女充满诱惑的言语,这些言语及相关行动都可以让人在这不公义的社会中陷入绝境。这些都为耶和华所憎恶,并得以警惕下一代有所提防。单元 A' 与单元 A 一样有两句耶和华短句,这让我们清楚看见古以色列人的智慧文学和价值观是非常务实和入世的,带出生活是与耶和华紧扣相关的,并协助读者认清及以耶和华喜悦的方法去响应社会处境。如果没有敬畏神的智慧就不能把持得住,下一代需要看清耶和华如何看这些事和这些话,由此才可以避免恶人的陷阱或耶和华的审判所带来的灾。

单元 A 和 A' 提及耶和华会按我们在这个富人与穷人相遇的经济社会的行为作出审判,而单元 B(5—7)和单元 B'(14—16)则顺应地呼吁读者去管教下一代,让他们行耶和华看为正的路,以免堕入恶人的陷阱,或招致神的惩罚等灾难。单元 B 集中讲教导年轻人如何行走生命的道路,以得着真正的财富[②],即耶和华的祝福。第 5 节“**ירחק מהם**”(will be far from them,将会远离他们)和第 6 节“**יסור ממנה**”(depart from it,离开他)都有类似“离开”的意境,凸显了两节的平衡。第 5 节提出歪曲的人的路,恰对着第 6 节要求我们教导下一代走“על־פי דרכו”(根据口、命令的路径,the way according to the mouth)。[③] “פי”通常译作“口”,有时译作“他说”或指向“神的”,在这里的意思不确定,译作“当行的”也是合理的,但相对于第 5 节的“歪曲的人”,第 6 节可能是意带相关同时指向“神所说”“神所吩咐”的路。第 6 节要求读者尽力地持之以恒地教导下一代,由此才能使他们到老也不偏离。第 7 节不一定与前两句直接连接,但考虑到第 5—7 节与第 14—16 节的平衡意境,笔者建议视第 7 节为第 6 节神吩咐当行的路这一最精要的教导所针对的处境。这处境进一步解释富人与穷人如何在日常生活中相遇,即富人管辖穷人,穷人因经济困难而借贷结果成为富人的仆人甚至奴隶,这是与社会实况非常相关的生活处境。

---

① Clifford 提出《箴言》第 1—9 章为阅读第 10—22 章提供了建立生命的经文处境。参见 Richard J. Clifford, “Reading Proverbs 10-22,” *Interpretation* 63.3 (2009): 242。

② Bruce K. Waltke, *Proverbs 15-31*, NICOT, 203.

③ Bruce K. Waltke, *Proverbs 15-31*, NICOT, 205.

在单元 B’,第 15 节的管教下一代年轻人与第 6 节教导训练下一代年轻人平衡,第 16 节“欺压贫寒人”亦呼应第 7 节中“有钱人管辖穷人”,也与第 1—2 节的“עשר”(财富)、“עשיר”(富有人)和“רש”(穷人)首尾呼应。面对这个充满经济不公义、危机四伏、恶人伺机陷害人、有权有势的富裕人欺压穷人的社会,《箴言》编修者告诉我们要用“管教的杖”(15),“杖”必定带有惩罚、权柄、权威,有些时候为受教者带来不愉快的受教后果,但与不义之人欺压穷人的“逞怒的杖”(8)不同,用管教的杖不是为了发恶、发泄或私利,而是为了令下一代行在耶和华的心意中。

单元 C(整段经文的中间部分,第 7—12 节)则展示了在这不义社会中恶待穷人和善待穷人的两条路。第 7 节“有钱人成为管辖穷人的主人”本来可以是中性表述,但当我们结合第 7 节和第 8 节一起看,当中的图画就更立体:那对穷人的“管辖”,可能是“撒不义种子”即“剥削”,而“逞怒的杖”更可能暗示富人十分苛刻地对待穷人,有学者更将之称为“富人以独裁专制方式去支配穷人”[①],就好像埃及法老剥削和压逼以色列人。相反,第 9 节中以仁慈去分派食物以周济穷人的生活模式,就是在这经济不公义社会中以善行得到神的肯定和第 4 节中的三个祝福。

第 10—12 节看似是不直接与经济、财富、穷人相关,但如果将第 10 章第 1 节至第 22 章第 16 节整个大单元中的智能人、聪明人、义人、谦卑人、通达人作为一组,将愚昧人、恶人、亵慢人、乖僻人、暴怒的人作为另一组,并对其进行对比而组成一个大图画,就可以看到第 10—12 节的其他善行、恶行分别可以与第 9 节的仁慈对待穷人和第 7—8 节的残暴对待穷人相连接。笔者建议进一步运用“关联性思考”:傲慢人通过争端、诉讼、纷争、羞辱玩弄法律游戏规则(10);作毁坏的奸诈人(12b)透过言语从穷人那里掠夺和累积财富;仁慈的人(9)因着耶和华给的知识、价值观(12a),用清心和温柔言语(11)去安慰、关心和帮助穷人。这样就呈现出这弱肉强食、自私自利、贫富悬殊、邪恶的经济社会中有两条路:正如第 1—9 章中常叫年轻儿子二路选一,在第 22 章第 1—16 节就是让读者选择是走剥削穷人助纣为虐的恶路,还是走帮助受害、受压迫的人的义路。编修者通过“关联性思考”以二路间之选择,将这段经文与整卷书串联在一起。

总括而言,本文尝试以“关联性思考”初步检视两段犹太经典经文的结构、想象图画和处境。与一般学者对以色列智慧文学,尤其对《箴言》编收过程的解说不同,本文认为编修者基于对日常生活处境的关注,以生活性极高的场境作为编收相关《箴言》短句的关联性思考中心点,建构出两段高实用性经文的想象图像

① Bruce K. Waltke, *Proverbs 15-31*, NICOT, 206.

及/或结构。这种编收过程和塑造出的结构,与其他希伯来文学作品截然不同,但十分符合以色列智慧文学本身的那种提倡探索智能的思考和高度关注日常生活处境的特色。作为智能人的《箴言》编修者们以智能文学教导下一代以色列人如何观察、响应社会处境,并切实践行所教导的,免遭陷害,也避免加入陷害人之徒的行列。这两段经文显示了《箴言》编修者编收不同箴言短句的目的,乃是为社群带来与社会处境息息相关的智慧教导。编修者们邀请当时的以色列读者反思世界和人类经验,从而帮助他们适应生活和处理各种事务,即根据神的法则生活,避免作出带来伤害的抉择、犯下严重的错误。[①]

参考文献

1. Alice Ogden Bellis, *Proverbs*, The Wisdom Commentary 23, Collegeville: Liturgical Press, 2018.

2. Richard J. Clifford, "Reading Proverbs 10-22," *Interpretation* 63.3 (2009).

3. Katharine J. Dell, *The Book of Proverbs in Social and Theological Context*, Cambridge: Cambridge University Press, 2009.

4. Michael V. Fox, *Proverbs 1-9*, AB 18A, New Haven/London: Yale University Press, 2000.

5. Michael V. Fox, *Proverbs 10-31*, AB 18B, New Haven/London: Yale University Press, 2009.

6. Norman K. Gottwald, *The Hebrew Bible—A Socio-literary Introduction*, Philadelphia: Fortress Press, 1985.

7. Knut Martin Heim, *Like Grapes of Gold Set in Silver: An Interpretation of Proverbial Clusters in Proverbs 10: 1-22: 16*, BZAW 273, Berlin: De Gruyter, 2001.

8. David Hubbard, *Proverbs*, Mastering the Old Testament 15A, Nashville: Thomas Nelson, 1989.

9. Tremper Longman Ⅲ, *Proverbs*, BCOT, Grand Rapids: Baker Academic, 2006.

10. William McKane, *Proverbs: A New Approach*, OTL, London: SCM, 1970.

① R. Norman Whybray, *Proverbs*, NCB (Grand Rapids: Eerdmans, 1994), 3-5.

11. Roland E. Murphy, *Proverbs*, WBC 22, Nashville: T. Nelson, 1998.

12. Ronald E. Murphy, "Proverbs 22: 1-9," *Interpretation* 41.4 (1987).

13. Udo Skladny, *Die ältesten Spruchsammlungen in Israel*, Göttingen: Vandenhoeck & Ruprecht, 1962.

14. Bruce K. Waltke, *Proverbs 15-31*, NICOT, Grand Rapids: Wm. B. Eerdmans, 2005.

15. Norman R. Whybray, *Composition of the Book of Proverbs*, JSOT Supp 168, Sheffield: Sheffield Academic Press, 1994.

16. Norman R. Whybray, *Proverbs*, NCB, Grand Rapids: Eerdmans, 1994.

Walking in the Ancient Israelite Society: The Literary Structure of Proverbs 19:15-29 and 22:1-16

Lee Sui Hung

Abstract: Proverbs (especially chapters 10-29) has been criticized for its lack of systematic structure and for its lack of teachings on God's deeds. Therefore, it is often ignored by Christians and even by Jews. This paper attempts to examine the structure and overall messages of Proverbs 19:15-29 and 22:1-16 by drawing up an imaginative layout through "associative thinking". It also attempts to show the unique redaction of this Jewish classic, which reflects the social reality observed and guides the young readers of ancient Israel, who lived in an unjust society, to act according to YHWH's values in order to receive his blessings and avoid disasters.

Key Words: Proverbs, Systematic Structure, Inclusio, Associative Thinking, Unjust Society, Marketplace

亚伯拉罕传统与三大一神教*

田海华**

【摘要】犹太教、基督教与伊斯兰教是世界三大一神教，因尊奉亚伯拉罕为族长而共享传承，又被称为“亚伯拉罕的宗教”。本文以《创世记》、拉比文献、《新约》和《古兰经》的文本分析为基础，探讨它们对亚伯拉罕的不同建构与诠释。围绕上帝、应许、立约、割礼与献祭的主题，三大一神教各有其论，呈现三种不同的亚伯拉罕画像，从而表达了各自的宗教认知历史。犹太人视亚伯拉罕为与上帝立约之父；基督徒视之为信心之父；对穆斯林而言，亚伯拉罕是一位重要的先知。以亚伯拉罕传统为基础的三大一神教，具有对话的可行性，这对于理解世界宗教文明互鉴具有重要的现实意义。

【关键词】亚伯拉罕；《创世记》；《新约》；《古兰经》；三大一神教

在希伯来《圣经》里，亚伯拉罕（mhrba）又名亚伯兰。他在父亲他拉的带领下，出了迦勒底的吾珥，前往迦南地，途经哈兰时，就住在那里。① 有关亚伯拉罕的叙述，主要集中在《创世记》第11章第26节至第25章第18节中，约有14章的篇幅。亚伯拉罕传统的重要性，源自上帝对他的应许中有两处关键的应许。一处是上帝先是呼召亚伯兰，对他说：

> 你要离开本地、本族、父家，往我所要指示你的地去。我必叫你成为大国。我必赐福给你，叫你的名为大，你也要叫别人得福。为你祝福的，我必

* 本文为国家社科基金项目“五经中的宗教、记忆与传统研究”（19BZJ003）的阶段性成果。

** 田海华，四川大学道教与宗教文化研究所教授。

① 1世纪的犹太哲学家斐洛（Philo of Alexandria）在其《论亚伯拉罕》中，以寓意的方法解释了亚伯拉罕由吾珥到哈兰之旅程的精神意义。他指出迦勒底流行占星术，因此，亚伯拉罕走出黑暗，睁开心灵的眼睛，开启了更具灵性的道德旅程。参见 Philo of Alexandria, *On Abraham*, 68-72, http://www.earlychristianwritings.com/yonge/book22.html, Accessed on September 10th, 2021。

赐福与他;那诅咒你的,我必诅咒他。地上的万族都要因你得福。(《创世记》12:1—3)[①]

于是,亚伯兰出了哈兰,前往应许之地迦南。[②] 从亚伯拉罕的行程来看,他是个被上帝“拣选”的移民,其行程贯穿美索不达米亚平原。亚伯拉罕借婢生子以实玛利。第二处是上帝与亚伯拉罕立约,对他说:

> 我与你立约,你要做多国的父。从此以后,你的名不再叫亚伯兰,要叫亚伯拉罕,因为我已立你作多国的父。我必使你的后裔极其繁多,国度从你而立,君王从你而出。我要与你并你世世代代的后裔坚立我的约,作永远的约,是要作你和你后裔的上帝。我要将你现在寄居的地,就是迦南地,赐给你和你的后裔,永远为业。我也必作他们的上帝。(《创世记》17:4—8)

这里的经文明确指出立约的奖赏就是应许,而且,这一应许是针对亚伯拉罕及其后裔的。亚伯拉罕要作多国的父,其后裔要得迦南地为业。随后,年迈的亚伯拉罕与妻子撒拉应许得子以撒,并应上帝的吩咐要献之为燔祭。在犹太教、基督教与伊斯兰教中,亚伯拉罕扮演着极为重要的角色,成为三者共同的族长。[③] 因此,三大一神教又被称为“亚伯拉罕的宗教”(Abrahamic religions),它们发祥于古代西亚世界,分享共同的先祖起源和宗教遗产。但是,犹太人、基督徒与穆斯林都宣称自己是亚伯拉罕唯一的后裔,是上帝应许的真正承继者。围绕亚伯拉罕传统中的应许、立约、割礼与献祭的主题,三大一神教各有其论,呈现三种不同的亚伯拉罕的画像,从而建构了各自的宗教认知历史。本文以《创世记》《新约》《古兰经》为主要的文本考察对象,分别探讨犹太教、基督教与伊斯兰教对亚伯拉罕叙事的不同理解与阐释,从而管窥亚伯拉罕传统与三大一神教的关系。

一、犹太教:亚伯拉罕是与上帝立约的父

在希伯来《圣经》里,亚伯拉罕的出现承接上古史(《创世记》1—11),下启以色列支派社会(《创世记》12—50)。他是上帝之应许的接受者,也是以色列文明

---

① 若非特别说明,本文所引经文均出自和合本《圣经》之“上帝”版。

② 亚伯拉罕前往迦南的行程(《创世记》11:27—12:9),在《创世记》里被反复提及,并与《申命记》第34章第4节形成呼应。它重复出现,被不同作者编修,并不断地在历史中产生回响,这些都说明它是个轴心文本(pivotal text)。参见 Ronald Hendel, “Abram's Journey as Nexus: Literarkritik and Literary Criticism,” *Vetus Testamentum* 69 (2019): 567-593。

③ Frank E. Peters, *The Children of Abraham: Judaism, Christianity, Islam* (Princeton: Princeton University Press, 2004), 1.

史的开拓者。上帝与亚伯拉罕立约，应许将迦南地赐给亚伯拉罕的后裔(《创世记》17:8)。对以色列人民族身份的建构而言，这一亚伯拉罕之约具有重要意义。因此，它不断被纪念，被回溯，旨在凸显上帝与以色列人的立约关系，以及上帝对以色列人的拣选与眷顾。正如亨德尔(Ronald Hendel)指出的："对亚伯拉罕的记忆，可以不同的方式去表达以色列人的身份，去激励人们采取相宜的行动，给人以安慰，激活社会、宗教或政治理想。"[①]尤其是，当以色列人面临艰难困苦时，纪念亚伯拉罕，回想他们的过往，能够激发他们战胜困难的勇气。在《出埃及记》里，以色列人寄居埃及，受到法老的苦待，于是，他们叹息哀求。"上帝听见他们的哀声，就记念他与亚伯拉罕、以撒、雅各所立的约。"[②](《出埃及记》2:24)在这里，上帝纪念与亚伯拉罕等族长的约，成为以色列人脱离苦境的转折点。因为，上帝就要施展他的救赎计划，使以色列人从困苦中逆转。类似的对亚伯拉罕的纪念，出现在以色列人面对危机的时候。比如，摩西在西奈山领受十诫后回到百姓中间，看到他们在拜金牛犊，上帝发烈怒，摩西恳求上帝纪念对亚伯拉罕的应许，使上帝回心转意(《出埃及记》32:13)。此外，在巴比伦被掳期间，上帝决定去安慰他的百姓，引领他们回归应许之地。于是，上帝安慰道：

> 要追想你们的祖宗亚伯拉罕和生养你们的撒拉。因为亚伯拉罕独自一人的时候，我选召他，赐福与他，使他人数增多。(《以赛亚书》51:2)

由此可见，每当以色列人身处艰难危险时，对亚伯拉罕的记忆便成为滋养生命与希望的源头活水，具有强大的精神力量。一方面，它可以使上帝回心转意，决定救赎他的百姓，从而为克服可怕的危机打开一种可能性；另一方面，它使身陷囹圄的以色列人重燃希望之火，要回归迦南地，重新开始亚伯拉罕最初走过的旅程，即由巴比伦至应许之地。无论对上帝还是对以色列人而言，亚伯拉罕连接了以色列的过去、当下与未来，为反省和行动提供催化剂。[③] 因此，先祖亚伯拉罕指引以色列人的努力方向，成为他们生生不息的内驱力。

亚伯拉罕不仅是古代以色列人的立约之父，也是他们的创始之父，是族长中

---

① Ronald Hendel, *Remembering Abraham: Culture, Memory, and History in the Hebrew Bible* (New York: Oxford University Press, 2005), 31.

② 在《利未记》第26章第42节，这个表述顺序为："我就要记念我与雅各所立的约，与以撒所立的约，与亚伯拉罕所立的约，并要记念这地。"

③ Ronald Hendel, *Remembering Abraham: Culture, Memory, and History in the Hebrew Bible*, 32.

的族长。[①] 他的名字本身包含了“父”(ba)的意思,因此,上帝立他作“多国之父”。犹太文化极为重视血亲与宗族。在希伯来《圣经》里,古代以色列的历史常追溯至“亚伯拉罕、以撒、雅各”,他们处于以色列支派之谱系(twdlw)的顶端。其中,亚伯拉罕是首位族长,是每一个以色列家庭的世系源头,享有极大的权威。作为十二支派之父,雅各的权威来自亚伯拉罕的祝福和应许。在古代以色列部族社会,个体的权利和责任都受制于所处的谱系。以色列民族的谱系边界,由“亚伯拉罕、以撒、雅各”这三位族长界定,个体只是众多谱系关系中的一个交点。古代以色列人的宗教生活源于父系的宗族宗教。在这个以男性为中心的谱系系统里,以色列男子的宗教身份由他同父系族谱之关系所界定,换言之,他的神就是以亚伯拉罕为首的父家的神。[②] 他若离开这个父系宗族关系的谱系网络,就很难获得社会地位,或说无法立足。因此,亚伯拉罕作为这个谱系系统的第一族长,其地位和权威不言而喻。

从立约关系的建立看,亚伯拉罕是古代以色列宗教的创立者,亚伯拉罕的谱系决定着这一宗教传统的正统性与合法性。因此,希伯来《圣经》中有关宗族宗教的叙述,常常以对“父之上帝”[③]的敬拜为中心而展开,而这位“父之上帝”被称为“亚伯拉罕的上帝”(ɒhrba yhla,《创世记》31:53;《诗篇》47:9)。在《创世记》第 17 章,上帝向亚伯拉罕启示了一个新的名字:“我是全能的上帝(ydv la),你当在我面前作完全人,我就与你立约,使你的后裔极其繁多。”(《创世记》17:1—2)“全能的上帝”(El Shaddai)[④],最初可能是迦南至高神艾勒(El)的名字,他居于山地。除此之外,族长亚伯拉罕的上帝又被称为“El Elyon”(《创世记》14:19),被译为“至高的上帝”。在《出埃及记》中,当上帝向摩西启示他的名,并与以

---

① 亚伯拉罕不仅是位族长,也是一位先知。在所多玛被毁之前,上帝暗示了亚伯拉罕的先知身份,认为他能够教导正确的行为规范(《创世记》18:17—19)。在《创世记》第 20 章第 7 节中,上帝明确了亚伯拉罕的这一身份。亚伯拉罕从父转化为宗教先知去实现上帝的应许,这体现了第二圣殿时期犹太教的诉求。参见 Jon D. Levenson, *Inheriting Abraham: The Legacy of the Patriarch in Judaism, Christianity & Islam* (Princeton: Princeton University Press, 2012), 141-142。

② Ronald Hendel, *Remembering Abraham: Culture, Memory, and History in the Hebrew Bible*, 34.

③ “父之上帝”是艾勒(El),也是“以色列的神”(《创世记》33:20)。在族长叙述里,他被加上各种名号,成为族长崇奉的上帝。比如,以撒的上帝是 El Olam(《创世记》21:33),译为“永生上帝”。参见 Frank Cross, *Canaanite Myth and Hebrew Epic: Essays in the History of the Religion of Israel* (Cambridge: Harvard University Press, 1973), 46-60。

④ 在雅威的圣名启示于摩西之前,El Shaddai 是祭司典更喜欢用的上帝之名。传统上,El Shaddai 被译为“全能的上帝”,这是沿袭七十士译本和武加大译本的用法。参见 John Day, *Yahweh and the Gods and Goddesses* (London: Sheffield Academic Press, 2002), 32。在祭司典的叙述里,雅威的启示是个历史过程,其中,雅威启示于亚伯拉罕及其后裔为 El Shaddai。参见 Thomas Römer, *The Invention of God*, trans. Raymond Geuss (Cambridge: Harvard University Press, 2015), 226。

色列人更新所立之约时,"上帝(la)晓谕摩西说:'我是雅威。我从前向亚伯拉罕、以撒、雅各显现为全能的上帝'"(《出埃及记》6:3)。在此,《摩西五经》中的祭司典作者将族长上帝与摩西的上帝连接在一起,形成了一个渐进的启示。[①] 通过这样的连接,亚伯拉罕的宗族宗教成为以色列民族宗教最为重要的源头,为耶和华崇拜的形成以及《圣经》一神论的演进提供强有力的依据和支撑。这种回溯于父家宗教传统的表述结构,出现在上帝对摩西的神圣显现中。上帝(~yhla)自我认同为"父之上帝",并追忆以亚伯拉罕为首的宗族宗教。上帝对摩西说:"我是你父亲的上帝(~yhla),是亚伯拉罕的上帝,以撒的上帝,雅各的上帝。"(《出埃及记》3:6)因此,亚伯拉罕的上帝就是引领以色列人出埃及的上帝,是摩西的上帝,也是以色列民族的上帝。

以色列民族是蒙受上帝应许的民族。迦南作为以色列人的应许之地,就是族长亚伯拉罕跋山涉水后定居的故土。上帝晓谕摩西:迦南地是我起誓应许给亚伯拉罕的土地,我要引领他们进入那地,以色列人要以那地为业(《出埃及记》6:8)。在摩押平原,隔着约旦河,遥望应许之地,上帝重申:那地是向列祖亚伯拉罕等起誓应许的所赐之地,也是他们的后裔为业之地(《申命记》1:8)。[②] 在巴比伦被掳和后圣经时代,对于众多以色列人而言,回到上帝向亚伯拉罕应许的迦南地,即回到那先祖之地,叶落归根,成为他们最为迫切的期盼。对此,亨德尔认为:"对亚伯拉罕的记忆,强化了以色列社会生活之谱系结构的权威,有力地表达了以色列人的种族与宗教的统一性,并规范了以色列民族的身份与交互作用。"[③]至今,在以色列境内,犹太人和巴勒斯坦人因土地这一生存空间而引发的冲突依旧不断。犹太人坚持认为这块土地是他们先祖的居住地,尽管他们曾经流散于世界各地,但他们始终怀抱回归故土的坚定梦想。可以说,希伯来《圣经》中的亚伯拉罕传统为这样的观念提供了文本和文化记忆的基础。

对于犹太男性而言,割礼是必须遵行的律法。这一律法是上帝直接言说于亚伯拉罕的。99 岁的亚伯拉罕行了割礼(《创世记》17:24)。割礼不仅是上帝与亚伯拉罕立约的标记,也是上帝与所有以色列人立约的标记。因为,上帝对亚伯拉罕说:

---

① 施密德(Konrad Schmid)认为:《创世记》与《出埃及记》是关于以色列起源的两个独立的叙述,祭司典作者连接并调和了二者,并创制出以色列起源的一种新历史。参见 Konrad Schmid, *Genesis and the Moses Story: Israel's Dual Origins in the Hebrew Bible*, trans. James D. Nogalski (Winona Lake: Eisenbrauns, 2010), 241-248。

② 《申命记》反复强调这一点,另参见《申命记》第 30 章第 20 节和第 34 章第 4 节。

③ Ronald Hendel, *Remembering Abraham: Culture, Memory, and History in the Hebrew Bible*, 41.

你和你的后裔必世世代代遵守我的约。你们所有的男子都要受割礼，这就是我与你，并你的后裔所立的约，是你们当遵守的。你们都要受割礼，这是我与你们立约的证据。(《创世记》17:9—11)

从此，割礼在以色列男丁身体上留下永久的烙印，它见证上帝与以色列人之间永远的约(《创世记》17:13)。如此，犹太男子的身体，成为集体的社会身体(collective social body)，借着对亚伯拉罕的记忆而被打上深刻的烙印。[①] 在犹太教的传统里，作为立约的标记，割礼具有重要的象征意义。

此外，《创世记》第22章第1—19节讲述了以撒的捆绑(Binding of Isaac)。该故事强调上帝要试验亚伯拉罕，要他将儿子以撒献出，作为燔祭。亚伯拉罕毫不犹豫地遵从了上帝的意志，捆绑了以撒，将之放在祭坛的柴上。正如亚伯拉罕遵从上帝的指示那样(《创世记》12:1)，亚伯拉罕在此倾听神秘的神圣命令，与上帝同行，坚信上帝的应许。在故事的末尾，亚伯拉罕再次获得上帝的赐福(《创世记》22:17—18)。该故事的深层意义在第二圣殿时期和拉比犹太教中得到迅速扩展。[②] 犹太学者列文森(Jon D. Levenson)指出：在犹太教传统里，以撒的捆绑(*Aqedah*)，在逾越节(Passover)和新年(Rosh Hashanah)这两个最为关键的神圣时刻扮演着核心角色，它至今具有启发性地回荡在仪式中，不只出现在后来的节期里，也出现在大多数犹太祈祷文中。[③] 以撒的捆绑是上帝的一场试验。它成为犹太人逾越节仪式的一部分，最早可追溯至《禧年书》。而将亚伯拉罕的起源赋予逾越节，并融入后来的犹太传统，可以在族长的经历及其后裔之间建立更为紧密的纽带。当逾越节植根于以撒的捆绑，以色列人在埃及为奴的经验反而成为一种与亚伯拉罕的试验类似的磨难。[④]《马加比四书》也记述了亚伯拉罕的这一故事，并将之作为犹太殉道的模范而加以赞颂(《马加比四书》16:16—20)。

---

① Ronald Hendel, *Remembering Abraham*: *Culture*, *Memory*, *and History in the Hebrew Bible*, 33.

② 参见 Shalom Spiegel, *The Last Trial*: *On the Legends and Lore of the Command to Abraham to Offer Isaac as a Sacrifice* (Woodstock: Jewish Lights, 1993)。但是，在启蒙运动哲学里，这个故事中的亚伯拉罕被解读为不道德的宗教狂热的模范。因为亚伯拉罕被认为谋杀了一个无辜之人。比如，康德诉诸道德律，认为亚伯拉罕应该拒绝那个由天而降的上帝的声音。参见 Immanuel Kant, *Religion and Rational Theology*, trans. Allen W. Wood and George Di Giovanni (Cambridge: Cambridge University Press, 1996), 283。中译本为：伊曼努尔·康德 Immanuel Kant，《康德论上帝与宗教》[Kant on God and Religion]，李秋零 Li Qiuling 编译(北京[Beijing]：中国人民大学出版社[China Renmin University Press]，2004)，494，注释10。

③ Jon D. Levenson, *Inheriting Abraham*: *The Legacy of the Patriarch in Judaism*, *Christianity* & *Islam*, 66.

④ Jon D. Levenson, *Inheriting Abraham*: *The Legacy of the Patriarch in Judaism*, *Christianity* & *Islam*, 92-93.

久而久之,犹太教将亚伯拉罕视为犹太人委身于上帝意志的典范,同时,注重实践的犹太人在以撒的捆绑中获得深层的精神动力,盼望实现以色列人的救赎。

在犹太教传统中,亚伯拉罕被视为信奉一神教的典范。因为,在《约书亚记》文末,约书亚告诉民众:亚伯拉罕的父亲他拉"住在大河那边侍奉别神"(《约书亚记》24:2)。亚伯拉罕走出了大河那边。在犹太史学家约瑟夫(Josephus)的笔下,亚伯拉罕放弃多神信仰,第一个"大胆地宣告上帝是宇宙独一的创造者"[①],向人们宣扬一神教的真理。亚伯拉罕遵奉一神的形象,被犹太拉比进一步发挥。[②] 及至中世纪,犹太哲学家迈蒙尼德(Moses Maimonides)指出,亚伯拉罕在崇拜日月星辰的萨比教徒的社区长大,但他宣称太阳之外还有造物主的存在,以此抗击偶像崇拜。[③] 伴随新的历史处境及其挑战的影响,犹太教对亚伯拉罕的观念也在发生变化。在犹太教中,有关亚伯拉罕的叙述并不局限于《创世记》,《塔木德》等拉比文献不乏对之进行新的解读。数世纪以来,在犹太教的文本来源中,亚伯拉罕形象的演化体现了犹太教自身的演进。[④] 其实,早在第二圣殿时期,在犹太教内部就涌现了不同的宗派群体,他们纷纷声称自己才是真以色列,是亚伯拉罕称义的真后裔。迈蒙尼德在称颂亚伯拉罕时指出:"正如我们现在所知,亚伯拉罕这样坚持真理最终得到了人们的广泛承认,好多人都称颂他,为他而感到自豪,甚至连那些不是他子孙的人也自称是他的子孙。"[⑤]其中,基督徒群体便是重要的一支。

---

① 约瑟夫 Josephus,《犹太古史》[Jewish Antiquities],收录于《约瑟夫著作精选》[Josephus: The Essential Works],保罗·梅尔 Paul L. Maier 编译,王志勇 Wang Zhiyong 译(北京[Beijing]:北京大学出版社[Peking University Press],2004),10。不过,随着历史批判的兴起,有学者认为亚伯拉罕的叙述形成于较晚的波斯时期,否定了亚伯拉罕叙述之历史真实性与古老性,指出《圣经》作者建构了以色列的过去。参见 John van Seters, *Abraham in History and Tradition* (New Haven and London: Yale University Press, 1975)。另参见 Thomas L. Thompson, *The Historicity of the Patriarchal Narratives: The Quest for the Historical Abraham* (Berlin: De Gruter, 1974)。

② 参见 Thomas L. Pangle, *Political Philosophy and the God of Abraham* (Baltimore: The Johns Hopkins University Press, 2003), 129, n.10。

③ 参见摩西·迈蒙尼德 Moses Maimonides,《迷途指津》[The Guide for the Perplexed],傅有德 Fu Youde、郭鹏 Guo Peng、张志平 Zhang Zhiping 译(济南[Jinan]:山东大学出版社[Shandong University Press],2004),468。

④ 参见 Jon D. Levenson, *Inheriting Abraham: The Legacy of the Patriarch in Judaism, Christianity & Islam* (Princeton: Princeton University Press, 2012), 3。

⑤ 摩西·迈蒙尼德,《迷途指津》,469。

二、基督教：亚伯拉罕是信心之父

1 世纪兴起的基督教，由犹太教的一个支派衍生而出，与犹太教有千丝万缕的联系。虽然，初代基督徒都是犹太人，耶稣本人、他的首批门徒以及早期社群的成员，比如彼得、约翰、雅各、保罗与巴拿巴等都是犹太人，他们构成了“基督教的起源”[①]。但是，他们对律法和福音的理解对犹太教构成挑战，并引发对亚伯拉罕传统的不同回应。上帝应许亚伯拉罕及其后裔，但是，早期基督徒追问：哪个社群能够被称为亚伯拉罕的后裔并承受上帝的应许？针对这样的追问，在新的历史处境里，亚伯拉罕传统需要被重新解释。尽管，《创世记》也是基督教的正典，但是，早期使徒对亚伯拉罕叙事的阐释显然是“为我所用”(appropriation)。其中，最具影响力的演绎出自使徒保罗。保罗是初期基督教会最具影响力的传教者，他不仅向犹太人传教，还向外邦人传教。他从一个迫害基督教会的法利赛人，转变为教会最具活力的使徒。他在罗马帝国的早期基督教社群中传播基督教的福音，足迹遍布小亚细亚、希腊和意大利，并在小亚细亚和欧洲建立了多个教会，将基督教推广至地中海各地。[②] 可以说，保罗最早见证了基督教的形成。[③]相对于犹太教，保罗对亚伯拉罕的诠释提供了一种关于亚伯拉罕传统的“对立记忆”(countermemory)。[④] 在成书于公元 1 世纪中叶的书信中，保罗强调基督教会才是上帝的真以色列民(《加拉太书》6:16)，是亚伯拉罕的真正后裔(《加拉太书》3:29)，是真犹太人(《罗马书》2:29)，从而发展出有别于犹太教的意识，包括对亚伯拉罕的记忆。

对保罗来说，承受应许的不只是受割礼的人。无论他们是外邦人还是犹太人，无论他们受割礼与否，只要他们信，同样都是亚伯拉罕的后裔。保罗在谈论亚伯拉罕的信与割礼的关系时指出：

> 他(亚伯拉罕)受了割礼的记号，作他未受割礼的时候因信称义的印证，

---

① Paula Fredrinsen, *When Christians Were Jews: The First Generation* (New Haven: Yale University Press, 2018), 1.

② 卢克·提摩太·约翰逊 Luke Timothy Johnson,《新约入门》[The New Testament: A Very Short Introduction],陆巍 Lu Wei 译(北京[Beijing]:外语教学与研究出版社[Foreign Language Teaching and Research Press],2015),92—99。

③ Paula Fredrinsen, *When Christians Were Jews: The First Generation*, 2.

④ 相对于传统的文化记忆,“对立记忆”对过去的记忆进行重新诠释,力图批驳、反转或取代先前的记忆。参见 Ronald Hendel, *Remembering Abraham: Culture, Memory, and History in the Hebrew Bible*, 41-42。

叫他作一切未受割礼而信之人的父,使他们也算为义;又作受割礼之人的父,就是那些不但受割礼,并且按我们的祖宗亚伯拉罕,未受割礼而信之踪迹去行的人。(《罗马书》4:11—12)

保罗的说教,不仅在于强调犹太人与外邦基督徒可以同为亚伯拉罕的后裔,而且,更重要的是,犹太教要求的仪式性割礼,外邦的基督徒无须遵从。因为,在保罗的神学里,是信仰而非律法决定了谁是上帝的子民,谁是亚伯拉罕称义的子孙。[①] 保罗这么做,是试图以耶稣基督的福音取代摩西律法,将基督教从犹太宗教中分离出来。因此,遵从律法并非基督徒称义的必需。他指出:"律法的总结就是基督,使凡信他的都得着义。"(《罗马书》10:4)显然,保罗要宣扬的是,凡是耶稣基督的跟随者,就是亚伯拉罕真正的后裔,是承受应许的子孙。[②] 可以说,保罗对"地上万族都要因你得福"(《创世记》12:3)这句话,进行了为我所用的阐释:将其中的应许从以犹太民族为中心的特定应许,扩展到普天之下的基督徒;将"万国"转换为"外邦人",并将之应用于信仰耶稣基督的社群,即由犹太人与外邦人混合而成的基督教会。列文森认为:"对保罗而言,最为重要的事情是,将外邦人编入崇拜以色列人之上帝的社群中。因为,救世主的降临已经替代了西奈立约,成为上帝至上的启示。"[③]而这是个由亚伯拉罕后裔构成的社群,与同样宣称是亚伯拉罕后裔的犹太社群有根本差异。

在保罗看来,亚伯拉罕是信实的,他生活在摩西领受律法之前,而且,依据《创世记》第15章第6节,亚伯拉罕在行割礼之前就是个义人,就是保罗说的因信称义的人。保罗明确指出:亚伯拉罕的信,"不是在受割礼的时候,乃是在未受割礼的时候"(《罗马书》4:10)。因此,对于外邦的亚伯拉罕后裔而言,仪式性的割礼是可以赦免的。那些视亚伯拉罕为范型的基督教社群,是由外邦人和犹太

---

① 保罗捍卫因信称义的原则,因为他看到福音的原则受到犹太信徒的威胁。他理所当然地认为,亚伯拉罕被称为义的那个信(《创世记》15:6),就是对耶稣基督的信仰;上帝给亚伯拉罕的应许(《创世记》12:3),就是指福音(《加拉太书》3:8)。赐给亚伯拉罕的福,因着耶稣基督而临到外邦人,成为上帝教会的完整部分。将行律法作为被上帝接纳的先决条件,对保罗而言,违背了福音真理,是不能被接受的。参见邓雅各 J. D. G. Dune,《保罗新观的新视角》[A New Perspective on New Perspective on Paul],王学晟 Wang Xuesheng 译,于《圣经文学研究》[Journal for the Study of Biblical Literature], 2016年第1期[2016, Issue 1],127—129。

② 关于亚伯拉罕后裔的出处,保罗突出属灵的意义,淡化肉身传承。他指出:"肉身所生的儿女不是上帝的儿女,唯独那应许的儿女才算是后裔。"(《罗马书》9:8)

③ Jon D. Levenson, *Inheriting Abraham: The Legacy of the Patriarch in Judaism, Christianity & Islam*, 170.

人构成的混合团体，它是由上帝缔造的社群，就是今天所称的教会。[①] 在《加拉太书》中，保罗指出：

> 正如"亚伯拉罕信上帝，这就算为他的义"。所以你们要知道，那以信为本的人，就是亚伯拉罕的子孙。并且圣经既然预先看明，上帝要叫外邦人因信称义，就早已传福音给亚伯拉罕，说："万国都必因你得福。"可见那以信为本的人和有信心的亚伯拉罕一同得福。(《加拉太书》3:6—9)

保罗对亚伯拉罕及其割礼的阐释，已经突破了原有的边界，加剧了律法与福音的冲突，增强了犹太教与基督教之间的张力。律法与福音，各自作为犹太教与基督教的关键主题，体现了对亚伯拉罕传统的不同关注与解释。犹太教侧重于亚伯拉罕对律法的遵从，诸如割礼；而基督教强调亚伯拉罕对上帝的信仰。保罗提倡普遍主义，要将所有人带到上帝面前。保罗的普遍主义，使他拒绝割礼，并认为外邦人无须遵守摩西律法。因为，对《托拉》规章的遵从，使犹太人已成为一个特殊的群体，这有违于视犹太人与外邦人为一体的保罗神学。

初代基督徒对摩西律法大多持否定态度，看待犹太割礼更是如此。[②] 不过，《新约》中有个例外，那就是《雅各书》第 2 章第 20—26 节的经文，其强调行为和信心一样重要。保罗时代的犹太教被赋予律法主义的特点，认为犹太人以遵从律法为至上，他们行割礼，守安息日，遵饮食禁忌等。2 世纪基督教护教士和殉道者查士丁(Justin Martyr，约 100—165)，在与受了割礼的犹太人特里弗(Drypho)的对话中，将象征以色列人与上帝立约标记的割礼转化为它的对立面，认为那是上帝拒绝犹太人，并让他们受苦的标记，所以，他们会失去土地，城邑被火焚烧。[③] 而拉比犹太教维护割礼的宗教意义。作为回应，犹太拉比对此采取拒斥的立场。关于信仰，为了反击保罗，塔木德时代的拉比同样引述《创世记》第 15 章第 6 节的经文，指出犹太民族才是有信仰的民族，是信仰民族的后裔。据犹太教口传律法集《巴比伦塔木德》记载，割礼就是引导男孩"进入我们的父亚伯拉罕之约中"，它宣称"若没有割礼的血，天地都不会持久"[④]。而且，犹太

---

① 参见 Jon D. Levenson, *Inheriting Abraham: The Legacy of the Patriarch in Judaism, Christianity & Islam*, 7。

② 基督教对犹太教的改造，不在于改革摩西律法，而在于对它的废除。基督徒不愿接受《塔木德》中的说教。参见 Frank E. Peters, *The Children of Abraham: Judaism, Christianity, Islam*, 169。

③ 查士丁认为割礼只是个身体上的标记，好叫犹太人可以远离他们对基督和基督徒所行的恶事。查士丁 Justin Martyr，《与特里弗的对话》[Diologue with Drypho the Jew]，收录于《护教篇》[Apology]，查士丁 Justin Martyr 著，石敏敏 Shi Minmin 译(北京[Beijing]：三联书店[SDX Joint Publishing Company]，2014)，93—94。

④ Babylonian Talmud, Shabbat 137b.

拉比引述《创世记》第26章第2—5节的经文，指出亚伯拉罕遵从上帝的命令、律例和法度，是《托拉》的遵守者。[①] 此外，拉比犹太教经典《密释纳》也指出：在律法被颁布之前，亚伯拉罕就遵从了所有律法。[②] 但是，在西奈山颁布的摩西律法是后来发生的，亚伯拉罕又是如何遵从呢？围绕这一议题，犹太教与基督教论争不断。从根本上来说，犹太神学与保罗神学的差别并不在于是否有信仰，而是信仰什么。[③] 对于拉比而言，他们所谓的信仰，是对上帝赐给犹太人应许的信仰，这一信仰首次传递给他们的族长亚伯兰。而保罗所谓的信仰，是指对耶稣基督的信仰，他认为耶稣基督成全了赐给亚伯兰的应许，即“地上万族都要因你得福”（《创世纪》12:3）。在此，保罗强调《新约》是对《旧约》的应验，以及它与《旧约》之间的密切关联。这样的关联也体现在耶稣的家谱中。正如《马太福音》的开篇直接将耶稣的家谱溯至亚伯拉罕。

在基督教产生之后，亚伯拉罕献祭以撒的叙述被赋予重要的象征意义。对基督教传统而言，这也是亚伯拉罕作为信心之父的典型表现。在基督教传统里，作为一种重要资源，以撒的献祭（the Sacrifice of Isaac）被早期教会理解为救赎历史中耶稣所扮演的角色，尤其是他的受难。基督教对《创世记》中的这一叙述进行了精巧而意味深长的重新描述。[④] 在早期基督教文学里，逾越节的羔羊与以撒的献祭发生关联，耶稣被当作逾越节的祭品。保罗称：“我们逾越节的羔羊基督，已经被杀献祭了。”（《哥林多前书》5:7）如此，耶稣成了新以撒，上帝成了新亚伯拉罕。如同亚伯拉罕，上帝完成了他伟大的试验。《希伯来书》指出：

> 亚伯拉罕因着信，被实验的时候，就把以撒献上，这便是那欢喜领受应许的，将自己独生的儿子献上。论到这儿子，曾有话说：“从以撒生的才要称为你的后裔。”他以为上帝还能叫人从死里复活，他也仿佛从死中得回他的儿子来。（《希伯来书》11:17—19）

对此，列文森指出：“上帝与基督徒在亚伯拉罕的形象中被重新设定，正如耶稣与

---

① 参见 Jon D. Levenson, *Inheriting Abraham: The Legacy of the Patriarch in Judaism, Christianity & Islam*, 143-145。

② 参见 Mishnah, Qiddushin 14:4。中世纪的犹太释经学家拉什（Rashi，1040—1105）对这段经文进行评注，也指出：这里的律法采用了复数形式，因此，亚伯拉罕是完全遵从《托拉》的人，包括书写与口述《托拉》。关于拉什的相关评注，参见 https://www.sefaria.org/texts，浏览日期：2021年9月11日。

③ 参见 Jon D. Levenson, *Inheriting Abraham: The Legacy of the Patriarch in Judaism, Christianity & Islam*, 27。

④ 参见 Jon D. Levenson, *Inheriting Abraham: The Legacy of the Patriarch in Judaism, Christianity & Islam*, 66。

基督徒在以撒的形象中被重新设定。"[①]因此，以撒的献祭这一叙述，在基督论(Christology)这一基督教核心概念的塑造上，起到了关键作用。早期基督教神学对亚伯拉罕的信仰、应许与试验，以基督为中心而进行了巧妙的诠释，厘定了"旧约"与"新约"的界限，以及二者之间的联系。

三、伊斯兰教：亚伯拉罕是一位先知

在《古兰经》里，亚伯拉罕化身为伊布拉欣。他的出现贯穿了整个书卷，而且，经文明确指出，伊斯兰教就是"伊布拉欣的宗教"，是安拉选择的宗教。[②] 如此，亚伯拉罕是犹太人，是基督徒，也是一名穆斯林，但不同的是，穆斯林声称亚伯拉罕不是多神论者，伊斯兰教才是"亚伯拉罕宗教"的复原，是正教。[③] 伊斯兰教认为，长久以来，亚伯拉罕宗教被犹太教与基督教歪曲和误解。[④] 但是，如果我们将《古兰经》置入其产生的历史环境，并将之与《圣经》经文仔细比照，就会发现《古兰经》的形成与犹太教和基督教有密切关联，包括对族长亚伯拉罕的解读。《古兰经》的听众显然对亚伯拉罕的故事已有耳闻，而且，他们对犹太教与基督教都有所知。[⑤] 正如德国阿拉伯语学者诺伊维尔特(Angelika Neuwirth)所指出的，《古兰经》不是单独存在的原创经文，它与圣经传统有丰富的互动，它演绎和渗透了圣经传统，同时又力图遮蔽圣经传统，发展出不同于犹太教与基督教的先

---

① Jon D. Levenson, *Inheriting Abraham: The Legacy of the Patriarch in Judaism, Christianity & Islam*, 102.

② 《古兰经》2:130—132。

③ 《古兰经》2:135，参见马仲刚 Ma Zhonggang 译注，《古兰经注》[Qur'an Commentry]，(北京[Beijing]:宗教文化出版社[Religious Culture Press]，2014)，37。

④ 参见 Jon D. Levenson, *Inheriting Abraham: The Legacy of the Patriarch in Judaism, Christianity & Islam*, 8。

⑤ 在《古兰经》第87章第18—19节中，安拉说："的确，这确是在前期的经卷中。伊布拉欣和穆萨的经卷。"参见伊斯梅尔·马金鹏 Ishmael Ma Jinpen 译，《古兰经译注》[Translation and Annotation of Qur'an](银川[Yin Chuan]:宁夏人民出版社[Ningxia Renmin Press]，2016)，478。此外，《古兰经》多次提到《托拉》与福音。参见《古兰经》3:65—68，7:156—158。关于《古兰经》与《圣经》之间的密切关系，参见 Abdulla Galadari, *Qur'anic Hermeneutics: Between Science, History, and the Bible* (London: Bloomsbury Academic, 2018), 59-82。

知术，实现由摩西到穆罕默德的转变。[①] 麦加和麦地那不仅是宣讲《古兰经》的两处不同的地方，而且，也是对《圣经》有不同释义的两地，呈现了对《圣经》不同的选择性重读。[②] 尽管，从文学形式上看，《古兰经》与《圣经》迥然相异，但是，《古兰经》谙熟《圣经》的言说模式，尤其是"先知的言说"[③]。此外，《古兰经》对希伯来《圣经》进行了选择性释义，其对亚伯拉罕等犹太族长的回忆，构成《古兰经》推行自身预言信息的组成部分。[④] 在《古兰经》的叙述里，亚伯拉罕是一位先知，是起始于亚当而终于穆罕默德的先知链条中的一位。

在犹太传说里，亚伯拉罕就挑战了偶像，宣称上帝的独一性，这成为他出现在伊斯兰教中的重要原因。[⑤] 与犹太拉比的表述相似，在《古兰经》中，伊布拉欣被描述为偶像崇拜的抵制者。安拉说："当时，伊布拉欣对他父亲阿宰尔说：'你把偶像当作主宰吗！据我看来，你和你的宗族，的确在明显的迷误中。'我这样使易卜拉欣看见天地的国权，以便他成为坚信的人。"[⑥]在论及伊布拉欣的顺从、正直与一神论之后，在《古兰经》第 6 章第 161 节中，安拉的使者说："我的主确已引导我一条正道，它是一个正确的宗教，是伊布拉欣的正统宗教，他不是多神教徒。"[⑦]为了宣扬伊布拉欣在抵制偶像崇拜中的作用，《古兰经》声称伊布拉欣因

---

① 参见安格莉卡·诺伊维尔特 Angelika Neuwirth，《〈古兰经〉研究与历史批判语文学——〈古兰经〉对〈圣经〉传统的演绎、渗透和遮蔽》[Qur'anic Studies and Historical-Critical Philology: The Qur'an's Staging, Penetrating and Eclipsing of Biblical Tradition]，张嘉麟 Zhang Jialin、宋文佳 Song Wenjia 等译，收录于沈卫荣 Shen Weirong、姚霜 Yao Shuang 编，《何谓语文学：现代人文科学的方法和实践》[What Is Philology: The Methodology and Practice of Modern Humanities]（上海[Shanghai]：上海古籍出版社[Shanghai Classics Publishing House]，2021），227—294。诺伊维尔特认为，在古典时代晚期的阿拉伯半岛，《古兰经》是特定群体的产物，它受到拉比犹太教与早期基督教之智性传统的影响，发挥着仪式功能。参见 Angelika Neuwirth, *The Qur'an and Late Antiquity: A Shared Heritage*, trans. Samuel Wilder (New York: Oxford University Press, 2019), 3-4。

② 参见安格莉卡·诺伊维尔特，《〈古兰经〉研究与历史批判语文学——〈古兰经〉对〈圣经〉传统的演绎、渗透和遮蔽》，284。

③ Angelika Neuwirth, *The Qur'an and Late Antiquity: A Shared Heritage*, 347.

④ 参见 Sidney H. Griffith, *The Bible in Arabic: The Scriptures of the "People of the Book" in the Language of Islam* (Princeton: Princeton University Press, 2013), 95-96。

⑤ 参见 Jon D. Levenson, *Inheriting Abraham: The Legacy of the Patriarch in Judaism, Christianity & Islam*, 137。在穆斯林传统和《古兰经》里，亚伯拉罕是作为首位一神教者出现的，他能自觉地认出上帝。参见 Shosh Ben-Ari, "The Stories about Abraham in Islam: A Geographical Approach," *Arabia* 54(2007): 537。

⑥ 《古兰经》[Qur'an]，马坚 Ma Jian 译（北京[Beijing]：中国社会科学出版社[China Social Sciences Press]，2003），6:74—75。参见伊斯梅尔·马金鹏译，《古兰经译注》，108—109。

⑦ 马仲刚译注，《古兰经注》，321。伊斯兰教借鉴了犹太米德拉什（Jewish Midrashim）关于亚伯拉罕崇拜一神的论述，并在伊斯兰教的世界里对之进行了改编。对于初创时期的伊斯兰教而言，铲除偶像崇拜的异端是最为主要的任务。因此，亚伯拉罕抵制其父亲之偶像的故事叙述，在《古兰经》中得到详尽阐述。参见 Shosh Ben-Ari, "The Stories about Abraham in Islam: A Geographical Approach," 530, 534。

斥责他人崇拜偶像而被投入火中，但真主安拉显示大能，使其在火焰中奇迹般地存活。[①]《古兰经》反复强调伊布拉欣拒绝偶像崇拜的经验，突出他在宣扬一神教中的先驱角色。如此，穆斯林成为伊布拉欣一神宗教的践行者和跟随者。而且，伊布拉欣到访麦加，为麦加祈祷，祈求安拉将他的子孙定居在麦加，就在麦加的圣所旁。[②] 作为伊斯兰教的五功之一，麦加朝觐同伊布拉欣密切相关，包括各种相关的仪式和风俗。[③] 这改变了《创世记》中对应许之地的期盼与依赖，而伊布拉欣子孙的居住地，实现了由圣地(Holy Land)到阿拉伯半岛的转化。

在《古兰经》里，亚伯拉罕献祭以撒的故事，以简短而隐秘的形式出现。安拉说：

> 他(伊布拉欣)说："我是走向我的养主的。他将引导我。我的养主哇！求你赐我一个清廉者吧！"于是我用一个宽厚的男孩给他报喜……他说："哎我的孩子呀！我在睡中看到的，的确，我在宰你，你看怎么办？"他说："我的父亲啊！你依命行事吧！若安拉要时，你会发现我是一个忍耐者。"当他俩遵命而行，并把他撂倒时，我招呼他说："哎伊布拉欣啊！你确已实践了。"的确，我这样报酬行善的人们。的确，这确是明明的考验。我用一大的赎了他。我让他在后人中留下了赞美。平安是降给伊布拉欣的。[④]

在此，伊布拉欣在梦中看到要宰杀他的儿子。无名的儿子催促他的父亲"依命行事"，并自称献身安拉的"忍耐者"。只见伊布拉欣撂倒儿子要宰杀，刀却不起作用。这场考验因神圣干预而终止。伊布拉欣因通过考验而备受赞颂。这个故事

---

① 参见《古兰经》21:51—71。这一叙述体现了穆斯林传统对《圣经》故事的重构。参见 Shosh Ben-Ari, "The Stories about Abraham in Islam: A Geographical Approach," 540。

② 参见《古兰经》14:35—41。在此，麦加被称为起初的耶路撒冷。在将麦加"圣经化"的过程中，麦加的仪式与历史，唯有亚伯拉罕可以深度参与其中。亚伯拉罕作为麦加仪式的创立者，其作用体现了《古兰经》社群的一种基本的新想法，即认可他们同亚伯拉罕的关系，并将他们的传统与之相关联。参见 Angelika Neuwirth, *The Qur'an and Late Antiquity: A Shared Heritage*, 401-402。

③ 参见 Shosh Ben-Ari, "The Stories about Abraham in Islam: A Geographical Approach," 542。

④ 《古兰经》37:99—113。其中，"走向我的养主"是指从昧者处迁至安拉处。"撂倒时"意指伊布拉欣使他儿子侧倒在地上，用刀宰杀他，但刀不起作用。"一大的"是一只来自天堂的大公羊。参见伊斯梅尔·马金鹏译，《古兰经译注》，353—354。伊布拉欣摧毁偶像的描述，主要受到犹太教圣徒传记传统的影响，是对"十诫"中"不可雕刻偶像"的肯定，反映了上帝的使者遭到麦加异教徒的冒犯。在此，伊布拉欣建构了以精神的上帝自身为基础的一个新的谱系，它超越了血缘关系。Angelika Neuwirth, "A 'Religious Transformation in Late Antiquity': Qur'anic Refiguration of Pagan-Arab Ideals Based on Biblical Models," in *The Qur'an's Reformation of Judaism and Christianity*, ed. Holger M. Zellentin (London: Routledge, 2019), 71-72.

叙述“呈现了一位值得效仿的敬虔的典范，与当下仪式实践中的应有品德产生共鸣”[①]。而这一叙述中的儿子，面对父亲的宰杀，毫无畏惧，自愿献出自己。在这里，儿子是个殉道者。《古兰经》对《创世记》第22章第1—19节中以撒的捆绑进行了完全不同的解读，那就是伊布拉欣不是靠自己而是因其子的决定而解决了献祭的难题。对上帝的顺从不再超越人所能够忍受的，解决难题的功劳在于父子之间的协同。[②] 而且，经文在此强调的，是伊布拉欣对安拉的信仰，不是他在族长谱系中的身份。如此，他从族长典范转变为宗教典范。诺伊维尔特认为，在麦加时期，《古兰经》的群体经历了抗击偶像崇拜之旧秩序的宗教运动，将伊布拉欣提升到文化更新之英雄的高度。而在麦地那时期，伊布拉欣同朝圣的前奏仪式相关，其高潮部分就是献祭仪式的再现。献祭仪式是朝觐中核心的宗教仪式。因此，伊布拉欣在穆斯林通过献祭仪式而表达敬虔上发挥重要作用，成为朝觐仪式的创建者。[③]

与基督教类似，伊斯兰教试图将亚伯拉罕从注重肉与血的犹太教中剥离出来。不过，在此议题上，基督教与伊斯兰教具有极为重要的差别。在历史的意义上，基督徒接受的教导强调出自亚伯拉罕的后裔才是根本的，但这要通过基督教信仰实现，而不是生为一名犹太人，或皈依犹太教。《创世记》在犹太教与基督教都享有正典地位。当中关于谁是亚伯拉罕之应许的继承者这一问题，犹太教与基督教保持高度敏锐的警觉。亚伯拉罕的后裔是出自儿子以实玛利还是以撒，二者争论不断。但是，穆斯林不会考虑这一问题，而且，明确拒绝了经由以撒的亚伯拉罕子孙的优先权，因为，他们不会将《创世记》视为正典，重要的是，要与犹太人有分别。尽管，关于无名儿子的身份，伊斯兰教学者也争论不休，莫衷一是。但是，自《古兰经》开始，伊斯兰教的教导重新解释了犹太传统，认为上帝对后裔的应许是不重要的，而将应许仅限于伊布拉欣个人，使之成为人们的模范。[④] 因此，《古兰经》对伊布拉欣之子的身份保持缄默，体现了一个更大更非同寻常的差别，它不同于犹太教与基督教对这一故事的理解。[⑤] 在《创世记》第22章，上帝对亚伯拉罕及其后裔的应许，只能通过以撒来实现，因为，唯独以撒是亚伯拉罕

---

① Angelika Neuwirth, *The Qur'an and Late Antiquity*: *A Shared Heritage*, 393.

② 参见 Angelika Neuwirth, *The Qur'an and Late Antiquity*: *A Shared Heritage*, 394。

③ 参见《古兰经》22:26—28。另参见 Angelika Neuwirth, *The Qur'an and Late Antiquity*: *A Shared Heritage*, 394-396。

④ 参见《古兰经》2:124。

⑤ 参见 Jon D. Levenson, *Inheriting Abraham*: *The Legacy of the Patriarch in Judaism*, *Christianity & Islam*, 105。与《圣经》不同，《古兰经》没有试图创建一个可追溯于伊布拉欣的生物学族谱。Shosh Ben-Ari, "The Stories about Abraham in Islam: A Geographical Approach," 550.

之约的继承者,而以实玛利被明确排除在外(《创世记》17:21)。但是,《古兰经》秘而不宣这儿子的身份,说明选民的问题对这个故事叙述来说是不重要的。不过,《古兰经》高举以实玛利(又译"伊斯玛仪"),使之扮演关键角色,指出伊布拉欣与伊斯玛仪一道洁净了安拉在麦加的天房[①],一同参与崇拜仪式,加固天房的基础,接着,伊布拉欣向安拉祈祷。[②] 经文突出父子在创立圣所中共同发挥的作用,为穆斯林的朝觐奠定基础。在此,祷文呈现了对麦加圣所的一种新观念。诺伊维尔特指出,伴随伊斯玛仪的参与,阿拉伯的起源建立在圣所的根基之上,下一步是实现崇拜仪式的阿拉伯化。[③] 由此,麦加成为新耶路撒冷。

由上述可知,圣经传统构成《古兰经》著述的重要来源之一。显而易见的是,《古兰经》对《创世记》中的亚伯拉罕传统进行了革新,或是伊斯兰教化的阐释。《古兰经》中亚伯拉罕的形象不是单一的。[④] 诺伊维尔特认为:"在麦加中期,当出现的宗教社群发展出对上帝之圣经子民的意识的时候,他们对圣典的关注成为主导趋势,同时,他们将自身同麦加本地的崇拜仪式相疏离,这是体现在《古兰经》中的一个转折点,其中,《圣经》人物和叙述取代了更早期的阿拉伯场景。"[⑤] 如此,在《古兰经》里,《圣经》中的亚伯拉罕跃升为典范,成为一个破除父家偶像崇拜的先驱者。他由此获得尊贵的祝福,即"平安降于他",被赋予信实的品德。[⑥] 换言之,《古兰经》通过拔高他的精神角色,替代了《圣经》中认为的亚伯拉

---

① 在《古兰经》第2章第125节中,安拉说:"我使这间房子成为人们的归宿和安全地,你们把伊布拉欣的站立处当做礼拜之处!我嘱咐伊布拉欣和伊斯玛仪,为巡礼和静居哲们,以及鞠躬叩头的人们清洁我的房子吧。"参见伊斯梅尔·马金鹏译,《古兰经译注》,16。

② 参见《古兰经》2:126—129。在此,伊布拉欣的祈祷文可以理解为祈求"天房之圣洁"的祷文,它源自《列王纪上》第8章第14—61节中所罗门针对耶路撒冷圣殿之圣洁的祷文。《古兰经》反复强调伊布拉欣与伊斯玛仪协同建立圣所。伊斯玛仪参与麦加天房的创建,正如以撒参与耶路撒冷在摩利亚的祭祀点的创建,或者,按照寓意的说教,如同基督在骷髅地创建祭祀点。不过,在《古兰经》中,这一父子之间的协同合作,缺乏神话的维度,而在犹太教与基督教传统里,父子之间的协同因献祭的重要神学观念而被选择。参见 Angelika Neuwirth, *The Qur'an and Late Antiquity: A Shared Heritage*, 400。

③ 参见 Angelika Neuwirth, *The Qur'an and Late Antiquity: A Shared Heritage*, 401。麦加的"天房"与耶路撒冷的"圣殿",在词源上有密切关联,渗透着象征主义(typology)的力量。参见 Angelika Neuwirth, "A 'Religious Transformation in Late Antiquity': Qur'anic Refiguration of Pagan-Arab Ideals Based on Biblical Models," 81。

④ 《古兰经》中有两个亚伯拉罕。一个是出自《创世记》并受到犹太米德拉什渲染的具有传奇色彩的亚伯拉罕。另一个是携同妻子夏甲与儿子以实玛利移居阿拉伯的亚伯拉罕,他最终定居在麦加,建造天房,制定穆斯林在朝觐中遵守的仪式惯例。参见 Frank E. Peters, *The Children of Abraham: Judaism, Christianity, Islam*, 170。

⑤ Angelika Neuwirth, "A 'Religious Transformation in Late Antiquity': Qur'anic Refiguration of Pagan-Arab Ideals Based on Biblical Models," 71.

⑥ 参见《古兰经》53:37。

罕建构了一个享有特权的谱系的观念。相对于犹太教与基督教而言,《古兰经》强调先知的谱系,提供一种对立谱系(counter-genealogy),即以立约取代血统。[①]因此,在麦地那晚期,亚伯拉罕已被描述为上帝的首位纯粹仆从,他尊奉一神,而无须摩西律法的指引。重要的是,亚伯拉罕出现在穆斯林的日祷文里,与穆罕默德连接在一起:"上帝祝福穆罕默德与穆罕默德之家,正如祝福亚伯拉罕与亚伯拉罕之家。"[②]这说明《古兰经》的社群在阿拉伯半岛经历了一个仪式的转变,即从以朝觐和献祭为主导的仪式,转变为以个人敬虔为基础的一种新的口头事奉。通过这样的逐步改造,亚伯拉罕成为伊斯兰教中最为重要的先知之一。

结语

在犹太教里,亚伯拉罕的事迹,正如《圣经》所描述的,不仅被赋予历史的确定性,而且,犹太教的拉比以《圣经》叙述为基础,作出进一步的演绎,认为亚伯拉罕传授了一神论,摧毁了他父家的偶像,实践了整个律法。在基督教里,耶稣基督向亚伯拉罕显现,并与之交谈。[③] 而在伊斯兰教里,亚伯拉罕与其子以实玛利一道,洁净了麦加的至圣所,清除天房里的偶像。三者形成了各具特色的亚伯拉罕传统。对保罗而言,信仰基督的基督徒就是亚伯拉罕真正的后裔,如同以撒那样(《罗马书》9:7);而非基督徒的犹太人,被贬低至以实玛利的地位,即为奴的子孙,属于旁支的世系,是受诅咒的(《加拉太书》3:6—18,4:21—5:1)。不过,在后来的伊斯兰教传统中,以实玛利得到突出和高举,他与亚伯拉罕一起共建圣所,洁净圣所,这形成了另一种对亚伯拉罕的对立记忆。三大一神教对亚伯拉罕作出了具有冲突意义的阐释,发展出各自的亚伯拉罕传统。亚伯拉罕成为它们彼此差异的节点,而不是具有共同性的节点。这个复杂的范式是三大宗教相互依存并相互影响的结果。[④] 作为犹太人、基督徒与穆斯林文化身份中深层植根的部分,对亚伯拉罕的记忆,持续发挥着强有力的宣称作用。基于此,亨德尔指出:"讲述亚伯拉罕故事的民族,在表达其身份与命运上具有目的论的性质,这些记

---

① 参见 Angelika Neuwirth, "A 'Religious Transformation in Late Antiquity': Qur'anic Refiguration of Pagan-Arab Ideals Based on Biblical Models," 74。关于《创世记》中的亚伯拉罕之约,《古兰经》亦有提及。参见《古兰经》2:130。

② Angelika Neuwirth, "A 'Religious Transformation in Late Antiquity': Qur'anic Refiguration of Pagan-Arab Ideals Based on Biblical Models," 83.

③ 参见查士丁,《与特里弗的对话》,206。另参见《约翰福音》8:56。

④ Jon D. Levenson, *Inheriting Abraham: The Legacy of the Patriarch in Judaism, Christianity & Islam*, 10.

忆通过他们持续不断的修正成为最为重要的部分。"[①]在现今社会,亚伯拉罕传统下的三大一神教,在冲突中互相依存,并以各种方式依旧影响着我们。因此,三者进行对话与沟通是必要的,也是可行的。[②] 这对于理解宗教对话与世界宗教文明互鉴具有重要的现实意义。

① Ronald Hendel, *Remembering Abraham: Culture, Memory, and History in the Hebrew Bible*, 42.

② 参见彼得·奥克斯 Peter Ochs,《亚伯拉罕宗教的神学政治学:一个犹太教的视角》[Abrahamic Theo-Politics: A Jewish View],蒋立群 Jiang Liqun 译,于《民族论坛》[Minzu Tribune],2012 年第 3 期[2012, Issue 3],18—26。

Abrahamic Tradition and Three Monotheistic Religions

TIAN Haihua

Abstract: Judaism, Christianity, and Islam are three major monotheistic religions in the world. They are also known as Abrahamic religions because they share the patriarch Abraham as a common heritage. Based on textual analysis of Genesis, rabbi literature, the New Testament, and Qur'an, this article explores the different constructions and interpretations of Abraham among these three religions. On the themes of God, promise, covenant, circumcision, and sacrifice, these three monotheistic religions have their own theories, present three different portraits of Abraham, and express their own cognitive histories of religion. The Jewish people regard Abraham as a father who made covenant with God; the Christians see him as a father in faith; whereas for the Muslims, he is an important prophet. For these three Abrahamic monotheistic religions, there is a possibility of dialogue, which has significant practical implications for our understanding of the mutual learning among world religions.

Key Words: Abraham, Genesis, New Testament, Qur'an, Three Monotheistic Religions

早期法兰克福学派与犹太传统

陈影*

【摘要】早期法兰克福学派与犹太传统的关系是一个亟待研究的议题。从早期法兰克福学派思想家的犹太人身份看,他们大多以一种“非犹太人”的方式彰显自己的犹太身份。早期法兰克福学派与犹太传统的关联体现在批判精神与救赎诉求两方面。犹太人身份的间性特征与犹太传统的边界思维,使早期法兰克福学派能够批判性地审视目标文化的价值体系与存在问题。这种具有厚重伦理性和建构性的批判维度亦体现在早期法兰克福学派与犹太传统的救赎品格中。早期法兰克福学派德裔犹太学者对救赎的思考,在本质上是希望通过一种对指向未来的超验性追索,摆脱社会加添给他们的思维禁锢与理解偏狭。早期法兰克福学派与犹太传统的关系,就是批判理论与犹太传统的关系,它探究的是批判思想中的救赎维度和救赎思想中的批判指向。

【关键词】早期法兰克福学派;犹太传统;批判;救赎

法兰克福学派始建于20世纪20年代的德国,该流派以法兰克福大学社会研究所为中心。20世纪多位思想巨擘——本雅明、霍克海默、阿多诺、弗洛姆、洛文塔尔等都是早期法兰克福学派的代表性人物。值得注意的是,早期法兰克福学派的大多数学者都是德裔犹太人,他们在二战时期受到纳粹的迫害,法兰克福大学社会研究所也曾一度辗转纽约,直到1950年才回到德国。在法兰克福大学获得博士学位的德国社会学家保罗·马辛(Paul Massing)曾经表示,自己的非犹太人身份似乎让他无法被法兰克福大学社会研究所的其他犹太裔成员真正接纳。[①] 当然,法兰克福大学社会研究所从来就不是一个犹太人专属的机构,其

---

* 陈影,中国人民大学外国语学院副教授。

① 转引自 Jack Jacobs, *The Frankfurt School, Jewish Lives, and Antisemitism* (Cambridge: Cambridge University Press, 2015), 3。

刊物《社会研究杂志》在魏玛共和国时期刊登的文章也没有直接触及犹太主题，但研究所的代表性人物，特别是早期法兰克福学派思想家的犹太人身份及其思想中的犹太维度无疑是一个不容忽视且亟待研究的问题。

一、早期法兰克福学派思想家的犹太人身份

20世纪上半叶，法兰克福大学社会研究所的成员几乎都与犹太教实践保持一定距离，他们并没有从属于某一特定的犹太教派。不但如此，很多人甚至在公开表明与自己的犹太家庭决裂的同时，拒绝接受自己父辈传统犹太人的生活方式，以此来反抗犹太传统（如早年的霍克海默和波洛克）。但他们刻意与犹太传统保持一定距离的态度，正如艾萨克·多伊彻（Isaac Deutscher）所言，仍然“属于犹太传统”，甚至那些“超越了犹太性的犹太异端者”都在犹太传统之中。① 这样就不难理解肖勒姆将霍克海默时期的法兰克福大学社会研究所视为德国犹太人所创造的“了不起的犹太教派”②。这些法兰克福学派早期思想家试图游离于犹太传统之外，但最终形成了携带犹太色彩的思想体系，其中的原因恐怕需要首先思考他们当时的成长环境。

以霍克海默为例，他成长在一个典型的犹太家庭，从小跟随父母恪守犹太律法，但因身体的原因中断了洁食戒律；在放弃洁食戒律之前，他的父母征求了所属犹太会堂拉比的同意。可以看出，霍克海默的父母在恪守犹太律法上，非常谨慎；此外，他们所属的犹太派别并非正统派，亦非改革派，其宗教主张比较温和。霍克海默在斯图加特的犹太会堂接受了成人礼，换言之，他在青少年时期接受了比较系统的犹太传统基础教育。霍克海默与父母的决裂在很大程度上也是由于宗教原因，当他与非犹太裔女士露丝·瑞克尔（Rose Riekher）相识相恋后，父母因瑞克尔的非犹太人身份，极力反对他们交往。马丁·杰（Martin Jay）在描述霍克海默的这段经历时认为，当时霍克海默的父母“宁可让霍克海默成为革命者也不愿意让他娶一个外邦人”③。虽然霍克海默在很长一段时间内都不愿承认自己的犹太人身份，但正如洛文塔尔所言，在霍克海默的思想中，他“对犹太遗产一直有着非常清醒的认识”④。

---

① Isaac Deutscher, *The Non-Jewish Jew and Other Essays* (London: Verso, 2017), 76.

② Gershom Scholem, *From Berlin to Jerusalem* (New York: Schocken Books, 1980), 131.

③ Martin Jay, *The Dialectical Imagination: A History of the Frankfurt School and the Institute of Social Research (1923-1950)* (Berkeley: University of California Press, 1973), 35.

④ Jack Jacobs, *The Frankfurt School, Jewish Lives, and Antisemitism*, 12.

霍克海默的成长经历代表了当时一部分德裔犹太人的生活轨迹，即虽然父辈极力保留犹太传统，但世俗化的德国让他们认识到自己的德国公民身份先于犹太人身份，一旦二者发生冲突且他们有机会选择，他们大多数人都会选择放弃自己犹太人的生活方式。但问题是，犹太人的身份是无法抛弃的，当他们意识到自己周边的朋友和接触到的人大多为犹太人，且他们与非犹太人的关联甚少或者没有任何联系的时候，他们便会发现自己的犹太性是一种先天的属性，无论他们是否公开与自己的犹太家庭决裂，都无法改变自己属于犹太传统这一事实。正如《塔木德》中的一则谚语"犯了罪的犹太人仍是犹太人"[①]所言。特别是当现实生活中的反犹主义给他们当头一棒的时候，他们意识到作为德裔犹太人，无论其父辈在多大程度上试图摆脱犹太传统的禁锢，德国的社会环境都不会为他们提供在本质上转变身份的条件。因此可以说，早期法兰克福学派成员以犹太人为主体并非这些犹太思想家的主观选择，他们无法突破社会加添给他们的身份定义，反犹主义也在某种程度上促成了法兰克福学派的形成与发展。

洛文塔尔选择的路径是在最大程度上继承犹太传统。洛文塔尔的祖父是正统派犹太教徒，曾任教于赫尔施拉比(Samson Raphael Hirsch)开创的新正统派犹太社团；虽然洛文塔尔父亲在正统派的环境中成长，但他在接受西方世界的医学教育后，与其犹太家庭渐行渐远。洛文塔尔在父亲去犹太化的世俗教育中，逐渐发现自己身边的朋友，包括父母的朋友都是犹太人，而德裔犹太人与当时的社会主流显得格格不入。即便如此，年幼的洛文塔尔对自己身为犹太人的意义仍然不甚清楚，以至于当他的小学老师让学生根据宗教信仰分组就坐(新教徒一组，天主教徒一组，犹太人一组)时，他不知所措，因为他自己不知道应该坐到哪里。[②] 后来成为犹太复国主义者的洛文塔尔着力挖掘犹太传统、弥赛亚主义与政治激进思想之间的关联，并从瓦尔特·本雅明(Walter Benjamin)和尼希米·诺贝尔(Nehimiah Anton Nobel)那里获得灵感。当洛文塔尔与在正统派背景中成长起来的犹太复国主义者戈尔德·金斯伯格(Golde Ginsburg)结婚时，他的父亲因金斯伯格过于犹太化而反对这门婚事。洛文塔尔意识到，抛弃自己的犹太传统、完全世俗化的父亲带给他的恰恰是他所厌恶的："我的父母家象征着我不想要的一切——糟糕的自由主义、蹩脚的启蒙、两面的道德。"[③]与霍克海默的父母不同，洛文塔尔的父亲展现出明显的同化犹太人的生活方式，换言之，在犹太传统与德国世俗社会的对立中，他选择的是后者。父辈的这种犹太人自我仇

① Isaac Deutscher, *The Non-Jewish Jew and Other Essays*, 76.

② Jack Jacobs, *The Frankfurt School, Jewish Lives, and Antisemitism*, 13.

③ Jack Jacobs, *The Frankfurt School, Jewish Lives, and Antisemitism*, 19, 23.

视带给洛文塔尔的是更加透彻地审视犹太传统对德裔犹太人的意义。

如果说霍克海默代表了与自己犹太家庭决裂的德裔犹太人，洛文塔尔代表了与被同化的犹太家庭分道扬镳的德裔犹太人，那么，弗洛姆则是在当时少有的、未与自己的犹太家庭发生冲突或不快的犹太人。与其他法兰克福学派思想家不同，弗洛姆的成长环境是正统犹太教，他的父母都来自拉比家庭，弗洛姆从小到大都在恪守犹太律法。其博士论文探讨的就是犹太律法的社会功能，主要是从经济根源分析犹太律法对不同犹太教派的影响。弗洛姆曾表示，哈西德派学者拉比诺(Salman Baruch Rabinkow)深刻地影响了自己的思想。[①] 直接把早期法兰克福学派思想视为一种显性的犹太哲学显然有失公允，但忽视其犹太性维度亦是片面的。换言之，如果将这些思想家的思想界定为一种德裔-犹太身份，那么犹太思想无疑是在场的；这些早期法兰克福学派的思想家"越是否认这一点，其犹太性就越突出"[②]。正如当代著名犹太裔思想家安森·拉宾巴赫(Anson Rabinbach)在采访中所言，20 世纪 20—30 年代魏玛共和国的犹太知识分子"创造了他们需要的犹太教……他们需要犹太教的某种形式，这种形式并不需要具有宗教性"[③]。这种不具犹太性的"犹太教"在本质上呼应了多伊彻的《不具犹太性的犹太人》一文。在这篇文章中，多伊彻认为，即便是犹太异端分子也属犹太传统，例如斯宾诺莎、马克思、弗洛伊德都是犹太异端，但他们都可以"被放置到犹太传统中"，其原因在于他们突破了犹太人身份的疆界。[④] 或许我们可以用"革命"或"批判"代替"异端"二字，因为在这些人看来，传统的犹太人身份束缚了其思想的广度与宽度，他们希望在"犹太人之外寻觅理想与成就"，正因如此，他们是近 300 年来，人类生活领域所发生的"最深刻变革"的引领者。[⑤]

二、早期法兰克福学派与犹太传统中的批判精神

如果说法兰克福学派与犹太传统在思想层面具有亲缘性，那么，这种亲缘性首推两种思想体系中呈现出来的批判维度。我们似乎可以很容易地从犹太文化中找到批判的因素，例如作为纪念民族解放的逾越节、《塔那赫》中作为社会正义

---

① Jack Jacobs, *The Frankfurt School, Jewish Lives, and Antisemitism*, 33, 36.

② George L. Mosse, *German Jews Beyond Judaism* (Bloomington: Indiana University Press, 1983), 61.

③ Anson Rabinbach, *Staging the Third Reich: Essays in Cultural and Intellectual History* (New York: Routledge, 2020), 473.

④ Isaac Deutscher, *The Non-Jewish Jew and Other Essays*, 79.

⑤ Isaac Deutscher, *The Non-Jewish Jew and Other Essays*, 79.

倡导者的先知等，不一而足。《利未记》第 19 章第 17 节记载“不可心里恨你的弟兄；总要指摘你的邻舍，免得因他担罪”。作为 613 条诫命之一，这条诫命告诉犹太人应以平和的心态指出他人的错处，不应吝惜自己对他人的批评，否则会“担罪”。犹太传统具有一以贯之的批判维度，傅有德教授精准地将其原因概括为“犹太人的尚异性”，犹太人的这种尚异精神不但源自《圣经》中的自由和平等的价值，还出于犹太教试图区别于异教。① 此外，从犹太神学的角度看，犹太传统所强调的批判精神从上帝创造人类后便赋予人类自由意志就开始了，因为人类具有选择的权利，选择带来了思想与行为的多样性，为批判提供了生发的空间。犹太传统鼓励批判精神的另一个原因是犹太教与基督教不同，它更多强调实践律法，即行为，犹太人很少因为思想上的僭越而犯罪，其宗教层面的僭越往往发生在行为领域。

犹太传统中的批判维度在很大程度上体现在犹太人思考方式的辩证性上。众所周知，几千年来，犹太人具有局内人与局外人的双重身份，他们生活在“两个世界”，即犹太人的世界和非犹太人的世界中。从某个角度可以说，犹太性体现在犹太人身份的间性特征上，他们可以站在局外人或边缘化他者的位置审视目标文化的价值与存在的问题，这种边界视野使其观察问题和思考问题的角度更加全面、流动与开放。对于法兰克福学派的德裔犹太思想家而言，他们在政治态度层面，往往具有左翼知识分子的色彩，而且当时的左翼知识分子大部分是犹太人。② 早期法兰克福学派思想家大多表示犹太思想在其生活中的作用微乎其微，除洛文塔尔和弗洛姆跟随本雅明的脚步，明确表示犹太神学议题对他们的重要性外，其他人可以说“对犹太教一窍不通”③。但正如前文所述，19 世纪末 20 世纪初的社会历史语境迫使犹太人形成自己的社交圈，特别是反犹主义成为主导意识形态的时候，即便是选择认同世俗化德国人身份的犹太人也会发现，犹太性似乎是他们与生俱来的内在标记，无法被任何外部事物涂抹。这就不难理解，法兰克福学派在思想脉络的沿袭上，以西方马克思主义为圭臬，以批判理论为内核。西方马克思主义并没有将马克思主义视为僵化的、教条式的意识形态，而是

① 参见傅有德 Fu Youde，《论犹太人的尚异性》[On the Particularism of Jews]，于《世界宗教文化》[World Religious Culture]，2010 年第 2 期 [2010, Issue 2]，33。

② George L. Mosse, *German Jews Beyond Judaism*, 61.

③ Martin Jay, *The Dialectical Imagination: A History of the Frankfurt School and the Institute of Social Research (1923-1950)*, 39.

一种将社会现实视为动态的、辩证的批判理论。[①] 犹太思想中的弥赛亚维度在很大程度上，又被马克思主义以世俗化的方式进行挪用，这使得西方马克思主义彰显出的批判精神携带了某种超验性的品格。当然，这种批判精神对超验性的寻求并非神学意义上的，真理的存系场所并非宗教，而是现实，并非“天堂”，而是“未来”。[②] 因此，晚年的霍克海默在一次采访中，在面对“法兰克福学派对未知(the unknown)的完全谨慎(态度)是否源自犹太传统?”这一问题时，他给出了肯定答复。他认为这种对未知完全谨慎的态度就是批判理论的组成部分，而这一重要内容源自《圣经》中禁止为上帝立像的诫命。有意思的是，霍克海默这里引用的《圣经》经文“Thou shalt not make a graven image of God”(你不可为上帝雕刻偶像)不甚准确，因为《出埃及记》第20章第4—5节的原文为：“不可为自己雕刻偶像，也不可作什么形像仿佛上天、下地，和地底下、水中的百物。不可跪拜那些像，也不可事奉它，因为我耶和华你的神是忌邪的神。”也就是说，《圣经》中并没有不可为上帝雕刻偶像的直接经文。但可以看出，霍克海默深谙犹太传统中的偶像崇拜禁忌，因为崇拜偶像意味着对绝对性的描绘，这是犹太传统所不允许的。虔诚的犹太人甚至避免提及或拼写“上帝”一词，这一点在霍克海默来看是因为“对犹太教来说，最重要的不是上帝是谁，而是人是谁。同样地，批判理论也把绝对者谨慎地称为‘他者’”。霍克海默坦言，对他来说，最困难的事情就是把这一神学观点合理地整合到社会批判理论中。[③]

源自犹太传统的批判性使早期法兰克福学派思想家深入思考法国大革命以来对自由、平等、博爱的强调，其背后凸显的理性之上思潮带来诸多现代性症候。如果说法国大革命把理性的触角延伸到体制性的宗教教义中，让人们摆脱了宗教偏狭的禁锢，那么法兰克福学派的批判理论则让人们摆脱了科学技术产生的物化的偶像崇拜。阿多诺在《否定辩证法》中，将哲学的健在归因为哲学本身错过了实现其自身的时刻，那么，犹太传统因其批判性与对未来的指向，表达出了一种解放与期待的品格。犹太传统与当时社会存在诸多方面的交汇，这不但成为法兰克福学派德裔犹太思想家思想的重要面向，还形成了一种犹太人认同的思维模式与话语体系。如果说早期法兰克福学派思想的核心是批判理论，那么

---

① Paul R. Mendes-Flohr, "'To Brush History against the Grain': The Eschatology of the Frankfurt School and Ernst Bloch," *Journal of the American Academy of Religion* 51 (December 1983): 633.

② Paul R. Mendes-Flohr, "'To Brush History against the Grain': The Eschatology of the Frankfurt School and Ernst Bloch," 635.

③ Paul R. Mendes-Flohr, "'To Brush History against the Grain': The Eschatology of the Frankfurt School and Ernst Bloch," 635.

这种批判理论与神学的契合之处便是一种否定神学，即始于上帝的缺席或人类历史中上帝被流放的神学体系。在这一视角下，人类的历史并非遵循一种进步的演进模式，而是充满灾难与废墟。正如《启蒙辩证法：哲学片段》开篇所言，被启蒙的世界“笼罩在一片因胜利而招致的灾难之中”[①]。上帝与这个世界无法和解与共存，只有回归起初才能寻得事物原初的状态，即本雅明所言的“本原即目标”。所有的批判，最终的归指是重建本原。这种具有厚重伦理性和建构性的批判维度亦体现在早期法兰克福学派与犹太传统的救赎品格中。

三、早期法兰克福学派与犹太传统中的救赎品格

犹太传统中流派学说众多，观点各异，但对救赎的探讨无疑是重中之重，这一点似乎无须赘言。但早期法兰克福学派思想中具有犹太属性的救赎品格却亟待探讨。通常来讲，犹太救赎品格主要表现在犹太传统中回溯与修复的元素，即犹太传统常常提及的“修复世界”(Tikkun Olam)。这种修复具有乌托邦的属性，即未来历史的线性发展可能会被新的弥赛亚时代打断，从而携带某种末世的意蕴。就连只有一半犹太血统且在天主教环境成长起来的阿多诺，在《最低限度的道德：对受损生活的反思》中都对这种犹太传统的救赎品格直言不讳。他认为，能够从救赎的角度思考事物的哲学可以在绝望面前承担起责任，“知识没有光，只有通过救赎照亮世界：剩下的只是重建”，世界终将在“弥赛亚之光中显现出”其本真的扭曲面貌。[②] 在这段引文中可以看出阿多诺对本雅明政治弥赛亚思想的继承。探究早期法兰克福学派与犹太传统的救赎品格，其代表性人物当属瓦尔特·本雅明。可以说，法兰克福学派救赎概念的源头就是本雅明。[③] 本雅明对犹太传统的继承与挪用，在很大程度上体现在他思想中的犹太喀巴拉神秘主义上。国内外学界通常认为本雅明对喀巴拉的了解来自其好友肖勒姆。这种表述不甚严谨。首先，肖勒姆立志投身喀巴拉研究在很大程度上是受到本雅

① 马克斯·霍克海默 Max Horkheimer、西奥多·阿道尔诺 Theodor Adorno,《启蒙辩证法：哲学片段》[Dialectic of Enlightenment: Philosophical Fragments]，渠敬东 Qu Jingdong、曹卫东 Cao Weidong 译(上海[Shanghai]：上海人民出版社 [Shanghai People's Press]，2006)，1。

② 阿多诺 Theodor Adorno,《最低限度的道德：对受损生活的反思》[Minima Moralia: Reflections from Damaged Life]，丛子钰 Cong Ziyu 译(上海[Shanghai]：上海人民出版社[Shanghai People's Press]，2020)，300。

③ 李建群 Li Jianqun、姚明今 Yao Mingjin,《法兰克福学派文化救赎理论的现代意义》[The Modern Significance of Cultural Redemption Theory in Frankfurt School]，于《人文杂志》[The Journal of Humanities]，2010 年第 4 期 [2010, Issue 4]，57。

明的鼓励;本雅明因无法直接阅读希伯来语文献,借由喀巴拉通往救赎的道路对本雅明而言是封闭的,正如他所钟爱的《新天使》所揭示的,喀巴拉对他永远是一种指向和目标。其次,本雅明结识肖勒姆后,对喀巴拉的深入了解主要来自肖勒姆,即使在本雅明"转向"马克思主义后,他也曾表示自己只能在神学意义上工作和思考。这里的"神学"在很大程度上就是喀巴拉神秘主义。最后,本雅明是被高度同化的德裔犹太人,德国浪漫主义传统中的基督教喀巴拉神秘主义比其根源的犹太神秘主义更加直接地作用在本雅明的思想中,施莱格尔、哈曼、诺瓦利斯、莫里托、洪堡、波墨等人思想中的喀巴拉元素对本雅明思想的形成具有重要意义。在本雅明看来,世界起源与最终救赎的秘密全部隐藏在原初的纯语言中,这种根源于犹太喀巴拉神秘主义的回归范式彰显出一种神学建构。在这种神学建构中,本雅明展开了自己对纯语言、名称、翻译的言说,以期唤醒人们对传统和本源的记忆,实现一种建基在语言神学层面上的救赎。诉诸喀巴拉是一种将不可言说的关于上帝的诺斯作为反抗主流文化的途径,在蕴含弥赛亚之光的语言碎片中,寻觅人类救赎的线索与希望。

当然,早期法兰克福学派德裔犹太学者对救赎的思考,在本质上是希望通过一种对指向未来的超验性追索来摆脱社会加添给他们的思维禁锢与理解偏狭。换言之,当人们无法完全脱离自己所属的社会语境以及这种客观条件产生的话语规训时,诉诸一种具有超验性的救赎似乎是最佳出路。这种做法并非简单地回归宗教,而是通过远离宗教的方式进入宗教,借由犹太传统塑形一种批判的武器;通过远离社会的方式进入社会内部,寻找并治愈现代性产生的诸多顽疾。因此,救赎对犹太人来说,其本质就是作为他者的一种社会批判,这种社会批判具有两层含义:第一,从现代性中拯救出被打碎的传统,寻觅散落在人间的神性碎片;第二,对传统的修复。肖勒姆认为,犹太人有三种不同的存在状态:天堂的、流亡的和救赎的。第一种存在状态是原初的伊甸园时期,人与万物保有最完整的状态;第二种存在是人被逐出伊甸园进入历史的异化阶段,在这一时期,真理没有消亡,只是以碎片的方式存在,人类需要从碎片中参悟神启,只有这样才能进入第三种存在,即弥撒亚的时代。[①] 如果说对早期法兰克福学派思想家来说,救赎指向了本原,那么这一本原需要回溯传统;如果说救赎指向未来,那么它永远无法在人间实现。可见早期法兰克福学派思想家的批判思想往往是在学理层面的,这些书斋骑士是在现代性的废墟中回溯传统,在绝望中寻找希望。犹太传

① 郭军 Guo Jun,《序言:本雅明的关怀》[Prelude: The Concern of Walter Benjamin],收录于《论瓦尔特·本雅明》[Criticism of Walter Benjamin],郭军 Guo Jun、曹雷雨 Cao Leiyu 编(长春[Changchun]:吉林人民出版社 [Jilin People's Press],2010),8。

统，特别是犹太喀巴拉神秘主义传统通过语言召唤并回溯本原，使“存留与毁灭相互关联”的救赎模式成为可能。[①] 这种富于辩证法色彩的救赎，其表现形式是“启蒙主义所允诺给人的自由的实现”，这是一种“经验的救赎”，“承担着理性反思的功能”[②]。正如洛文塔尔所言，犹太传统吸引他的是具有强烈世俗指向的“救赎思维”，这种“救赎思维”体现在马克思等人思想内核中的乌托邦元素。[③]因此，作为西方马克思主义思潮的重要组成部分，法兰克福学派中的救赎思想与马克思科学社会主义中的乌托邦元素关联到了一起。早期法兰克福学派与犹太传统的关系，究其实，就是批判理论与犹太传统的关系，它探究的是批判思想中的救赎维度和救赎思想中的批判指向。

倘若把早期法兰克福学派思想视作本雅明意义上的星丛，那么这些德裔犹太知识分子思想中的犹太维度就是其中的一颗星，虽然不是最明亮的，但绝不能忽视，这颗犹太传统之星在法兰克福学派思想这种新的构型中，获得超越自身意义的契机，而整个星丛也因犹太传统消解了同一性的现代社会带来的盲视与既定性。犹太传统这一维度呈现的批判与救赎品格不但关联着马克思主义思想的精髓，而且以或隐或现的方式出现在这些思想家的理论体系中，并逐渐演变为一种阐释方式，无论这些学者对犹太传统表达出何种态度，犹太传统已经内化到他们的身份追索与建构中，并携带了鲜明的伦理性与时代性。

很明显，早期法兰克福学派的德裔犹太知识分子都不是严格意义上的神学家，他们自己也无意通过犹太教来构建自己的哲学体系，但他们却在不同程度上具有弥赛亚情结。这固然与当时的历史语境有关，但犹太传统对他们思想的建构作用也不能忽视。他们希望通过对超验性的追求，以批判为方法，对整个社会施以救赎。他们心中的超验性存在是一种无法企及的中心，是一种最高的秩序；犹太传统关注创世，并把创世置于核心位置，而犹太创世传统中亚当与夏娃的故事恰恰联结着弥赛亚概念的源头。但犹太传统弥赛亚观中的历史性、具体性和集体性又并不是早期法兰克福学派所言的弥赛亚主义，法兰克福学派希望用批判理论版本的弥赛亚“神学”为历史唯物主义的木偶附灵，成为一种凝聚在“当下”的世俗启迪（本雅明语）。现代性语境中的历史线性时间观使人们遗忘过去，远离起源，而法兰克福学派的弥赛亚观脱离了传统意义上的末世论，它不设定具

① Eric Jacobson, *Metaphysics of the Profane*: *The Political Theology of Walter Benjamin and Gershom Scholem* (New York: Columbia University Press, 2003), 222.

② 李建群、姚明今，《法兰克福学派文化救赎理论的现代意义》，58—59。

③ Leo Lowenthal, *Critical Theory and Frankfurt Theorists*: *Lectures*, *Correspondence*, *Conversations* (New Brunswick: Transaction Publishers, 1989), 221.

体的过去,也不提示形象的未来,是一种凝聚当下的张力时间。

参考文献

(一)中文参考文献

1. 马克斯·霍克海默、西奥多·阿道尔诺:《启蒙辩证法:哲学片段》,渠敬东、曹卫东译,上海:上海人民出版社,2006 年。

2. 李建群、姚明今:《法兰克福学派文化救赎理论的现代意义》,《人文杂志》,2010 年第 4 期。

3. 阿多诺:《最低限度的道德:对受损生活的反思》,丛子钰译,上海:上海人民出版社,2020 年。

4. 郭军:《序言:本雅明的关怀》,载《论瓦尔特·本雅明》,郭军、曹雷雨编,长春:吉林人民出版社,2010 年。

5. 傅有德:《论犹太人的尚异性》,《世界宗教文化》,2010 年第 2 期。

(二)外文参考文献

1. Isaac Deutscher, *The Non-Jewish Jew and Other Essays*, London: Verso, 2017.

2. Jack Jacobs, *The Frankfurt School, Jewish Lives, and Antisemitism*, Cambridge: Cambridge University Press, 2015.

3. Eric Jacobson, *Metaphysics of the Profane: The Political Theology of Walter Benjamin and Gershom Scholem*, New York: Columbia University Press, 2003.

4. Martin Jay, *The Dialectical Imagination: A History of the Frankfurt School and the Institute of Social Research (1923-1950)*, Berkeley: University of California Press, 1973.

5. Leo Lowenthal, *Critical Theory and Frankfurt Theorists: Lectures, Correspondence, Conversations*, New Brunswick: Transaction Publishers, 1989.

6. Paul R. Mendes-Flohr, "'To Brush History against the Grain': The Eschatology of the Frankfurt School and Ernst Bloch," *Journal of the American Academy of Religion* 51 (December 1983).

7. George L. Mosse, *German Jews Beyond Judaism*, Bloomington: Indiana University Press, 1983.

8. Anson Rabinbach, *Staging the Third Reich: Essays in Cultural and Intellectual History*, New York: Routledge, 2020.

9. Gershom Scholem, *From Berlin to Jerusalem*, New York: Schocken Books, 1980.

Early Frankfurt School and Jewish Tradition

CHEN Ying

Abstract: The relationship between early Frankfurt School and Jewish tradition is an issue deserving further research. Regarding the Jewish identity of the thinkers in early Frankfurt School, they demonstrate their Jewishness in a non-Jewish way. The relationship between early Frankfurt School and Jewish tradition is embodied in the critical spirit and the pursuit of redemption. The intermediacy of Jewish identity and the boundary thinking in Jewish tradition result in their critical interpretation of the targeted culture and value system. Such critical dimension is of strong ethical and constructive colors and is represented in a redemptive quality in early Frankfurt School and Jewish tradition. The German Jewish scholars in Frankfurt School delves into the transcendence which is used to cast off the limitations and prejudices imposed upon them by the modern society. The relationship between early Frankfurt School and Jewish tradition is the one, essentially, between critical theory and Jewish tradition. It is directed towards the redemptive dimension in critical thinking and critical orientation in redemptive thinking.

Key Words: Early Frankfurt School, Jewish Tradition, Critique, Redemption

ℬ

历史与处境

History and Context

19世纪30—40年代犹太教改革者与正统派的论争

胡浩*

【摘要】19世纪30—40年代是德国犹太教改革力量同宗教正统派对抗和论争的重要时期。在布莱斯劳，以盖革为代表的改革者同以提克汀为代表的传统势力为争夺宗教领导权发生激烈争执并最终决裂。汉堡会堂依据新的时代精神编订的祈祷书引发了在宗教观念和仪式变革方面的大讨论。而在法兰克福和柏林，激进的宗教平信徒试图创设一种新的脱离拉比犹太教机制的宗教生活方式。上述争论和变革激励了改革力量的成长并为犹太教改革派的形成和发展创造了条件。

【关键词】犹太教；改革；正统派；论争

从1812年解放法令颁布以来，犹太教在普鲁士被定义为一种受到宽容的宗教，国家并不干预拉比对犹太教宗教生活的调整和革新。拿破仑的失败和维也纳会议造成了反动的政治氛围。1819年，伴随着一片“Hep! Hep!”的喧嚣声，在整个德意志全面爆发了针对犹太人的血腥暴行。[①] 在法兰克福、维尔茨堡等城市，犹太人再次遭到反犹攻击。这样，普鲁士及其他德意志邦国的解放法令给犹太人带来的希望也走向破灭。1823年，腓特烈·威廉三世颁布了限制犹太教改革的法令，规定犹太宗教仪式必须按传统方式进行，不能在语言、习俗、祈祷和咏唱方面有任何轻微的偏离。官方法令声称犹太教信徒不可以获得政府授任的教职，犹太拉比不是年轻人的导师，也不能被看作像基督教牧师那样的宗教导师。[②] 国家担心犹太教中任何宗派的出现都会对政治稳定构成威胁，于是竭力

---

* 胡浩，河南大学以色列研究中心、区域与国别研究院教授。

① 塞西尔·罗斯 Cecil Roth，《简明犹太民族史》[A Short History of the Jewish People]，黄福武 Huang Fuwu、王丽丽 Wang Lili 等译(济南[Jinan]：山东大学出版社[Shandong University Press]，1997)，419。

② David Philipson, "The Beginnings of the Reform Movement in Judaism," *The Jewish Quarterly Review* 15.3 (April 1903), 502-503.

限制拉比改革的权力，政府往往同正统派联合以反对改革。直到 19 世纪 30 年代中期，普鲁士的政治氛围才趋于宽松，宗教改革在那些没有遭遇传统势力激烈反对的地方重新活跃起来。与此同时，在犹太社区内部，宗教上的争论也渐趋激烈。

一、布莱斯劳论战

那个时代被认为是改革阵营旗手的亚伯拉罕·盖革(Abraham Geiger)主张宗教理性主义，对以赫尔施为代表的，持传统浪漫主义情结，并希望重建古老犹太教形式的正统派感到不满。然而，盖革没有很快得到那些倡导改革的拉比的普遍赞同。1837 年，由盖革召集的威斯巴登拉比会议在改革原则问题上没有达成一致。从实用立场出发，盖革意识到改革必须谨慎而循序渐进地进行。他懂得如何以最佳的方式来推行改革，并对前景保持乐观。① 但在遭遇正统派势力全面进攻的压力下，盖革不得不坚决予以回击。最典型的例子就是在布莱斯劳，围绕任命盖革为当地犹太社区助理拉比问题，改革者同传统势力发生了激烈争论和冲突。这场冲突对传统势力构成了严峻挑战，扩大了改革者在犹太社区的影响力。

当时布莱斯劳犹太社区的主拉比亚伯拉罕·所罗门·提克汀(Abraham Salomon Tiktin)是一位严格的传统主义者。他无视时代变化，听不进年轻一代的声音，很难适应新环境。因为传统布道方式越来越受到年轻一代的排斥，布莱斯劳社区想效仿德意志其他一些犹太社区，聘请既接受过大学教育，又精通犹太传统的知识分子承担用本地语言传播宗教真理、指导和教育年轻一代的职责，以满足年轻会众的精神需要。1838 年，在社区理事会 120 名成员的联名呼吁下，社区作出将雇佣一名助理拉比的决定。这名助理拉比除担任拉比法庭的成员外，还负责社区最大会堂每周一次的宗教布道。盖革被认为是最佳人选，他既是一名卓越的《塔木德》和拉比文献学者，同时也受过良好的大学教育。他主张适应时代要求，在科学研究基础上变革宗教习俗和仪式，修正或废除那些违背现代宗教精神的礼仪，保留那些同现代生活协调的礼仪。1838 年 7 月，盖革在布莱斯劳发表了一次激动人心的布道，博得了社区理事会大多数成员的赞扬。随后，他被选为布莱斯劳犹太社区的助理拉比。

盖革的当选遭到提克汀的反对，他猛烈攻击自己的这位助手，因为后者在礼

① Max Wiener ed., *Abraham Geiger and Liberal Judaism: The Challenge of the Nineteenth Century* (Philadelphia: The Jewish Publication Society of America, 1962), 16.

拜中引入了定期布道、本地语言祈祷文、牧师袍和其他一些革新。[①] 以提克汀为代表的传统势力和往常一样，试图通过政府的干预来取消对盖革的任命。但是，普鲁士政府对犹太社区内部事务逐渐失去兴趣，当时德国著名的自由主义政治家瑞赛尔(Rieser)公开表示对盖革的支持。1840 年，盖革最终获得了助理拉比的任职。在得到政治权威认可后，盖革回到布莱斯劳，他在任职后的首场布道中指出，犹太教是一部没有完结的传奇，目前的形式应当进行改革；犹太教只有更新自身，才能够在现今世界中取得更高和更有利的地位。所有人都应当在这一事业中团结起来。[②] 盖革在布莱斯劳会堂的德语布道虽然不是一种创新，但也绝不是一般性的仪式布道。这种类型的布道不仅提供宗教教育，而且提供一般性的教益。在任职期间，他还为年轻人开设新的宗教课程，发表关于犹太历史和文献的演讲，并继续创作活动。

提克汀则坚持他的一贯立场，在实际工作中拒绝同盖革合作。对于以提克汀为首的传统主义者而言，构造一种与祖先不同的犹太教新框架是荒谬的，他们更不会对盖革所谓的历史进化理论抱有兴趣。提克汀对传统的信仰丝毫不比盖革对于改革的信念弱。他坚持认为恪守犹太教意味着要坚持《塔木德》的每一项规定，无论它们是多么不切实际；宗教发展不应受制于时代环境；宗教文献中规定的一切都是神圣的；从作为拉比犹太教基石的《塔木德》中清除任何内容都是对整个犹太教的侵害；任何拒绝《塔木德》有效性的人都不是犹太教真正的信徒。[③]

盖革也绝不屈服，在同以提克汀为首的传统主义者的争论中，表现出巨大的热情与活力，他不满足任何既定真理，具有强烈的改革和革命冲动。[④] 为反击提克汀的传统言论，盖革在《犹太教神学科学杂志》上发表了一篇题为《当前任务》的文章，声称布道是知识进步和伦理教育的有效途径，同时，新的一代有权在祈祷仪式、会堂音乐等方面进行变革。就像《塔木德》先贤可以根据他们所处时代的宗教真理来理解和诠释经文一样，盖革认为自己也拥有自由释经的权利。他对犹太教的理解常常建立在参照历史的基础上。当审视《1232 年到 1306 年哲

---

① 大卫·鲁达夫斯基 David Rudavsky，《近现代犹太宗教运动——解放与调整的历史》[Modern Jewish Religious Movements]，傅有德 Fu Youde、李伟 Li Wei、刘平 Liu Ping 译(济南[Jinan]：山东大学出版社[Shandong University Press]，1996)，184—185。

② David Philipson, "The Reform Movement in Judaism. Ⅱ," *The Jewish Quarterly Review* 16.1 (October 1903): 48.

③ David Philipson, "The Reform Movement in Judaism. Ⅱ," 49.

④ Max Wiener, "Biographical Introduction to Abraham Geiger," in *Abraham Geiger and Liberal Judaism: The Challenge of the Nineteenth Century*, 22.

学研究论战史》时,他感到自己正在呼吸那个时代的气息。在对 10—12 世纪阿拉伯世界犹太人《圣经》评注和希伯来诗歌的研究中,盖革看到了理性和智慧的光芒。当哲学家和宗教批评家鲍威尔攻击塔木德犹太教时,盖革回应说会堂内部的争论不是宗教走向衰败,而是走向复兴的征兆。他声称应当结束律法与实际生活脱节的状态;他将这种脱节归因于犹太教落伍于时代精神。因此,思想的重构对未来犹太教意义重大。①

布莱斯劳争论很快超出了地方争论的范畴,成为改革原则同传统犹太教原则产生根本分歧的体现,这种分歧甚至达到了不可调和的地步。盖革恪守对《塔木德》和拉比文献的科学批判路线,而提克汀及其支持者则恪守蒙昧主义和教条主义路线,两者之间的斗争在很大程度上代表着自由主义同宗教权威的斗争。

1840—1842 年是传统力量与改革力量的相持阶段。1842 年,提克汀和他的同事在一本回应布莱斯劳争论的小册子中斥责以盖革为代表的改革者严重背离犹太教基本立场。他们宣称《塔木德》是所有犹太教教义的宝库和灵感之源,拒绝任何思想自由和宗教质询的权利。② 根据这些拉比的观点,犹太教是一种固定的、不可变更的系统。《布就筵席》中的每一个微小的律法规定都与《圣经》中的宗教诫命同等有效。柏森的主拉比所罗门・埃格尔(Solomon Eger)宣称,只有完全信赖西奈神启、永远遵守摩西律法的人才是真正顺从上帝的犹太人;摩西将上帝启示给他的口传法和成文法一起传给了他的继承者约书亚,约书亚又将之传给犹太长老,之后又传至先知那里,先知又将其传给了大会议成员。口传律法同样是神圣的,必须得到遵循。否认这一点的人就不能被认为是真正的犹太人。③ 里萨的拉比在回应中表示:"所有包含在《摩西五经》中的诫命和禁令以及《塔木德》所诠释的律法都有神圣的起源,对任何时代的犹太人都有约束力,不可人为废止。"④

这段时期,受传统势力与改革者论战的影响,拉比法庭没有开庭,社区成员要参加宗教仪式只能到邻近社区。在社区一名重要成员的葬礼上,提克汀和盖革都被邀请发表演讲。提克汀致辞后,盖革随即登台演讲,但遭到了提克汀支持者的谩骂,而盖革的支持者也以同样的方式予以回击。第二天,社区理事会以不

① Max Wiener ed., *Abraham Geiger and Liberal Judaism: The Challenge of the Nineteenth Century*, 33-34.

② David Philipson, "The Reform Movement in Judaism. Ⅱ," 53.

③ David Philipson, "The Reform Movement in Judaism. Ⅱ," 53-54.

④ David Philipson, "The Reform Movement in Judaism. Ⅱ," 54.

遵守会堂章程为由中止了提克汀的拉比职务。[①] 提克汀转而呼吁各邦正统派拉比支持自己。为此,他出版了一部著作,其中收集了大批反对改革的拉比的思想。[②] 后来,在政府干预下,提克汀恢复原职。到 1843 年,提克汀去世,盖革随即成为布莱斯劳犹太社区的主拉比,改革者才在布莱斯劳确立起较稳固的地位。

但传统主义者并没有因为盖革担任布莱斯劳犹太社区的主拉比而改变反改革的立场。这场争论最终导致了布莱斯劳犹太社区分裂成两大宗教社团,即传统派社团和改革者社团。1846 年,所罗门·提克汀的儿子被拥戴为传统派社团的拉比。但是,以盖革为代表的改革者并不想因此分裂成一个独立的宗派,盖革希望自己的改革主张能够最终赢得社区大多数人的支持。所以,在策略上,他力图继续维护社区统一性。10 年后,布莱斯劳社区经过妥协制定了一个新的章程,盖革和提克汀的儿子作为社区的两位拉比享有同等权力,由此,社区统一勉强得以维持。布莱斯劳争论使得改革运动逐渐转变为一种宗派运动,产生了我们今天所称的改革派。[③]

在布莱斯劳论战中,盖革和他的同事得到了外部犹太社区改革力量的支持。欧洲年轻拉比大多对盖革表示支持。从 1843 年出版的 17 名拉比对于布莱斯劳争论的答问中,很容易看出这一点。这些拉比多数表示要将摩西启示从口传传统中分离出来并以历史论证的方式揭示犹太教漫长的发展和进化史。他们认为,既然早先的制度被后来的制度修正甚至取代,那么进一步改革就不违反犹太教原初的精神。有些拉比认为《塔木德》不总是和今天的道德保持一致,如果《塔木德》内容同当代宗教情感和道德相冲突,那么人们就有权进行改革。[④] 奥登贝格的拉比伯纳德·韦克斯勒(Bernhard Wechsler)在答问中强调现代犹太教具有自由质询的权利。他说,犹太神学需要科学,只有以科学的方式才能澄清观点上的混乱并对主观的、专断性的宗教想象加以限制,由此才能保护宗教免受谬误的侵蚀。教条主义和蒙昧主义违反了摩西精神,阻碍了对宗教精神的理解……提克汀将科学方式在宗教中的应用看作无神论的观念,这完全是对犹太教的误解。犹太教神学既不是沉思的哲学,也不是教条主义。它谨慎地将历史和批判的方法应用于对传统的理解,并从中得出实际结论。通过对传统的调查,人们发现,有些宗教传统已经被时代淘汰。任何理解历史和人类发展进程的人都必须

① Michael A. Meyer, *Response to Modernity: A History of the Reform Movement in Judaism* (New York & Oxford: Oxford University Press, 1988), 111.

② 大卫·鲁达夫斯基,《近现代犹太宗教运动——解放与调整的历史》,185。

③ Michael A. Meyer, *Response to Modernity: A History of the Reform Movement in Judaism*, 111.

④ Michael A. Meyer, *Response to Modernity: A History of the Reform Movement in Judaism*, 113.

承认传统受到腐蚀的可能性,都应当感谢科学在纠正宗教蒙昧方面的贡献。提克汀因为盖革在科学上的伟大成就而认为他不适合承担拉比职责显然是极端错误的。[①]

泰勒林的拉比亚伯拉罕·柯亨(Abraham Kohn)在与布莱斯劳改革派公会的答问中捍卫了犹太教进步原则和改革的合理性。他指出,当社区正在走向知识进步之时,传统主义者仍然严苛地、顽固地坚持不变性原则,孤立于时代之外,严重阻遏了犹太教健康而有效地发挥自身作用……犹太教的全部历史已经证明,在拉比犹太教风俗和律法方面进行变革不仅是允许的,也是犹太教在所有时代的准则。尽管后塔木德时代的宗教导师很少敢于主动变革,但是犹太生活本身的环境不断发生变化,拉比正是顺应时代要求核准了一些重要变革。自《密释纳》编纂以来,宗教律法的变革就没有停止过,只不过是在缓慢、悄悄地进行着。过去 60 年发生的变化并不是突然出现的,而是历史积聚起来的变革在特定环境下爆发的结果。因为,在这几十年里,变革的障碍正被清除,犹太人的社会地位已经得以改善,犹太青年开始在现代学校接受良好教育。所有这些都产生了新的需要和观点。不幸的是,《塔木德》学者仍然孤立在变革的世界之外,不积极去评价和欣赏这些变革。[②] 特里尔的主拉比约瑟夫·卡恩(Joseph Kahn)对传统势力反对德语布道进行了批判。这是在雅各布逊和克雷用德语布道 25 年之后发生的关于这一问题的最后一次争论。他指出,用德语布道已经成为一种普遍趋势,就连最没文化的人在德语布道中也受到了教育。人们蜂拥着去听会堂中用纯正德语发表的演讲,感到快乐和精神振奋,甚至一些守旧的、德高望重的拉比也开始尝试用德语发表演讲。政府官员也希望犹太会堂用德语布道,他们经常去聆听这样的布道,从而增加了对犹太教的了解。卡恩对正统派自以为是的态度表示强烈不满,认为改革者正在促进宗教进步。[③]

二、汉堡祈祷书引发的争论

在布莱斯劳改革者与传统势力发生巨大争论的同时,汉堡改革也获得重要进展。1841 年,在汉堡犹太社区贫困儿童免费学校举行的 25 周年纪念活动上,布道者克雷提供的晚宴菜单包括很多违反犹太饮食法规定的食品,如蟹、虾、猪

---

① W. Gnuther Plaut, *The Rise of Reform Judaism: A Sourcebook of Its European Origins* (New York: World Union for Progressive Judaism, LTD., 1963), 64-65.

② W. Gnuther Plaut, *The Rise of Reform Judaism: A Sourcebook of Its European Origins*, 65-66.

③ W. Gnuther Plaut, *The Rise of Reform Judaism: A Sourcebook of Its European Origins*, 67-70.

肉等，与会的大多数犹太人并没有对此表示抗议。这表明，随着改革势力的增强，汉堡犹太人已经开始公开地忽视饮食法的规定。尽管此举激起了传统势力的强烈不满，但使得汉堡会堂与传统势力陷入冲突的真正原因是会堂希望获得社区领导权，并要求建立新会堂。这一主张遭到了社区理事会和传统精神领袖艾萨克·柏奈斯(Isaac Bernays)的公开反对。柏奈斯认为汉堡会堂正在散布对传统宗教的漠视，试图削弱宗教律法，无视以色列民族的理想和抱负。尽管遭遇反对，汉堡议会仍在 1841 年批准了汉堡会堂的请求。

这一时期汉堡会堂最重要的工作是编订了新的祈祷书。新祈祷书受到了 19 世纪 30—40 年代时代氛围的影响，强调遵循历史、实证、批判的原则开展宗教仪式方面的改革，希望以此保证犹太教存在和行动的特征。新会堂(被称为"Temple")体现的价值完全不同于传统犹太教。它的组织者以宗教进步为口号，强调区分犹太教的核心和外壳、内容和形式、永恒性要素和暂时性要素。[①]汉堡祈祷书删去了许多关于弥赛亚将以色列人集结于锡安的祈求，并且用灵魂不朽取代了肉体复活的传统观念。汉堡的正统派拉比否定了这本书并禁止使用。[②] 新的祈祷书对社区正统派在律法和仪式问题上顽固坚持的宗教激进主义立场提出严正警告，认为那些因为改革者没有按照古老祈祷书践行全部宗教仪式而否认他们的犹太性，并且将仪式上的变革看成异端和叛教的人，实际上是在毁灭犹太教，这样的人最终也将被历史抛弃。[③]

但是，为了维持社区统一，新的祈祷书在一定程度上具有保守和折中的特征。新的祈祷书主要着眼于对原有祈祷书进行修订，而不是贸然引入新的仪式变革。编撰委员会遵循以下原则：一是上面提到的实证历史的原则；二是祈祷书的精神和要旨必须符合欧洲文化和生活观念；三是现存的和传统上被接受的内容将优先保存下来，只要这些内容不在根本上与上面提到的原则相抵触。祈祷书必须体现纯粹的犹太一神教教导。[④] 很显然，上述原则比较模糊，主要考虑到过于明确的改革原则可能会让许多会众无法接受，并使新会堂在犹太社区陷入孤立境地。他们只得选择一种中间路线而避免任何极端。为照顾传统情结，祈祷书重新引入了希伯来文的赞美诗，增加了日常仪式和餐后祝祷词。只是在献

---

① W. Gnuther Plaut, *The Rise of Reform Judaism*: *A Sourcebook of Its European Origins*, 40-41.

② 罗伯特·塞尔茨 Robert M. Seltzer,《犹太的思想》[Jewish People, Jewish Thought: The Jewish Experience in History],赵立行 Zhao Lihang、冯玮译 Feng Wei 译(上海[Shanghai]:上海生活·读书·新知三联书店[Shanghai Joint Publishing Company],1994),586。

③ W. Gnuther Plaut, *The Rise of Reform Judaism*: *A Sourcebook of Its European Origins*, 42.

④ David Philipson, "The Reform Movement in Judaism. Ⅲ," *The Jewish Quarterly Review* 16.3 (April 1904): 491-492.

祭仪式、安息日和犹太节日的附祷等问题上才表现出同传统明显的差别。新祈祷书竭力消除弥赛亚的民族特征,强调其普世性意义,还有意忽略了回归锡安和耶路撒冷,重建圣殿和以色列国等内容,表明新会堂努力淡化犹太民族意识。不过,祈祷书还是保存了传统的复活、拯救、弥赛亚、返回锡安等观念,也留存了不少反映个人拯救和重建圣殿的祈祷词。这反映出新会堂在处理犹太身份问题上的矛盾立场。一方面,因为犹太人是德国公民,所以会堂必须斥责犹太人将巴勒斯坦当作自己故乡和祖国的观点;另一方面,作为以色列人,会堂仍怀着焦虑和不安之情表达了回归锡安的梦想。①

尽管新祈祷书的内容已尽可能地体现与传统的妥协,但还是激起了传统力量的激烈反对。拉比柏奈斯发表声明,认为新祈祷书违反了传统犹太教拯救、弥赛亚和复活三大基本观念,是无效的。② 柏奈斯的声明在社区激起了骚动和不安。会堂当局于 1841 年 10 月 21 日也发表了一份反对柏奈斯的声明,指出柏奈斯无权公开谴责会堂;柏奈斯对于会堂祈祷书的恶毒攻击缺乏根据,忽视了神学和宗教礼仪方面的基本知识。会堂理事会认为此举极不明智,是一种没有力量的宗派观点,在社区播撒了分裂的种子。③

为了进一步回击正统派对于新祈祷书的指控,会堂理事会像布莱斯劳改革者一样,力图从外部获得关于祈祷书内容和性质问题的权威观点。在理事会的积极努力下,会堂获得了 12 位知名拉比撰写的答问并以文集形式出版,这就是《关于汉堡新以色列会堂协会祈祷书的神学观点》一书。会堂发言人弗兰克尔博士声称,12 位拉比权威的分量显然超过传统主义者毫无根据的声明,有力地证明了会堂祈祷书的合法性。④

在这 12 位拉比的答问中,塞缪尔·侯德海姆(Samuel Holdheim)和艾萨克·曼海姆(Isaac Noa Mannheimer)两位拉比的观点比较引人注目,因为它们分别代表了改革思想中激进和保守的方面。侯德海姆主要是从传统、现代性和文化适应关系的角度捍卫了祈祷书的合法性。在题为《汉堡新以色列人会堂祈祷书》的小册子中,侯德海姆宣称祈祷书是完全令人满意的,可以为任何犹太会堂使用。因为祈祷书没有诋毁任何历史真理和根本的犹太教教义,也没有破坏会堂传统,更没有废除任何受到普遍认可的《圣经》律法和拉比法令。它执行的

① See David Philipson, "The Reform Movement in Judaism. Ⅲ," 495-496.

② Michael A. Meyer, *Response to Modernity: A History of the Reform Movement in Judaism*, 116-117.

③ David Philipson, "The Reform Movement in Judaism. Ⅲ," 493.

④ David Philipson, "The Reform Movement in Judaism. Ⅲ," 494.

是一种中间路线,既满足了激进派的要求,也满足了保守派的需求……按照侯德海姆的观点,这部祈祷书没有任何颠覆犹太教精神的变革。祈祷书强调了先知对于犹太教教义的阐释,将传统犹太教精神同普遍的宗教信条结合在一起,而且成功地排除了那些与现代文化精神和纯粹的宗教教义相悖的内容。①

维也纳布道者曼海姆本质上是一个持保守立场的人,但对汉堡祈祷书表示拥护。他从传统中寻找变革根据,认为祈祷书用本地语言代替希伯来语,从《塔木德》和拉比犹太教的立场来看,是无可辩驳的。改革是每一座会堂的权利。有些祈祷词只是祈祷书编纂者个人意志的表达,因而不具有永恒的有效性和权威,废除或删节它们没有违反任何宗教准则。他赞同祈祷书忽略献祭内容,在他看来,献祭并不是实现弥赛亚的必要条件,只是以色列宗教早期阶段的产物。不过,他又表示自己相信并捍卫对弥赛亚信条的民族性阐释,希望看到民族重建。②

汉堡祈祷书为迎合社区情感,在原则和内容上显得并不连贯,时而激进、时而保守,激起了改革者的不满,并引发了观点上的争论。像盖革和弗兰克尔这样受到历史主义和学术批判思潮深刻影响的宗教思想家,希望新的祈祷书能够明确表达他们的立场,而不是为照顾不同会众的宗教需求,在仪式改革问题上妥协和折中。弗兰克尔批判了柏奈斯僵化的传统主义立场,他指出,汉堡祈祷书之所以受到公开批判,是因为作者没有遵循严格的程序;他们在保留和删节祈祷仪式方面采取的是一种不具有权威性的折中原则。在他看来,祈祷书在科学、严肃性和激发宗教情感方面是失败的。祈祷书显得反复无常,在很多方面忽视了犹太社区的宗教情感。如在弥赛亚问题上,弗兰克尔认为,回归巴勒斯坦的希望始终能够激发犹太人的情感和热情,这一目标的实现意味着以色列弥赛亚希望真正完美的实现。③ 弗兰克尔认为,祈祷书没有尊重科学要求的客观性和连贯性原则,也没有遵循宗教情感要求的主观现实性原则。④ 显然,弗兰克尔在仪式改革问题上更强调宗教情感,认为新祈祷书过于激进。

在仪式改革问题上,盖革与弗兰克尔一样,都在一定程度上遵循历史主义的路径。但是,出于对历史主义的不同理解,他们在改革问题上得出的结论是完全不同的。盖革注意到祈祷书缺乏连贯性和原则性,他对汉堡会堂的妥协举动表示不满。他认为,会堂不应受到社区多种因素的束缚,而应当成为宗教改革的领

① David Philipson, "The Reform Movement in Judaism. Ⅲ," 499-500.

② David Philipson, "The Reform Movement in Judaism. Ⅲ," 501.

③ David Philipson, "The Reform Movement in Judaism. Ⅲ," 502.

④ Michael A. Meyer, *Response to Modernity: A History of the Reform Movement in Judaism*, 118.

导力量,反映那些在知识上和情感上都从陈旧教条中解放出来的会众的要求,会堂改革应指向现在和未来。盖革认为在坚持科学原则和主观精神诉求方面,祈祷书显得很不够。盖革和弗兰克尔在汉堡祈祷书问题上的分歧不仅是改革运动随后将要出现的严重分裂的征兆,也表明学术在提供一种可以被广泛接受的仪式改革路径方面是无能的,至少是不充分的。①

尽管汉堡祈祷书是围绕仪式问题展开的,但它引发的争论已经远远超出了仪式改革的范畴,反映了宗教观念上的分歧和争论。这种分歧不只是改革力量同传统势力在宗教理解方面的差异,还扩展到改革阵营内部。改革者的主要分歧在于改革的动力、原则和目标,即改革的动力主要来自内部或者传统,还是来自外部或者现代观念;改革的原则是基于情感主义,还是基于完全的理性主义;改革的目标是要实现律法和仪式的变革,还是要实现教义上的根本变革。围绕汉堡祈祷书的争论预示了改革力量内部可能出现的更为严重的思想分裂。

布莱斯劳和汉堡的改革遭到社区传统拉比的激烈反对,在改革者内部也引发了争论。汉堡祈祷书在精神上的不连贯性和妥协性显示改革之路并非一帆风顺,德国犹太社区在宗教上浓郁的保守氛围使得改革被迫转向温和。多数改革者开始从塞法迪犹太传统中寻找变革的证据,强调改革并不破坏犹太延续性,更没有否定犹太历史和传统,而是旨在更新和重新解释传统。所以,改革者也不试图形成一个独立的宗派,只是在尽可能地影响犹太社区,劝说传统主义者最终接受改革主张,以推动整体宗教进步的实现。但实际这一想法只是一厢情愿,改革者掀起的革新运动并没有达到预期目标。在德国一些较大的犹太社区,宗教平信徒对依靠拉比来推行改革越来越没有耐心,于是,他们开始绕开拉比的干预,掀起更加激进的宗教变革。按照迈耶尔的观点,这一现象的出现具有特定的时代背景。19 世纪 40 年代,德国犹太人中有了充分德国化和欧洲化的新一代。他们不像前代人在宗教问题上表现得较为传统。他们年轻时在基督教学校和大学学习,当再次返回犹太社区时,感到自己和大多数犹太人几乎没有什么共同之处。正是这些人在社区中形成了激进力量。一方面,他们受到反犹和反宗教潮流的影响,对自己的犹太出身表现出非常矛盾的态度。在很多情况下,他们憎恶自己的犹太出身,因为它妨碍了他们社会抱负的实现。另一方面,他们又表现出对同胞的依恋之情,感到有责任反对歧视,捍卫犹太人的利益。②

---

① Michael A. Meyer, *Response to Modernity: A History of the Reform Movement in Judaism*, 118.

② Michael A. Meyer, *Response to Modernity: A History of the Reform Movement in Judaism*, 121-122.

三、激进改革风潮

在拉比阵营致力于改革并就改革问题发生激烈争论的同时，在法兰克福和柏林出现了更加激进的、具有强烈世俗化倾向的改革势力。一是法兰克福的“改革者联谊会”(Society of the Friends of Reform)提出“在弥赛亚宗教中无限发展的可能性”，并断然否定了《塔木德》的权威性。二是柏林的“犹太教改革协会”(Association for Reform in Judaism)要求几乎全部用德语作祈祷，并废除了一些被认为陈腐的和东方式的习俗，如在新年蒙着头、吹着羊角号作祈祷。[①]

法兰克福在19世纪40年代成为激进改革者活动的基地。这些改革者最初活跃在法兰克福人道主义学校教师米海尔·克赖策纳赫(Michael Creizenach)[②]的周围，他们后来成立的改革者联谊会表达了激进的宗教改革主张，并持有这样一种信念，即今天犹太教大多数的仪式和诫命都是因特定时代和特定人群需要而产生的。现在，这些内容已经构成对纯粹宗教的危害，丧失了意义，通过拉比权威和家庭约束来继续维系这些诫命和仪式是不道德的。犹太人不应当因为外在的宗教形式而束缚了对信仰的思考。现代犹太人应当将对犹太教精神信念的追求同他们的职业生活结合在一起，有必要清除那些成为职业和生活障碍的古老风俗和诫命。改革者联谊会的成员呼吁拉比支持他们追求真理的主张，因为在他们看来，这些主张本质上是道德的，能够取悦上帝。

改革者联谊会提出了三条纲领：一是摩西宗教在不断进步；二是所有在《塔木德》基础上引发的争论、推衍的律法及产生的宗教文献都不具有权威性；三是不希望也不期待弥赛亚的到来，不希望弥赛亚引导以色列人返回巴勒斯坦地，除了犹太人生长其中并承担公民义务的国家之外，犹太人没有其他的祖国。改革者联谊会在仪式问题上提出了激进的主张，其绝大部分成员都认为犹太割礼是一种过时的、野蛮的宗教仪式，必须废除。这一主张遭到以拉比所罗门·特里尔和拉波波特为首的传统势力的强烈反对。他们将联谊会定位为宗派主义，其目标是要消灭拉比犹太教。拉波波特严正警告教友们不要同该协会的成员有任何接触，特别是不要同他们有任何婚姻上的联系。[③]

即便在改革阵营中，改革者联谊会如此激进的宗教观点也遭到反对。因为

---

① 罗伯特·塞尔茨，《犹太的思想》，586—587。

② 米海尔·克赖策纳赫是著名的塔木德主义者、现代教育家。他一度想赋予改革派理论上的定位，同盖革一样，他没有完全否定《塔木德》的有效性并坚持犹太历史的统一性原则。

③ W. Gnuther Plaut, *The Rise of Reform Judaism: A Sourcebook of Its European Origins*, 50-52.

改革者联谊会几乎完全放弃了犹太教中启示的观念，这似乎又回到了激进哈斯卡拉的自然宗教观。代表大多数改革拉比立场的蔡德威茨(Zedwitz)对改革者联谊会进行了批判。他说，如果犹太教不是被启示的，那它是什么呢？启示宗教的原则在摩西和先知作品中就已确定下来。神圣性在为人类提供思想和行动的准则。最高精神不能够通过人的理性获得。人们不能从凡人那里获得神圣真理，不论这些人是多么出色；人们只能从上帝启示的教导中获得灵感，因为上帝将真理传给了摩西和先知以拯救以色列和全人类。[①]那个时代多数改革者已经具有较为明确的宗教自觉意识，即宗教改革并不否认启示的有效性，而是在承认神圣性的基础上强调人类理性的重要性。与拉比阶层相比，激进平信徒掀起的宗教革命在犹太社区处于一种边缘性和极端性的存在状态(法兰克福的改革者联谊会规模一直很小，其中积极活动的会员又不超过一半)，并没有得到大多数犹太人的支持。改革者联谊会的主张最终没有为主流改革阵营所接受，但是它对于改革运动的意义超过了其规模，因为它在一定程度上推动了德国犹太教改革运动的进程并促使改革者进一步澄清自己的观点。

与法兰克福宗教平信徒发起的激进变革相比，柏林宗教平信徒在 19 世纪 40 年代掀起的改革在规模上远远超过了法兰克福，而且在德国宗教改革圈产生的影响也更大。柏林这个孕育哈斯卡拉的城市，自 18 世纪末以来一直就是德国犹太文化的中心，也是犹太商业和知识精英的荟萃之地，他们在思想上受到现代世俗文化和科学的深刻影响。在柏林大学，尽管犹太人不能担任教职，但是那里还是聚集了一批改宗了的犹太人，他们在宗教上持相当激进的观点。而在犹太社区，犹太学校的入学率并不高，柏林犹太儿童多半在非犹太学校上学。犹太社区委员会一般为富人和精英阶层所控制。他们不关心宗教问题，也不守教或者很少遵守犹太律法，乐于将宗教问题交给传统犹太人去处理。但是从 19 世纪 30 年代后期以来，柏林传统犹太社区也开始了一些宗教仪式上的变革。1844 年，社区任命具有一定革新倾向、但总体上坚持保守立场的米海尔·萨赫斯(Michael Sachs)为助理拉比和布道者。这一事件激起了柏林犹太社区宗教平信徒的抗议。超过 200 名社区成员抗议这次任命。他们希望任命像盖革这样的改革者担任助理拉比。柏林犹太社区的变革受到那个时代德国基督教改革的影响。19 世纪 40 年代早期，在德国新教和天主教中，出现了一些试图革新传统教义的运动，如在新教中的新教徒联谊会。该组织奉行激进的个人主义原则，认为信仰取决于个人的心灵，而不是文本或者教会的条文。天主教中的宗教抗议者称自己为“德国天主教徒”，拒绝尊崇古老的宗教传统，不服从教宗，并准备召开

① W. Gnuther Plaut, *The Rise of Reform Judaism: A Sourcebook of Its European Origins*, 53-54.

更具代表性的宗教会议。这些组织带有强烈的民主和反教权倾向。受其影响，柏林的一些犹太教信徒也试图突破传统犹太教框架，掀起新的宗教运动。[①]

这场运动的卓越领导人西格蒙德·斯特恩(Sigismund Stern)，受到那个时代流行的黑格尔哲学以及施莱艾尔马赫宗教浪漫主义的影响，决心彻底地将犹太教融入当代德国文化之中。1843—1845年，他发表了一系列激动人心的演讲，受到了年轻犹太人的广泛关注。斯特恩反对黑格尔所谓犹太教是历史遗迹的观点，认为虽然犹太教不再拥有自己的政治基础，但能够成为普鲁士国家中活生生的一支力量。犹太教如果经过适当重构，就能在世界历史中获得自己应有的地位，并能在国家发展和人性进步的过程中扮演有价值的角色。犹太人要进入当代文化圈并不必然将犹太教置于一种边缘地位。斯特恩希望犹太教成为像新教一样的德国教会，这意味着一方面犹太教将获得像新教一样的公共认可，另一方面犹太教将排除伦理一神教普世内容之外的一切礼仪性和民族性因素。尽管斯特恩认识到柏林的拉比和社区领导人不会支持如此激进的变革，但是他认为自己将作为改革先锋将启蒙引向深入。[②]

对这场运动产生重要影响的另一位理论家是亚伦·伯恩斯坦(Aron Bernstein)。他也认为犹太教只有经历激进的转型，才能够有意义地生存下来。与斯特恩不同，尽管决心和传统犹太教决裂，但他对传统犹太生活仍然有依恋之情。他在关于当代犹太教的作品中勾画了一种给人以深刻印象的犹太教形象：那就是犹太教三代人悲剧性的分裂。按照他的话说："父亲不能理解我们，而我们的孩子也不能理解我们。"他赞成激进改革的理由是当代犹太人不得不面对处在现代文化和思想影响下的下一代犹太人，必须为他们光明的未来考虑，必须以信心、勇气和热情，通过自己的实际行动为后代犹太人的生活奠定基石。所以，伯恩斯坦认为，犹太人不能坐等犹太教进入历史发展的新阶段，而是要主动促进新时代的到来。他认为，主张改革的拉比对于犹太教的批判主要针对《塔木德》和拉比文献，而在对《圣经》启示的批判方面止步了。伯恩斯坦强调《摩西五经》不是宗教启示，任何神圣文本都不具有超自然的地位。这一对待启示的态度成为激进宗教平信徒同改革派拉比的最大差别。[③]

1845年3月10日，大约30名宗教平信徒在柏林犹太文化协会的会客厅开

① Michael A. Meyer, *Response to Modernity: A History of the Reform Movement in Judaism*, 123-124.

② Michael A. Meyer, *Response to Modernity: A History of the Reform Movement in Judaism*, 125-126.

③ Michael A. Meyer, *Response to Modernity: A History of the Reform Movement in Judaism*, 126-127.

会，讨论有关犹太教的重大问题并选举了一个工作委员会。4月初，28名年轻人再次集会并签署了《对我们德国教友的呼吁书》(*Appeal to Our German Coreligionists*)。《对我们德国教友的呼吁书》指出了变革中的宗教意识与拉比犹太教传统是不相容的，认为有必要决定传统中哪些因素与时代精神相适应，哪些因素与之冲突。《对我们德国教友的呼吁书》声称，该组织的年轻人将自己作出宗教问题上的决定并召集宗教会议决定新的犹太教的形式和内容。《对我们德国教友的呼吁书》声明忠于犹太教并需要积极的犹太教。《对我们德国教友的呼吁书》采纳了伯恩斯坦的观点，即信仰上帝只是意味着信仰先祖的精神，而不是直接信仰《圣经》启示的内容。① 犹太教经文不具有神圣性，相反，它是一种流动的信仰，渗透在犹太个人和集体的生活中。信仰和习俗总是会发生变化，不应为巴勒斯坦的弥赛亚王国而祈祷，这些早先时代的风俗已经归于无效。

不过，该组织的成员不想同那些不赞同他们观点的犹太同胞分离开来，他们的目的是汇聚那些持相似观点的犹太人，并通过他们来更新犹太教的形式，使之满足他们和他们孩子的需要。呼吁书第一次集体声明决定犹太教命运的是当代宗教意识，而不是经文、传统和历史进化。犹太教最终的生存标准应由改革的犹太人来决定。宗教应该满足当前的需要。精神不是出自书本，而是源自生活本身；宗教信念在灵魂之中而不在科学之中……真正的虔诚是尊重过去并珍视其意义，目的在于确认当今的权利。② 这一立场既完全不同于正统派，而且与像盖革和弗兰克尔这些进步拉比所寻求的对犹太教的历史定位也有根本差异。③ 在盖革看来，研究犹太教的历史，主要是研究犹太教的精神成就。犹太人的历史也主要是一种精神的历史，其对于历史进程的影响，在犹太教的发展和演变中得以体现。④ 弗兰克尔倡导的实证—历史学派侧重于对拉比文献作全面、深入、具体的研究，显示出对律法进化的特别关注，并视之为揭示犹太教本质和民族精神的方式。⑤

1845年夏，在斯特恩的领导下，柏林激进的宗教平信徒建立了犹太教改革协会。他们决心同传统思想决裂，但力图维持与犹太同胞之间的宗教纽带。1845年举行的犹太新年仪式吸引了超过600名犹太人参加，有些人几十年都没

① W. Gnuther Plaut, *The Rise of Reform Judaism: A Sourcebook of Its European Origins*, 57.

② W. Gnuther Plaut, *The Rise of Reform Judaism: A Sourcebook of Its European Origins*, 56.

③ Michael A. Meyer, *Response to Modernity: A History of the Reform Movement in Judaism*, 128.

④ Abraham Geiger, "A General Introduction to the Science of Judaism," in *Abraham Geiger and Liberal Judaism: The Challenge of the Nineteenth Century*, ed. Max Wiener (Philadelphia: The Jewish Publication Society of America, 1962), 155.

⑤ 大卫·鲁达夫斯基，《近现代犹太宗教运动——解放与调整的历史》，211。

有参加过任何宗教仪式。这次仪式效仿的是德国教堂的模式，男子和女子都坐在大厅里。大多数男子都不戴无边圆帽，更不戴祈祷披巾。协会祈祷书效仿汉堡祈祷书，尽量做到简化，摒弃了一些不合时宜的繁杂仪式，认为选民观念只是反映犹太民族宗教意识的一种主观事实：犹太民族同上帝立约，在道德上肩负着比其他民族更为重大的责任，那就是践行上帝之道，帮助其他民族获得拯救。但在客观上，选民观念已经丧失了有效性，部族神圣性以及特殊使命的观念已经与当今时代格格不入了。人类被上帝遴选是因为人类的美德和公义。[①]

协会祈祷书认为，启示是犹太先辈精神的展现，但本身并不超越人的能力范畴，通过超自然事件获得的启示正好与我们的宗教信念一致，因而它实际上是一种活生生的信仰的表达。这种主观的信仰充满着内在真理的力量，而上帝启示给犹太先辈的也正是这些真理。只有在一种活生生的当下的意义上，犹太人才能深切地感受到启示的力量。"十诫"之所以重要不是因为启示的庄严，而是因为它们展现了人类精神和道德的神圣性。人类精神乃是评价启示重要与否的最终标准。在知识和情感上同祖先的一致性是犹太人与其先辈保持历史联系和精神纽带的依据。在祈祷中引用《圣经》文本，是因为这些文本反映了永恒的人类精神，反映了坚定的宗教信念。祈祷书强调，在祈祷仪式改革方面，带有民族倾向的、狭隘的教义因素应让位于普遍的宗教意识。新的祈祷书旨在复兴犹太教中具有永恒价值的宗教精神，保证了犹太教虽历经磨难，但仍得以延续和传承。祈祷仪式只是这些永恒精神和要素的象征和展现，旨在强化宗教虔诚和信念，此外并不具有任何本质上的意义。[②] 宗教布道成为祈祷活动的重要内容，《托拉》用希伯来语诵读，同时有德语翻译。在赎罪日，人们并不需要斋戒。不过，这一新组织的宗教仪式仍然保留着一些传统因素，如上帝的审判、以色列的遴选、西奈的启示，惩罚与报偿甚至是死者复活。这些同民族历史相联系的仪式遭到了一些成员的反对。

协会决定每周在固定时间举行宗教仪式，但就选在星期六还是星期日的问题发生了争论。最后成员之间达成了妥协，即那些能够在星期六参加仪式的人就在星期六举行仪式，那些因为实际情形不能在星期六参加仪式的人，可以在星期天举行仪式。但是，在几年之后，星期六仪式逐渐被废弃。协会因此成为第一个专门在星期日举行宗教仪式的欧洲犹太教公会。[③]

---

① W. Gnuther Plaut, *The Rise of Reform Judaism: A Sourcebook of Its European Origins*, 58.

② W. Gnuther Plaut, *The Rise of Reform Judaism: A Sourcebook of Its European Origins*, 59-60.

③ Michael A. Meyer, *Response to Modernity: A History of the Reform Movement in Judaism*, 129-130.

布莱斯劳和柏林宗教平信徒掀起的激进改革风潮存在一定差异。在布莱斯劳，平信徒激进的宗教运动在经历了短暂的狂热之后，很快被纳入了拉比宗教改革的框架之内，他们最终接受了盖革的建议，即在原有的宗教框架下作为激进改革的力量而存在，而不是创造一种独立的宗教体制，同拉比阶层和社区决裂。但在柏林，激进平信徒的改革运动同主流宗教社区保持着相当的距离，它希望创建一种新的宗教体制并试图通过召开宗教会议的方式来获得认可。甚至它的领导人斯特恩发表了一系列演讲希望将德国所有激进改革者组织联合起来，组成一个统一的德国犹太教会。① 而社区理事会在要求这些激进人士继续支付社区租税的情况下，愿意让他们保持一定程度上的独立。不过，社区理事会拒绝给予他们任何象征获得普遍认可的宗教荣誉。柏林激进宗教平信徒同主流犹太社区一直存在紧张的关系，他们甚至一度形成了独立的会堂联盟，并拒绝支付社区的租税，但最终在政府的压力下，被迫屈服。召集宗教会议的努力也一度遭遇挫折。事实上，他们的主张没有得到社区大多数成员的理解和认同。

侯德海姆被选为该协会的拉比和布道者标志着激进平信徒的宗教改革最终还是被纳入了拉比改革的范畴，只是作为一支相当激进的宗教改革力量而发挥作用。侯德海姆的主要观点是：犹太教只有适应现代主义，才能在新的环境下求得生存。他主张对以《塔木德》为核心的犹太教进行全面改革，在他看来，《塔木德》所反映的意识形态是特定时代的产物，在当时是正确的，具有凝聚力的，但在我们的时代，它已经失去了生命力，我们应该有更高的意识形态。② 与盖革所倡导的谨慎而温和的改革不同，对于侯德海姆来说，将犹太教中的宗教和伦理内容从政治—民族内容（它不应当成为一种束缚性的力量）中分离出来非常必要，既然犹太人已经成为他们所居住国家的公民。侯德海姆将犹太人的解放看成显示普遍兄弟之谊的弥赛亚时代到来的开端，要求废弃或变革对这一时代造成障碍的仪式性律法，如安息日、割礼、犹太婚姻律法、饮食法、礼拜仪式等。③侯德海姆在实际改革层面表现激进。在任何情况下，只要出于犹太人融入国家的需要，他就准备在宗教信仰和习俗上作出妥协和让步。如他认为，在圣殿时代，履行献祭义务比遵守安息日重要，而在现代，神职人员、教师、医生和律师履行自己作为公民的责任比守安息日更重要。④在不伦瑞克拉比会议上，侯德海姆强调了爱国主

---

① W. Gnuther Plaut, *The Rise of Reform Judaism: A Sourcebook of Its European Origins*, 55.

② 张倩红 Zhang Qianhong,《困顿与再生：犹太文化的现代化》[Predicament and Rebirth: The Modernization of Jewish Culture]（南京[Nanjing]：江苏人民出版社[Jiangsu People's Publishing House]，2003），140。

③ *Encyclopedia Judaica*, Vol. 14 (Jerusalem: Keter Publishing House Ltd., 1972), 25.

④ *Encyclopedia Judaica*, Vol. 8 (Jerusalem: Keter Publishing House Ltd., 1972), 817-818.

义，认为犹太人首先是爱国者，然后才是犹太教徒和同胞，他们和德国人具有相同的政治使命。[①] 在法兰克福拉比会议上，侯德海姆指出，弥赛亚不是政治和世俗意义上的，只是宗教和精神意义上的，它表达的是从精神奴役中解放出来并获得拯救的希望，而不是摩西神权政治的重建。犹太教使命的实现并不依赖于犹太国的建立。[②]

然而，不论布莱斯劳，还是柏林，宗教平信徒进行的激进的宗教改革与18世纪末第二代马斯基尔的激进启蒙相比，已经有了本质上的不同。这些在新的时代和宗教环境下成长起来的年轻人在改革的时候，已经具备了明确的维持犹太身份的意识，他们对犹太教作为理性宗教和普世宗教的认知主要基于对犹太教教义本身的理解和诠释，而非外部思想。这些组织的成员后来极少有改宗者。

尽管激进的平信徒在布莱斯劳和柏林的犹太社区属于极少数，但是他们进行的改革引领了时代潮流，在犹太社区产生了广泛影响。作为新一代接受良好世俗教育、受到启蒙思潮哺育的年轻犹太人，激进平信徒很少受到犹太教传统的羁绊。他们敏锐地将那个时代最新的思想注入犹太教的肌体，赋予犹太教生机和活力。他们的行动沉重打击了他们之前那一代顽固的传统主义者，激起了广大会众改善宗教生活的热情。他们广泛宣传了犹太教的精神和教义本质以及反对犹太民族主义和特殊主义、强调律法和仪式象征性的思想；他们还批评了一些致力改革的拉比同传统势力妥协、畏缩不前的做法，挑战了拉比的领导权威，促使他们不得不加快改革的进程。激进平信徒在启示问题上的激进态度让主张改革的拉比感到担忧，他们感到有必要采取切实行动将改革运动定位在可以控制的神学框架下，避免走向极端化和完全的世俗化。上述考虑促使改革运动进一步明确自身立场和边界，并致力于神学构建和机制化，为犹太教改革派的形成和发展创造了条件。

结语

19世纪30—40年代是德国犹太教改革力量发展的关键时期，这一时期，德意志犹太社区中致力于宗教改革的拉比和平信徒共同参与了反对正统派的斗

① The Reform Rabbinical Conference at Brunswick, "The Question of Patriotism," in *The Jew in the Modern World: A Documentary History*, eds. Paul R. Mendes-Flohr and Jehuda Reinharz (New York and Oxford: Oxford University Press, 1980), 156-157.

② The Reform Rabbinical Conference at Frankfurt, "The Question of Messianism," in *The Jew in the Modern World: A Documentary History*, 164-165.

争,并在这一斗争中实现了一定程度的联合。新的拉比阶层具有强烈的进取精神,他们在继续推进早期改革者进行的礼仪和习俗改革的同时,开始认真思考改革的思想理论基础、改革的基本原则、改革采取的批判方法等一系列更深层次的问题。他们清醒地意识到改革对于维护犹太教在现代社会生存和发展的重要性,开始利用"犹太教科学"的观念和框架,废弃犹太教中落后的、僵化的、与现代社会需要不相容的律法和习俗,赋予犹太教像当时德国基督教那样的进步宗教和精神宗教的新形象。尽管这一时期出现的平信徒所发起的激进改革运动试图脱离拉比犹太教的机制,但总体来看,改革仍然被定位在一种谨慎的和相对保守的氛围之中,具有明显的维护犹太教和犹太身份的意图。那些接受了现代教育,同时具备世俗文化和犹太传统知识,并坚定地忠于犹太教的拉比阶层掌握改革的领导权和主动权,这些人延续着拉比犹太教探究信仰、伦理和知识的传统,致力于创造一种现代拉比犹太教的知识体系和组织框架,促进了改革运动朝着更加深入的方向发展,同时也引发了改革阵营内部诸多的争论,对改革派的形成、发展与分化都产生重要影响。

参考文献

(一)中文参考文献

1. 大卫·鲁达夫斯基:《近现代犹太宗教运动——解放与调整的历史》,傅有德、李伟、刘平译,济南:山东大学出版社,1996 年。

2. 罗伯特·塞尔茨:《犹太的思想》,赵立行、冯玮译,上海:上海三联书店,1994 年。

3. 张倩红:《困顿与再生:犹太文化的现代化》,南京:江苏人民出版社,2003 年。

4. 塞西尔·罗斯:《简明犹太民族史》,黄福武、王丽丽等译,济南:山东大学出版社,1997 年。

(二)外文参考文献

1. David Philipson, "The Beginnings of the Reform Movement in Judaism," *The Jewish Quarterly Review* 15.3 (April 1903).

2. David Philipson, "The Reform Movement in Judaism. Ⅱ," *The Jewish Quarterly Review* 16.1 (October 1903).

3. David Philipson, "The Reform Movement in Judaism. Ⅲ," *The Jewish*

Quarterly Reviews 16.3 (April 1904).

4. *Encyclopedia Judaica*, Vol. 8, Jerusalem: Keter Publishing House Ltd., 1972.

5. *Encyclopedia Judaica*, Vol. 14, Jerusalem: Keter Publishing House Ltd., 1972.

6. Max Wiener ed. *Abraham Geiger and Liberal Judaism: The Challenge of the Nineteenth Century*, Philadelphia: The Jewish Publication Society of America, 1962.

7. Michael A. Meyer, *Response to Modernity: A History of the Reform Movement in Judaism*, New York & Oxford: Oxford University Press, 1988.

8. The Rcform Rabbinical Conference at Brunswick, "The Question of Patriotism," in Paul R. Mendes-Flohr and Jehuda Reinharz eds. *The Jew in the Modern World: A Documentary History*, New York and Oxford: Oxford University Press, 1980.

9. The Reform Rabbinical Conference at Frankfurt, "The Question of Messianism," in Paul R. Mendes-Flohr and Jehuda Reinharz eds. *The Jew in the Modern World: A Documentary History*, New York and Oxford: Oxford University Press, 1980.

10. W. Gnuther Plaut, *The Rise of Reform Judaism: A Sourcebook of Its European Origins*, New York: World Union for Progressive Judaism, LTD., 1963.

Debates between the Reformers and the Orthodox Judaism in Thirties and Forties of 19th Century

HU Hao

Abstract: The thirties and forties of 19th century was an important period of confrontation and controversy between Jewish traditional force and the reform force. In Breslau, in order to catch the religious leadership, the Reformers represented by Geiger and traditional force represented by Tiktin broke out a fierce dispute and eventually split over. The new prayer book reflecting the spirit of the times edited by Hamburg synagogue led to big discussion in the aspects of religious ideas and ritual reform. In Frankfurt and Berlin, the radical religious laymen tried to create a new mechanism of religious life that was independent from rabbinic Judaism. The above-mentioned controversies and changes inspired the growth of reform forces and prepared the conditions for formation and development of Reform Judaism.

Key Words: Judaism, Reform, Orthodox, Debates

论上海犹太难民从沉默到创伤宣称的过程

王美华*

【摘要】与其他大屠杀幸存者一样，上海犹太难民也经历了从沉默到创伤宣称的过程，只是这一过程相对缓慢曲折。其中社会文化情境是重要的外部因素，它在战后初期使难民记忆处于受压抑状态，20世纪八九十年代的创伤转向又间接唤醒了上海犹太难民记忆。此外，创伤回忆录的兴起也为其创伤宣称提供了有利场域，"后记忆"一代更是为其创伤言说和确立幸存者身份发挥了关键作用。上海犹太难民从沉默到创伤宣称的过程，不仅为其他边缘群体的记忆传递提供了思考，也道出了人类社会的共有责任。

【关键词】上海犹太难民；沉默；创伤宣称；文化创伤

前言

20世纪三四十年代，欧洲犹太人遭遇纳粹大规模迫害，约2.5万名犹太难民相继前往中国上海避难①，战后陆续离开。对上海犹太难民的研究始于西方，20世纪六七十年代已有专著出现，90年代起，对该领域的研究开始变得活跃起来，呈现跨学科研究的趋势，中国学者此时也开始进入该研究领域。21世纪的上海犹太难民研究，总体上沿袭了之前的跨学科研究模式，倾向多维度研究。这一时期的研究成果颇丰，尤其是中国学者对此贡献很多，如潘光、徐新、王健等人。值得注意的是，从这一时期开始，上海犹太难民个体记忆开始被西方学者有意识地、系统性地加以收集整理，从亲历者视角回顾历史记忆，这一行动也凸显

* 王美华，哈尔滨理工大学讲师。

① 参见潘光 Pan Guang、王健 Wang Jian 等主编，《来华犹太难民研究(1933—1945)：史述、理论与模式》[Jewish Refugees in China (1933-1945): History, Perspective and "Chinese Model"](上海[Shanghai]：上海交通大学出版社[Shanghai Jiao Tong University Press]，2017)，38。

了个人故事对历史记忆的重要性。

总体而言，上海犹太难民研究多基于宏观视角，而大背景下的大屠杀记忆研究已越来越趋向于微观视角和证词方法论研究，如《证言：文学、心理分析和历史中的见证危机》(*Testimony: Crises of Witnessing in Literature, Psychoanalysis and History*, 1992)、《创伤：记忆探索》(*Trauma: Explorations in Memory*, 1995)、《无法言说的经历：创伤、叙事和历史》(*Unclaimed Experience: Trauma, Narrative and History*, 1996)、《第一人称创伤：大屠杀期间的日记写作》(*Trauma in First Person: Diary Writing During the Holocaust*, 2017)等，都聚焦于大屠杀幸存者的创伤研究。国内学者，如乔国强①、陈俊松②、高晓倩③等人，则从文化记忆视角探讨个体记忆与文化记忆重构的关系，以及前者在文化记忆重构中的作用。

本文基于文化创伤理论，结合对上海犹太难民回忆录的文本分析，阐释二战结束近半个世纪后上海犹太难民从沉默走向创伤再现和创伤宣称的过程。塑造创伤过程，意味着上海犹太难民群体从缄默走向言说、从记忆的承载者转向记忆的传递者。通过讲述战争时期的个人生活故事和经历，集体创伤转向了个体化表征，它不仅在讲述曾经发生了什么，还呈现了受害者遭受的创伤影响，以及对创伤的追问。每个时代都有其创伤记忆，上海犹太难民对创伤记忆的宣称和言说，为当下和未来的人类社会如何避免创伤的历史性再现，展现了伦理责任和道德思考。

一、沉默的上海犹太难民群体

二战结束以后的很多年里，大屠杀幸存者群体都处于一种缄默或半缄默状态，上海犹太难民群体更是如此，这不仅是社会文化情境压抑的结果，也是上海犹太难民幸存者的自主选择。即使当社会文化开始了创伤转向，上海犹太难民

① Qiao Guoqiang, "The Past Never Passes Away: The Literary Representation of Jewish Refugees in Shanghai," *Comparative Literature Studies* 54.1 (2017): 107-124.

② Chen Junsong, "Jewish Settlement in Shanghai during WWII in Fiction and Other Media of Cultural Memory," *Partial Answers: Journal of Literature and the History of Ideas* 19.1 (2021): 171-188.

③ 高晓倩 Gao Xiaoqian,《上海犹太难民自传中的文化记忆与身份策略》[Cultural Memory and Identity Strategies of Shanghai Jewish Refugees' Autobiographies], 于《人文杂志》[The Journal of Humanities], 2018年第4期[2018, Issue 4], 69—77;《文化记忆理论视域中的犹太传统——兼论上海犹太难民自传的记忆结构》[Jewish Tradition from the Perspective of Cultural Memory Theory: Also on the Memory Structure of Shanghai Jewish Refugees' Autobiographies], 于《人文杂志》[The Journal of Humanities], 2020年第10期[2020, Issue 10], 86—92。

亦很难在自身社群之外找到其他听众,更不用说获得认同。

战后大屠杀叙事沉浸在英雄叙事和对绝对胜利的宣扬中,间接导致了幸存者的缄默。二战后,以美国为主导的西方世界致力于战后秩序的重组与再建,对大屠杀也一如既往地沿袭其救赎叙事风格,在战后叙事中充分展示了民主对纳粹的胜利,宣扬纳粹主义已消亡,大屠杀终结,人类将继续前行并建设新世界,目的是宣扬反纳粹的胜利和进一步清除纳粹思想,对大屠杀创伤并不认同,认为这只是局部的、暂时的。[①] 总体来说,战后世界沉浸在民主胜利和对未来的建设中。尤其是战后移民到美国和以色列的大屠杀幸存者,整个 20 世纪 50 年代里,他们都处于一种缄默状态,试图忘掉创伤,以战后生活里的早期积极经历替代旧的记忆。这一时期的沉默被认为是"20 世纪 50 年代历史研究缺失"[②]所致,这一点同样适用于战后的上海犹太难民群体。

但是从幸存者角度而言,沉默也是群体内部自我审视和保护家庭的结果。大屠杀历史学家耶胡达·鲍尔(Yehuda Bauer)指出,"极端形式的人类苦难是不可比拟的"[③],并对"大屠杀幸存者"进行了严格的定义,将上海犹太难民排除在外,认为他们不会经历如此极端的苦难。在严格的"大屠杀幸存者"定义的影响下,犹太难民自我感知和扩大的"苦难等级"阻止了许多幸存者讲述自己的故事,他们要么不认为自己经历过大屠杀,要么认为自身经历无法与那些受苦难等级更高的人(如集中营幸存者)相比。[④] 如格里·林登施特劳斯(Gerry Lindenstrauss)描述了在上海"水沟里的死婴多么常见",同时又指出他们幸运地逃离了大屠杀;杰里·布鲁尔(Jerry Breur)将 1943 年后的上海生活称为"饥饿的岁月",但同时表示,他所遭受的痛苦与集中营里的囚犯无法相提并论;洛特·马库斯(Lotte Marcus)则直白地说:"我们内疚是因为我们没有被毒气熏死。"[⑤]可以看出,这种

---

① Jeffery C. Alexander, "On the Social Construction of Moral Universals — The Holocaust from War Crime to Trauma Drama," in *Cultural Trauma and Collective Identity*, eds. Jeffery C. Alexander, Ron Eyerman, Bernhard Giesen, Neil J. Smelser, and Piotr Sztompka (Berkeley: University of California Press, 2004), 209.

② David Cesarani, "Introduction," in *After the Holocaust: Challenging the Myth of Silence*, eds. David Cesarani and Eric J. Sundquist (London: Routledge, 2012), 1.

③ Yehuda Bauer, *Rethinking the Holocaust* (New Haven: Yale University Press, 2001), 13.

④ Yael Danieli, "Families of Survivors of the Nazi Holocaust: Some Short- and Long-Term Effects," in *Stress and Anxiety*, Vol. 8, eds. Charles D. Speilberger, Irwin G. Sarason and N. A. Milgram (New York: Hemisphere Publishing, 1982), 405-421.

⑤ 转引自 Gabrielle Abram, "Ephemeral Memories, Eternal Traumas and Evolving Classifications: Shanghai Jewish Refugees and Debates about Defining a Holocaust Survivor," in *A Century of Jewish Life in Shanghai*, ed. Steve Hochstadt (New York: Touro University Press, 2019), 219-220。

对“苦难等级”的感知干扰了他们的自我认知,使他们自认为上海经历不值得一提。年长的幸存者保持沉默,是为了防止将创伤传递给子女。经历过创伤和失去亲人痛苦的他们,对子女有强烈的保护欲。朱迪·比彻(Judy Becher)的父母很少和孩子们谈论他们在上海的经历。当他们谈论上海经历时,都是用上海话,为的是不让孩子知道这些往事;查亚·斯莫尔(Chaya Small)说,在战后最初几年里,她对孩子常常过度保护,如果找不到孩子,她会被“吓坏”。[①] 从幸存者角度而言,他们的沉默也是个体选择和内在驱动的结果。

幸存者沉默被打破的转折点出现在1961年艾希曼审判之后,它不仅使美国建构的大屠杀英雄叙事受到质疑,也使大屠杀叙事开始向创伤叙事转变。艾希曼审判受到了前所未有的关注,同年美国加入越南战争(1961—1973),成为另一起灾难的制造者和参与者,这无疑动摇了大屠杀救赎叙事建构的基础。随着美国越战老兵出现创伤神经症状,创伤研究开始在美国受到重视,开启了当代创伤研究的新起点。1981年,耶鲁大学教授多里·劳布(Dori Laub)和杰弗里·哈特曼(Geoffrey H. Hartman)主持的大屠杀幸存者视频档案工程(Video Archive for Holocaust Testimony)引发了创伤记忆研究的热潮。此后“创伤一跃成为西方公共政治话语、人文批判关怀乃至历史文化认知的流行范式”[②]。与救赎叙事不同,创伤叙事不存在救赎,它主张悲剧的永恒再现,反对呼吁结束。杰弗里·哈特曼在其著作中说:“大屠杀事件不能被归为过去,它们还没有结束……要退回历史,拒绝乐观,找到一种方法,使后人能回想起这场灾难的深重程度。”[③]大屠杀创伤叙事就是要建构这样一种情节:受难者被强大的、难以理解的力量控制,无助感弥漫在整个叙事中,唤起观众的怜悯体验。其目的是迫使观众一次次地重返悲剧,从中体验受害者的无助,由此,原始灾难性事件被演绎成一出创伤剧。

大屠杀创伤剧的建构依赖于幸存者证词,但上海犹太难民的证词很难被认同。虽然艾希曼审判之后的时期被称为大屠杀幸存者的“见证年代”,但在整个20世纪60年代,前难民们依然处于被缄默状态,因为他们并不被大屠杀研究机

---

① 转引自 Gabrielle Abram, “Ephemeral Memories, Eternal Traumas and Evolving Classifications: Shanghai Jewish Refugees and Debates about Defining a Holocaust Survivor,” 219-220。

② 陶家俊 Tao Jiajun,《创伤》[Trauma],于《外国文学》[Foreign Literature],2011年第4期[2011, Issue 4],117。

③ Geoffrey H. Hartman, *The Longest Shadow: In the Aftermath of the Holocaust* (Bloomington: Indiana University Press, 1996), 2, 5.

构认可。[①] 伴随六七十年代第一代大屠杀幸存者的逝去,“儿童幸存者”一代于80年代登上了历史见证的舞台。多元文化主义和反种族主义的兴起,使上海犹太难民获得了去社区、学校等机构讲述上海经历的机会,但他们的证词并未得到广泛的、正式的认可。虽然史蒂芬·斯皮尔伯格基金会在20世纪90年代确曾收集过上海犹太难民证词,但一些人抱怨这些采访针对的是集中营的幸存者,这样一个预先设定好的提问结构难以包容上海犹太难民证词。上海犹太难民、美国犹太活动家伊芙琳·派克·鲁宾(Evelyn Pike Rubin)也认为大屠杀基金会的采访者“没有问正确的问题”[②]。这说明,上海犹太难民作为一个集体,在犹太难民社群以外很难找到听众,虽然上海犹太难民人数是被解救犹太人的两倍,但他们的证词并不被认为在大屠杀记忆中有重要意义。

外在社会文化情境的压抑是部分原因,即使社会文化发生了转向,由救赎叙事向创伤叙事转变,犹太难民群体依然处于沉默或半沉默状态。在这样的文化背景下,七八十年代的他们有强烈的愿望去分享,却找不到听众,而那些愿意倾听的人也很快就谴责他们的回忆是不真实的。还有部分原因是上海犹太难民对苦难等级的自我评定和对下一代的呵护。可以说,上海犹太难民在战后长达三四十年的缄默是内外因素共同作用的结果。

二、难民回忆录与创伤潮流的契合

20世纪八九十年代,欧美创伤研究引发热潮,直接促进了难民回忆录的兴起,90年代以后上海犹太难民回忆录的涌现正好与西方社会文化的潮流相契合。这一时期的重大理论成果是文化创伤理论,它认为大屠杀创伤属于一种文化建构,而上海犹太难民群体要想在自身社群外获得认同,也必须符合这种文化建构模式。它不仅要呈现群体的创伤宣称,还要有广泛的受众和可接受的社会情境。上海犹太难民正是借助回忆录这一见证文学形式,通过对难民集体创伤进行个体化表达,来获得认同。

20世纪八九十年代,对大屠杀创伤记忆的研究“激起了一种跨学科的回应……打开了一系列包括心理分析、历史、临床、人类学和文学研究方法上的回

① E. J. Sundquist, “Silence Reconsidered,” in *After the Holocaust: Challenging the Myth of Silence*, 202.

② 转引自 Gabrielle Abram, “Ephemeral Memories, Eternal Traumas and Evolving Classifications: Shanghai Jewish Refugees and Debates about Defining a Holocaust Survivor,” 221-222。

应”[①]。为什么它会引发研究热潮,引起跨学科的关注度?这背后必然存在某种必然性,它或许表明创伤与我们当下的世界仍然密切相关。创伤的源头是现代性暴力,它不仅过去存在,现在仍在继续,对创伤的研究实则是在努力搭建现在与过去的联系,重建过去的记忆,也为当下寻找新的出路。

杰弗里·亚历山大(Jeffery C. Alexander)的文化创伤理论就是在这种社会需求下被建构起来的。日常观念里,"创伤"被认定由具有创伤性的事件所导致,并最终影响了集体认同,这是由于个人安全与期望被寄托于"集体在物质或行为意义上的稳固"[②],例如人类社会的基本需求——安全、秩序、爱、联结等遭到严重破坏时,人类就会蒙受创伤。《国族创伤与集体记忆:美国世纪的重大事件》(*National Trauma and Collective Memory: Major Events in the American Century*)一书的作者在解释集体是否蒙受创伤时,也将其指向了事件本身的性质,认为"非比寻常的事件"才拥有"爆发性的特质",造成"断裂"和"剧烈变化"。[③] 这种自然的创伤反应机制与个人心理创伤的神经症状[④]非常相似,结果都偏向于外部损害性事件造成了内在的创伤反应。但在杰弗里·亚历山大看来,事件本身并不具有创伤性,创伤"是社会中介的属性",它可以是"一种预示",也可以是一种"事后的重构"。[⑤] 进而,他从理论上区别了"社会"与"文化"的不同属性,认为"社会"从属于事实层面,"文化"从属于意义系统,即使"社会经验到大规模断裂……对受影响的集体成员而言是非创伤性的,更别提对整个社会而言了"[⑥]。战争和大屠杀的集体记忆,开始从社会历史转向了文化历史,这是一种研究范式的转变,在塑造文化创伤过程中起了重要作用。

杰弗里·亚历山大不仅对灾难事件导致集体创伤的自然主义谬误提出了批判,还建构了一个经验性的、科学的概念——"文化创伤"理论。他认为创伤要在集体层面出现,必须使社会危机转变成文化危机,也就是说使创伤从社会系统走

---

① Kathryn Robson, "Curative Fictions: The 'Narrative Cure' in Judith Herman's *Trauma and Recovery* and Chantal Chawaf's *Le Manteau Noir*," *Cultural Values* 5.1(2001): 115-116.

② Jeffery C. Alexander, "Toward a Theory of Cultural Trauma," in *Cultural Trauma and Collective Identity*, eds. Jeffery C. Alexander, Ron Eyerman, Bernhard Giesen, Neil J. Smelser, and Piotr Sztompka (Berkeley: University of California Press, 2004), 10.

③ Arthur G. Neil, *National Trauma and Collective Memory: Major Events in the American Century* (New York and London: M. E. Sharpe,1998), 3, 9-10.

④ 弗洛伊德最早意识到创伤具有延迟性,并提出了"早期创伤—防御机制—潜伏期—神经症发作—被压抑内容的部分再现"的神经症发展模式。参见 Freud Sigmund, *Moses and Monotheism*, trans. Katherine Jones (New York: Vintage, 1939), 117。

⑤ Jeffery C. Alexander, "Toward a Theory of Cultural Trauma," 8.

⑥ Jeffery C. Alexander, "Toward a Theory of Cultural Trauma," 10.

向文化系统。因为社会事件是否具有“伤害”性，即创伤，依赖于特殊的文化一意义系统，它提供了特定的理解-阐释结构，用来反思事件带来的危机和社会意义。这种反思就是“尖锐的不舒服进入集体自身的认同感核心的结果”①。所以事件发生时，它无法被普遍经验为“创伤”，只有处于特定的文化一意义系统后才能被完全理解。创伤通常是在事件发生之后很长时间才得以构建，不同于个体对创伤的压抑及否认的心理防御机制，集体创伤是通过集体的文化阐释过程，象征性地建构和塑造一个关于“我们”的故事，并在此基础上继续前行。

依据杰弗里·亚历山大的文化创伤理论，大屠杀创伤是一种文化建构，上海犹太难民欲走出沉默，进入大屠杀集体记忆，亦依赖于这样的文化建构。它不仅依靠承载群体的创伤宣称，还依靠受众和社会情境。他们首先要回答：到底发生了什么？谁遭受了创伤？谁导致了创伤和实际伤害？然后还要回答他们的故事和经历与广大受众之间的联系。杰弗里·亚历山大认为，回答这些问题对于集体创伤化过程来说很重要。对于这些问题，上海犹太难民在回忆录中通过对个体记忆进行重新归类、寻找与其他幸存者的相似经验，来建构“合适”的大屠杀记忆。

首先，上海犹太难民创伤的建构依赖于承载群体的宣称。随着第一代犹太难民的老去，回忆录撰写者多为上海犹太难民家庭成员，他们成了家庭记忆的承载者和“监护人”，并且拥有一个共同模式，即认同父母一代在战时上海的经历，并想将这种记忆传播和传递下去。20 世纪八九十年代，创伤记忆研究进入热潮期，欧美创伤回忆录也随之进入繁荣期，上海犹太难民回忆录的出版也与这种潮流相契合，促进了上海犹太难民记忆的传递。尽管 90 年代，倾听幸存者证词的大门仍没有向上海犹太难民敞开，但难民回忆录已从此时开始出版。90 年代，约四部难民回忆录出版，21 世纪后，伴随上海犹太难民成为学术热点，约十七八部难民回忆录又陆续出版。回忆录通过聚焦人物的叙事手法，试图从当代视角重新审视战争和大屠杀等历史事件给幸存者带来的影响，重构战时上海犹太难民叙事。这是对上海犹太难民创伤的重塑，也是难民群体的创伤宣称。

其次，上海犹太难民创伤的建构还依赖于受众和社会情境。回顾战后半个世纪的大屠杀记忆历程，总体来说其呈现自上而下的特征，叙事方式由宏观到微观，叙事形式也从官方主导转到关注个体，究其原因，如吉莫尔(Leigh Gilmore)所言“如果没有近 30 年来社会政治运动使不同身份地位的人们都可以出版讲述

① Jeffery C. Alexander, “Toward a Theory of Cultural Trauma,” 10.

自己经历的著作的话,时下回忆录的繁荣简直是不可想象的"[①]。人们对创伤的关注,促进了20世纪80年代西方社会的文化转向,90年代创伤已超越大屠杀创伤话语走进各个领域,它反映了"集体记忆的认知和解释框架如何影响个体的现实感和活动感"[②]。可以说,社会情境决定了创伤的文化分类是否得以稳定,创伤是否得以重塑。此外,难民回忆录还通过受众产生不小的社会影响力。作为一种见证文学,创伤回忆录为群体受难者发声,它使个体经验的灾难性事件上升为普遍性的人类灾难,使其成为人类共享的经验,这能在最大程度上引起读者的共情,它"传送了单靠历史不再能给予我们的东西"[③],为构建犹太集体认同奠定了广泛基础。杰弗里·亚历山大指出,"创伤过程进入大众媒体时,它获得了机会……经过中介的大众传播让创伤得到戏剧性的表达,让某些相互竞争的诠释,可以获得相对于其他诠释的庞大说服力量"[④]。文学所拥有的广泛受众和快速流通的方式都使难民回忆录的影响力得以扩大,不同于上海犹太难民之前被收集的"不利"证词,以及在社区、学校等有限区域的演讲,上海犹太难民创伤回忆录的出现,既"激励作者所属共同体的人们,同时教导无知者了解社会的真实"[⑤]。"这些作者的创作见证了个人创伤如何转变为文化创伤……他们个人叙事的出版和被接受累积产生了集体叙事"[⑥],这种集体叙事又成为整个犹太社群文化创伤的基础。

三、记忆承载者的创伤言说

作为上海犹太幸存者记忆的承载者,他们的记忆与大屠杀幸存者的集体记忆显然相悖,串联上海逃亡记忆与大屠杀集体记忆的关键是,寻找记忆并对记忆进行重新归类,使其符合大屠杀文化创伤的建构。在这个过程中,"后记忆"一代发挥了重要作用,他们通过帮助对记忆的重新归类实现了创伤言说。

---

① Leigh Gilmore, *The Limits of Autobiography: Trauma and Testimony* (New York: Cornell University Press, 2001), 16.

② T. Kirss, E. Kõresaar and M. Lauristin eds., *She Who Remembers Survives: Interpreting Estonian Women's Post-Soviet Life Stories* (Tartu: Tartu University Press,2004), 21.

③ Marianne Hirsch, *The Generation of Post-Memory* (New York: Columbia University Press, 2012), 2-3.

④ Jeffery C. Alexander, "Toward a Theory of Cultural Trauma," 18.

⑤ Sau-ling Cynthia Wong ed., *Maxine Hong Kingston's The Woman Warrior: A Casebook* (New York: Oxford, 1999), 37.

⑥ Karen P. Knutsen, *Reciprocal Haunting: Pat Barker's Regeneration Trilogy* (Münster: Waxmann Verlag GmbH, 2010), 55.

上海犹太难民记忆的承载者通常是上海避难时期的犹太青少年或犹太难民家庭成员，他们继承了第一代上海犹太难民的记忆，但这种记忆与大屠杀集体记忆相冲突。所以将记忆重新归类，使其嵌入大屠杀集体记忆是难民创伤宣称的第一步。在他们的记忆中，没有集中营，也少有纳粹迫害，更多的则是对上海的记忆，但是这并不代表在大屠杀面前上海苦难不值得一提。如何从沉默走向言说？如何从上海的幸存经历走向大屠杀创伤剧？耶胡达·鲍尔认为，应对创伤事件的唯一方式是将大屠杀编织进他们自己的历史事件里。[①] 找到与其他幸存者的相似经历，是上海犹太难民获得认可和归属感的基础。既然大屠杀集体记忆是一种文化建构，那对记忆的重新归类就不得不回到前面提到的那些问题：到底发生了什么？谁遭受了创伤？谁导致了创伤和实际伤害？这些故事和经历与广大受众有什么联系？回答这些问题对再现创伤事件和塑造创伤过程至关重要。

首先，对刚到达上海时的犹太青少年来说，他们早期的记忆是零散和混乱的，既不能用来证明事实，也无法作为重现创伤事件的唯一来源，所以寻找记忆和对记忆重新定位是将上海犹太难民记忆进行重新归类的关键环节。曾经的犹太青少年到达上海时年龄都不到 20 岁，相当多的人年龄非常小，他们与第一代或年长上海犹太难民的记忆也不同步。年龄和异域经历导致了压抑的、碎片化的和消逝的记忆。幸运的是，移民后的大屠杀教育为他们提供了二战和大屠杀的历史事件和背景教育，这使他们能够将自身上海经历与纳粹迫害串联到一起，形成记忆上的连续性。

但是，纳粹迫害关键记忆的凌乱和缺失使创伤记忆的重新归类变得困难。如 1939 年 11 月 9—10 日（"碎玻璃之夜"）纳粹对犹太人的大迫害是上海难民和其他大屠杀幸存者共享的最后记忆，是创伤归类的关键，但很多人在此之前就已逃离德国或奥地利。1938 年 10 月 30 日，13 岁的霍斯特·艾斯菲尔德（Horst Eisfelder）跟随家人从柏林去往上海，于迫害前离开[②]；5 岁的韦纳尔·格拉斯（Werner Glass）早在 1933 年就到达上海。[③] 事实上，绝大多数难民都在此之前到达上海，去往上海的难民"到 1939 年 6 月至 8 月达到高峰，当时的难民总数接近 1.4 万名……阻止了上海的犹太难民人数在太平洋战争爆发以前超过 1.7 万

① Yehuda Bauer, *Rethinking the Holocaust*, Ⅻ.

② Horst Peter Eisfelder, *Chinese Exile: My Years in Shanghai and Nanking* (Melbourne: Ayotaynu Foundation, 2003).

③ Werner Glass, "Interview by Gratz College Hebrew Education Society, Philadelphia, PA, April 7, 1992," Accessed May 8, 2020, https://collections.ushmm.org/search/catalog/ irn508724.

名。这场战争爆发后,所有向上海的移民都停止了"[①]。所以大多数难民可能是在迫害开始以前就去往上海,对于年龄较小的跟随者来说,对纳粹迫害的记忆相当模糊甚至缺失。

但作为将上海创伤归类的关键点,他们必须重新回顾这些零散的、模糊的记忆,以使其形成合乎逻辑的重新定位的记忆,但同时说明这些记忆并不是捏造的或想象出来的。哈里·卡茨(Harry Katz)回忆了6岁时看到的"楼梯顶上的一双大黑靴子",以及他母亲的恐惧反应。虽然他对这段记忆发生的背景一无所知,也不知道穿黑靴子的人是谁,只记得他的6岁生日聚会被迫取消,但后来他从母亲那儿确认了这段记忆,将其与纳粹迫害联系了起来;还有埃利·格拉斯(Elie Grasse)9岁时在街上被人喊"肮脏的犹太人"[②];欧内斯特·库尔曼(Ernest Culman)看到从集中营释放的父亲哭泣;阿尔弗雷德·科恩(Alfred Kohn)放学路上听人大喊"打死犹太人";埃里克·赖斯曼(Eric Reisman)的弟弟目睹班上的犹太小孩被人从顶楼扔下[③];学校老师禁止犹太学生唱母亲节赞歌[④];西格蒙德·托拜厄斯(Sigmund Tobias)是少有的对关键迫害事件有清晰记忆的儿童:

> 我们把公寓里的窗帘全部拉上,也不开灯……父母告诉我要尽可能保持安静;我们穿着袜子踮着脚尖走路,不用流动的水,也不用刀叉或盘子。我母亲准备了一天的三明治还有几杯牛奶和水放在桌子上。我强迫自己吞下几口三明治,但这让我很疼,因为我的喉咙很干,我想告诉她,但母亲把手指放在唇上示意我不要出声。我们大部分时间都待在床上,只在必要的时候起来。那天过得很慢,寂静和黑暗里,我们时不时地被楼下街道传来的玻璃破碎的声音吓得惊恐万分。[⑤]

他们对各自在德国和奥地利的日子都有模糊的记忆,但他们在重新审视这些模

---

① 戴维·克兰茨勒 David Kranzler,《上海犹太难民社区》[Japanese, Nasis and Jews: The Jewish Refugee Community of Shanghai, 1938-1945],许步曾 Xu Buzeng 译(上海[Shanghai]:上海生活·读书·新知三联书店[Shanghai Joint Publishing Company],1991),44。

② 转引自 Gabrielle Abram, "Ephemeral Memories, Eternal Traumas and Evolving Classifications: Shanghai Jewish Refugees and Debates about Defining a Holocaust Survivor," 212。

③ Steve Hochstadt, *Exodus to Shanghai: Stories of Escape from the Third Reich* (New York: Palgrave Macmillan, 2012), 22, 25, 29.

④ Marion A. Kaplan, "Jewish Women in Nazi Germany: Daily Life, Daily Struggles, 1933-1939," *Feminist Studies* 16.3 (1990): 590.

⑤ Sigmund Tobias, *Strange Haven: A Jewish Childhood in Wartime Shanghai* (Champaign: University of Illinois Press, 1999), 2.

糊记忆的时候,都将自己置于大屠杀创伤记忆的框架内,对于事件发生时年龄尚小的他们来说,把这些记忆与大屠杀背景联系起来需要时间。他们的早期记忆与上海记忆不一致,因此必须在其中添加一个明显的迫害时间线,使之进入二战和大屠杀的政治时间里,使到达上海之前的记忆得以定位且合乎逻辑。

其次,绝大多数回忆录都屡次提到失去亲人和创伤记忆的重返,这也是上海犹太难民与其他大屠杀幸存者的共同经历。对大多数幸存者来说,直到 20 世纪 90 年代他们才得知失去的家人的消息,不管他们在上海的经历与其他幸存者有何种不同,失去亲人是他们与其他所有大屠杀幸存者的共有经历,这使他们能与其他的大屠杀幸存者产生共鸣。一般而言,创伤通常不能作自我呈现的主要叙事工具①,因为创伤具有延迟性,无法在创伤事件发生后立即被讲述,它需要较长的时间距离以及对后续发生事情的充分理解。② 对于创伤的延迟性,当代创伤研究学者凯西·卡鲁斯(Cathy Caruth)是这样描述的:"创伤描述了一种突然的、灾难性的、无法承受的经历,对事件的反应经常表现为幻觉和其他侵入性现象出现了延迟、无法自控和重复。"③但在上海犹太难民回忆录中,创伤记忆的侵入、噩梦、闪回等时常出现在文本中,如西格蒙德·托拜厄斯讲述在营地的许多个夜晚,他都从噩梦中醒来,浑身被汗水浸透,依稀记得自己梦见了达豪集中营的场景④;布鲁诺即使在上海,也总梦见自己在集中营,半夜尖叫着惊醒⑤;欧内斯特·赫普纳(Ernest G. Heppner)说:"每年 11 月 9 日,也就是 11 月大屠杀纪念日,那些可怕的日日夜夜就会浮现在我脑海里。"⑥奥托·施耐普(Otto Schnepp)说:"我想我永远也过不去这道心理障碍了。那是一种深深的恐惧和被遗弃感,它被强烈地压抑着,深刻地影响了我的人格。"⑦创伤记忆的重返,使上海犹太难民的境遇与集中营幸存者的境遇产生了一定程度的联结,这对创伤过程塑造和表现上海犹太难民创伤起着重要作用。

---

① L. Gilmore, "Limit-Cases: Trauma, Self-Representation, and the Jurisdictions of Identity," *Biography: Autobiography and Changing Identities* 24.1 (2001): 132.

② Aili Aarelaid-Tart, *Cultural Trauma and Life Stories* (Helsinki: Kikimora Publications, 2006), 69.

③ Cathy Caruth, *Unclaimed Experience: Trauma, Narrative, and History* (Baltimore and London: Johns Hopkins University Press, 1996), 11.

④ Sigmund Tobias, *Strange Haven: A Jewish Childhood in Wartime Shanghai*, 34.

⑤ 潘光 Pan Guang、周国建 Zhou Guojian、周晓霞 Zhou Xiaoxia 编,《艰苦岁月的难忘记忆:来华犹太难民回忆录》[Jewish Refugees Memoirs: Their Experience in Wartime China](北京[Beijing]:时事出版社[Current Affairs Press],2015),140。

⑥ Ernest G. Heppner, *Shanghai Refugee: A Memoir of the World War II Jewish Ghetto*, XII.

⑦ 转引自 Steve Hochstadt, *Exodus to Shanghai: Stories of Escape from the Third Reich*, 63。

最后,不得不提的是,在创伤言说的过程中,"后记忆"一代是不可低估的重要力量,他们成为中枢的一代,既承担起了前代记忆的监护职责,又直面历史,将记忆传播并传递下去。后记忆理论是玛丽安·赫什(Marianne Hirsch)提出的关于创伤代际传递的理论,探索了记忆是如何传递给大屠杀幸存者后代,以及记忆传递如何有助于幸存者身份合法化。该理论同样适用于上海犹太难民。"后记忆"一代既可能是家庭的第二代或第三代成员,也可能是家庭中的同代人,他们"不是通过回忆而是通过想象的投入和创造"[①]而与前代产生联系。相比他人,他们更加认可家族的创伤故事,如奥黛丽·弗里德曼·马库斯(Audrey Friedman Marcus)无意间读到丈夫生前的日记[②],被他经历的上海苦难震撼到,于是决定将其出版,让更多人了解这段记忆;朱迪·比彻(Judy Becher)带着母亲回到上海,鼓励母亲去寻找那些慢慢消逝的记忆;大卫·索卡尔(David Sokal)作为上海犹太难民的儿子和孙子,协助父亲编纂并出版回忆录[③];薇薇安·珍妮特·卡普兰(Vivian Jeanette Kaplan)将其父母在上海的苦难经历出版成书[④]。可以说,"后记忆"一代在重塑前代创伤故事和帮助确立身份方面起了关键作用,正如玛丽安·赫什所言:"家庭的语言是……一种比社交和公共演讲更直接、更坚决的表达形式。"[⑤]

结论

历经了几十年的沉默期,上海犹太难民群体最终成为最晚被确立的大屠杀幸存者,通过向博物馆、基金会和历史学家捐赠相关文件和追溯记忆,这些难民在美国拥有了纪念遗址,还在大屠杀图书馆中占有一席之地。从打破沉默到创伤宣称,再到获得认可,这其中的过程有多方因素的共同作用,既有赖于社会文化的创伤转向,也借助了幸存者回忆录、创伤小说等见证文学在 20 世纪八九十年代兴起的热潮,以及"后记忆"一代对上海逃亡难民创伤宣称的共同努力。这

---

① Marianne Hirsch, *Family Frames: Photography, Narrative, and Post-memory* (Cambridge, Massachusetts and London: Harvard University Press, 1997), 22.

② 参见 Audrey Friedman Marcus and Rena Krasno, *Survival in Shanghai: The Journals of Fred Marcus 1939-49* (Berkeley, CA: Pacific View Press, 2008)。

③ 转引自 Gabrielle Abram, "Ephemeral Memories, Eternal Traumas and Evolving Classifications: Shanghai Jewish Refugees and Debates about Defining a Holocaust Survivor," 228-229。

④ 参见 Vivian Jeanette Kaplan, *Ten Green Bottles: The True Story of One Family's Journey from War-Torn Austria to the Ghettos of Shanghai* (New York: St. Martin's Press, 2004)。

⑤ Marianne Hirsch, *The Generation of Post-Memory*, 112.

些都促成了上海犹太难民“大屠杀幸存者”身份的最后确立。

当然不可否认的是，世界上还有一些被压抑的边缘群体或处于沉默状态，或已带着不为人知的记忆消逝了，上海犹太难民幸存者身份的确立，或许可以为这些群体提供借鉴。那些限于小群体内的记忆或自传记忆，即扬·阿斯曼(Jan Assmann)定义的“交往记忆”，以 40 年为一个节点，经历一次记忆危机。如果没有及时转化为文化记忆，它们就会随着记忆承载者的死亡而逐渐消失。[①] 所以，记忆要想长存，就必须成为文化记忆，也就是融入社会文化建构中，因为它提供了意义—阐释系统，只有在这个系统中，才能成其“意义”。

杰弗里·亚历山大说，文化创伤理论不是帮我们理解创伤悲剧性的缘由，而是理解其后续影响。探索上海犹太难民从沉默到创伤宣称过程的意义，也不是要探究上海犹太难民的创伤本身或其根源，而是它所指向的社会责任和政治实践。在对集体认同不断修整重构的过程中，创伤建构“让集体得以界定新的道德责任形式，并且重新引导政治行动的历程”[②]。集体创伤不分地域也没有文化界限，人类社会需要共同承担这份责任，这是直面过去、现在和未来的最好方式。

① 参见扬·阿斯曼 Jan Assmann，《文化记忆：早期高级文化中的文字、回忆和政治身份》[Das Kulturelle Gedächtnis: Schrift, Erinnerung und politischeIdentität in frühen Hochkulturen]，金寿福 Jin Shoufu、黄晓晨 Huang Xiaochen 译（北京[Beijing]：北京大学出版社[Peking University Press]，2015)，237。

② Jeffery C. Alexander, “Toward a Theory of Cultural Trauma,” 27.

On the Process of Shanghai Jewish Refugees from Silence to Trauma Claims

WANG Meihua

Abstract: Like other Holocaust survivors, Shanghai Jewish refugees went from silence to trauma claims, albeit slowly and torturously. Social cultural context is an important external factor, which caused refugees' suppressed memories in the early postwar period, but indirectly awakened Shanghai Jewish refugees' memories with the trauma turn in the 1980s and 1990s. In addition, the rise of trauma memoirs also provides a favorable field for refugees' trauma claims, and the "post-memory" generation plays a key role in the trauma act and the establishment of survivor identity. The case of Shanghai Jewish refugees from silence to trauma claims, not only provides reflections for the memory transmission of other repressed groups, but also reveals the shared responsibility of human society.

Key Words: Shanghai Jewish Refugees, Silence, Trauma Claims, Cultural Trauma

近代中国人对犹太人的认知新探*

王志军**

【摘要】从时间上说，19 世纪末至 20 世纪上半叶，是近代中国人对犹太人的了解最集中的一个时期，也是百年来中国面临犹太人问题最具实践性的时期。国人对犹太人的认识，最初是以基督教的传播视角、对开封犹太人的介绍和驻外使节的见闻为开端的。整体来看，一方面，绝大多数中国报刊对犹太人的历史和现实遭遇表示同情，尤其表现在涉及沙皇俄国排犹、纳粹德国反犹和上海犹太难民的消息报道方面。另一方面，受世界反犹思潮影响，一些报刊将犹太人与金钱、对新闻的控制等联系起来，进而将犹太人与操控世界联系起来，这也是近代国人对犹太人的认识特点。近代中国报刊中存在少数对犹偏见，甚至反犹主义论调。

【关键词】中国人；犹太人；认知；近代

据陈垣先生考证，汉语中“犹太”一词是在清道光年间(1821—1850)出现的。① 犹太人来到中国定居的最早时间，学者有很大争论②，大多数学者认为犹

* 本文系教育部人文社会科学重点研究基地重大项目“20 世纪 30—40 年代中国犹太人与日本人的关系及其现代意义研究”(15JJD720008)的阶段性成果。

** 王志军，上海师范大学哲学与法政学院教授。

① 参见陈垣 Chen Yuan，《开封一赐乐业教考》[Islamism in Kaifeng](上海[Shanghai]：商务印书馆[The Commercial Press]，1923)，31。另注，李长林先生认为，在中国“犹太”一词最早出现在 19 世纪 30 年代传教士郭实腊编印的《东西洋考每月统记传》中。参见李长林 Li Changlin，《清末中国对犹太人的了解和态度》[Chinese Attitude towards Jewish at the End of Qing]，于《史学月刊》[Journal of Historical Science]，1996 年第 3 期[1996，Issue 3]。

② 参见 S. M. Perlmann, *The Jews in China* (London: Probsthain, 1909), 3。

太人来华是在唐朝时期。[①] 19 世纪中叶之后,中国人对于犹太人的了解主要是通过来到中国的传教士、商人以及犹太移民对欧洲"犹太人问题"的传播。19 世纪后期,中国开始向海外派遣留学生和外交人员,这些中国精英获取了关于欧洲"犹太人问题"的直接知识。清末学者洪钧在他 1897 年撰写的《元世各教名考》中,记叙道:"自犹太失国,户口四散,今欧罗巴诸国,贸迁有无,多犹太人。波斯、布哈尔等地,种族甚黟。闻诸西人,今中国河南开封,仍有犹太人。华人不知,但以回回统之,地有犹太碑。其人多业屠牛,本教理致……"[②]随着中国国门被列强打开,国人对世界范围内犹太人的了解逐渐加深,1890 年清著名外交家薛福成在出使英国时,就对犹太人的理财能力印象深刻[③];1890—1893 年清朝驻美西秘鲁使节崔国因在其日记中,对俄国犹太人的悲惨境遇留下了不少文字记录[④];1903 年随丈夫钱恂去欧洲的单士厘考察了罗马犹太社区的情况,还将她此前对开封犹太人的考察向读者呈现出来,其观察细致,文字优雅,思想深刻,作品具有相当高的水准[⑤];1909 年康有为在《耶路萨冷观犹太人哭所罗门城墙》的长诗中悲伤地低吟:"罗马与萨逊,蹈藉久纷纭。英暴当中世,俄虐今尚繁。"[⑥]总体上说,除了开封的犹太社区之外,直到 19 世纪中叶,大多数中国人对犹太人和犹太教的了解甚少,随着时间的推移,开始慢慢增多。到了 20 世纪 30—40 年代,国人在图书、报纸、期刊中对犹太人的了解,在数量与质量上都达到了近代以来的最高峰。据笔者不完全统计,1900—1949 年,在出版社著作的题目中涉及犹太

① 参见龚方震 Gong Fangzhen,《丝绸之路上的犹太商人》[Jewish Businessmen in Silk Roads],收录于《'90 中国犹太学研究总汇》[A Collection on Chinese Judaic Studies in 1990s],朱威烈 Zhu Weilie、金应忠 Jin Yingzhong编(上海[Shanghai]:上海生活·读书·新知三联书店 [Shanghai Joint Publishing Company],1992),246—247。

② 洪钧 Hong Jun,《元世各教名考》[An Examination on Different Religions in Yuan],转引自肖宪 Xiao Xian,《近代中国对犹太人的了解和态度》[Chinese Attitude towards Jewish in the Modern Period],于《思想战线》[Thinking Frontiers],1993 年第 6 期[1993,Issue 6]。

③ 薛福成 Xue Fucheng,《出使英法意比四国日记》[Diary on Travelling Britain, France, Italy and Belgium](长沙[Changsha]:岳麓书社 [Yuelu Press],1985),793。

④ 崔国因 Cui Guoyin,《出使美日秘日记》[Diary on Travelling America, Japan and Peru](合肥[Hefei]:黄山书社 [Huangshan Publishing House],1988),197、440。

⑤ 钱单士厘 Qian Shan Shili:《癸卯旅行记·归潜记》[Travelling Diary in Guimao Year],杨坚 Yang Jian 校点(长沙[Changsha]:湖南人民出版社 [Hunan People' Press],1981),196—211。

⑥ 康有为 Kang Youwei,《康有为全集》(第 12 册)[The Collection of Kang Youwei, Vol. 12],姜义华 Jiang Yihua、张荣华 Zhang Ronghua 编校(北京[Beijing]:中国人民大学出版社[China Renmin University Press],2007),303。

人的有 23 部,如《开封一赐乐业教考》[①]《犹太民族史》[②]《犹太教概论》[③]《犹太人与犹太主义》[④]《犹太人与巴勒斯坦》[⑤]等。查阅晚清民国旧报,1833—1899 年有 63 篇文章的标题涉及犹太人的政治、经济、历史和现状;1900—1949 年,共有 3847 篇文章符合上面条件。这其中,从刊载的数量上说,《新闻报》以 960 篇居首,《时报》以 530 篇次之。从刊载时间上看,1938 年和 1939 年都超过 250 篇,1946 年和 1947 年有 600 篇,1948 年有近 500 篇(1944 年后的文章多以时事新闻为主,文字量少)。查阅晚清至民国的期刊,1900—1949 年,共有 2032 篇文章在标题中提及犹太人。其中,刊发最多的是《东方杂志》(67 篇),《兴华》有 60 篇,《时兆月报》有 46 篇,《布道杂志》有 45 篇,《青年知识画报》有 44 篇,出版数量最多的年份是 1939 年,约 800 篇。这些公开出版物涉及犹太人的宗教、文化、政治、民族等方方面面,如中国犹太人(包括开封、上海、哈尔滨、香港、天津的犹太人等)、俄国犹太人、美国犹太人、欧洲其他国家犹太人的悲惨生活,犹太人的宗教与文化,犹太复国主义,巴勒斯坦犹太人与英国人的冲突等。虽然学者进行过梳理[⑥],但是,由于问题的庞杂、学术视角的差异、新资料的发现等,仍值得人们再次关注。以下讨论由于主题的限定,主要以近代报刊和图书为依据,不涉及外文报刊的情况[⑦],梳理评价近代中国人对犹太人的态度。

---

① 陈垣,《开封一赐乐业教考》,1923。

② 布拉恩 L. Browne,《犹太民族史》[History of Jewish Nation],倪秀章 [Ni Xiuzhang]译(长沙[Changsha]:商务印书馆 [The Commercial Press],1939)。

③ 袁定安 Yuan Ding'an,《犹太教概论》[An Introduction to Judaism](上海[Shanghai]:商务印书馆[The Commercial Press],1935)。

④ 吴义田 Wu Yitian,《犹太人与犹太主义》[The Jewish and Judaism](上海[Shanghai]:世界书局[World Journal Book Store],1927)。

⑤ 白石 Bai Shi,《犹太人与巴勒斯坦》[Jewish and Palestine](上海[Shanghai]:文化生活出版社[Culture Life Press],1939)。

⑥ 参见肖宪,《近代中国对犹太人的了解和态度》;李长林,《清末中国对犹太人的了解和态度》;张淑清 Zhang Shuqing,《解放前中国人对犹太人的认识和态度》[Chinese Attitude towards Jewish before Liberation],于《烟台师范学院学报》[Yantai Teachers University Journal],2002 年第 4 期[2002, Issue 4]。

⑦ 近代在中国发行的英文报刊中,在标题中涉及犹太人的有 5809 篇,其中《字林西报》(*The North-China Daily News*)有 5036 篇,数量最多,《北华捷报及最高法庭与领事馆杂志》(*The North-China Herald and Supreme Court and Consular Gazette*)有 784 篇;从时间上说,1930—1939 年约有 2500 篇,1940—1949 年约有 1800 篇。中国犹太人社区出版的期刊使用的语言包括俄语、英语、意第绪语、德语、波兰语。据潘光先生统计,仅上海犹太人就出版报纸期刊 50 余种,有些已不可考,其中潘先生列出名字的达 30 种。参见潘光 Pan Guang,《犹太人与中国》[Jewish and China](博士论文)(华东师范大学 [East China Normal University],2000),60。

一、近代中国人对犹太人的主要认识特点

本文将从时间、涉及的内容、当时的现实影响、国人对犹太人的两个重要印象，以及认识的程度，这五个角度展开讨论。

（一）从时间上说

从时间上说，国人对犹太人的认识，最初是以基督教的传教和对开封犹太人的介绍为开端的。在早期关于中国犹太人的记述中，许多内容与基督教的传教有关，比如，李提摩太等以古喻今，规劝信徒除上帝外断无此“能力也”。[①]《万国公报》中从《圣经》的视角谈信仰。[②] 除去基督教的传教事业外，说到犹太人在中国，开封是一个绕不开的城市。陈垣先生于1919年完成的《开封一赐乐业教考》是国内第一部研究中国犹太社区的著作，这里的“开封一赐乐业教”即犹太教。陈先生以开封犹太人在明清时所立三篇碑文为线索，以中西文化交流为视角，论证开封犹太人在元代以前存在没有确凿证据，也不可能在宋朝以前存在。书中还详细考证了犹太人会堂的发展演变、社区的人物大略、庙宇的沿革、与回教的异同、经文的内容。1928年，基督教期刊《恩喻周刊》刊登有《中国之犹太人的习俗》，介绍了开封犹太人的礼拜、婚姻、割礼、仪式禁忌和食品禁忌等。[③] 1935年，黄义先生整理了犹太人在中国的分布范围，并以弘治碑、正德碑、康熙碑为依托，参照了陈垣和欧美学者的论述，较详细地分析了开封犹太人来华时间。他还对犹太人来华的陆路和海路路线进行了考察，对历史上的中国犹太人进行了介绍，认为其“皆悦服而作齐民，更进而应试参政，兴乎从事于其他职业”。对于开封犹太人的介绍，表现出作者对问题理解的深刻性和阐释过程中的严谨。在提及开封的犹太会堂时，他说：“犹太民族为一宗教之民族，其寺之盛衰，亦即民族之盛衰。故寺存则教众礼拜有所，寺没则教众顿失重心，而遗经弃如敝履。”[④]犹太人备受历朝之优待，并引用弘治碑的文字：“七十姓等，进贡西布于宋。帝曰：归我

① 李提摩太 Richard Timothy、郑雨人 Zheng Yuren，《论犹太人同心合力之巨能》[On the Power of Jewish Cooperation]，于《万国公报》[Multinational Communigue]，1874年第302期[1874，Issue 302]，27—28。

② 《做圣书告白》[Holy Scripture Confession]，于《万国公报》[Multinational Communigue]，1879年第547期[1879，Issue 547]，21—23。

③ 《恩喻周刊》[Kind Words Weekly]，1928年第19期[1928，Issue 19]，3。

④ 转引自黄义 Huang Yi，《中国犹太人考》[An Examination on Chinese Jewish]，于《文化建设月刊》[Culture Building Monthly Journal]，1935年第4期[1935，Issue 4]，76—77。

中夏，遵守祖风，留迹汴梁。"凡归化者"皆赐地以安居乐业之乡，诚一视同仁也"①。这些内容与此刊中紧接该文的一则德国犹太人的时事新闻②，对比鲜明。徐宗泽博士的《开封犹太教概论》，列举了利玛窦、艾儒略、骆保禄、孟正气、丁韪良、英国犹太布道会、欧洲其他研究者的研究情况，根据碑文对陈垣的研究提出了不同意见，脉络清晰、学术厚重。③ 这一时期，除关于开封犹太人的大量文章④，中国其他省份的犹太人历史亦被涉及。⑤

（二）从涉及的内容上说

从涉及的内容上说，多数中国报刊和图书对犹太人的历史和现实遭遇表示同情，尤其表现在涉及沙皇俄国排犹、纳粹德国反犹和上海犹太难民的报道。这方面文章的数量占所有报纸期刊有关犹太人报道评论的相当大比重。1897 年，《西事近事汇编》评述了 1891 年发生在俄国莫斯科的迫害犹太人事件："俄国旧

---

① 转引自黄义，《中国犹太人考》，77。

② 《犹太人在德国》[Jewish in Germany]，于《文化建设月刊》[Culture Building Monthly Journal]，1935 年第 4 期[1935, Issue 4]，78。

③ 徐宗泽 Xu Zongze，《开封犹太教概论》[An Introduction on Kaifeng Judaism]，于《圣教杂志》[Holy Religion Journal]，1936 年第 4 期[1936, Issue 4]，194—202。

④ 参见张相文 Zhang Xiangwen（蔚西），《大梁访碑记》[An Early Chinese Source on the Kaifeng Jewish Community]，于《南园丛稿》[Nanyuan Conggao]，中国地学会铅印本[Lead Printed Copy Edition of Chinese Geological Society]，1935 年第 4 卷[1935, Volume 4]，8—9；张星烺 Zhang Xinglang（亮尘）：《古代中国与犹太之交通》[The Communication between Ancient China and Jew]，收录于《中西交通史料汇篇》[A Compilation of Chinese and Western Traffic Historical Materials]（辅仁大学丛书第一种[The First Type of Furen University]，第 4 册[Volume 4]，1930）21—40；高葆真 Gao Baozhen，《开封府犹太人》[Kaifeng Jew]，于《中西教会报》[East West Church Journal]，1902 年第 88 期[1902, Issue 88]，4—5；《犹太人在河南之近况》[The Current Situation of Kaifeng Jew]，于《真光报》[New Light Journal]，1911 年第 3 期[1911, Issue 3]，26—29；《河南的犹太人已同化于中国人》[Henan Jew Assimilate into Chinese]，于《真光报》[New Light Journal]，1925 年第 4 期[1925, Issue 4]，43；魏亦亭 Wei Yiting：《开封犹太教》[Kaifeng Judaism]，于《圣公会报》[The Chinese Churchman]，1935 年第 14 期[1935, Issue 14]，22—25；关斌 Guan Bin，《开封犹太人》[Kaifeng Jew]，于《大公报》（天津）[Ta Kung Pao]，1936 年 8 月 28 日[Aug. 28, 1936]，11；关斌 Guan Bin，《河南开封犹太民族的生活与汉化》[The Life of Henan Kaifeng Jews and Sinicization]，于《兴华》[Xing Hua]，1936 年第 35 期[1936, Issue 35]，12—15；姜建邦 Jiang Jianbang，《开封的犹太人》[Kaifeng Jews]，于《宣道声》[The Voice of China Baptist Senior Young People's Missionary Organization]，1941 年第 11 期[1941, Issue 11]，13—14；董重 Dong Zhong，《开封的华籍犹太人》[Chinese Jews in Kaifeng]，于《四友月刊》[Si You Monthly]，1940 年第 8 期[1940, Issue 8]，20—24；等等。

⑤ 参见方豪 Fang Hao，《浙江之犹太教》[Judaism in Zhejiang]，于《国风》[Guo Feng]，1936 年第 9—10 期[1936, Issue 9-10]，84—86；宗羔 Zong Gao，《上海的犹太人》[Shanghai Jews]，于《圣公会报》[The Chinese Churchman]，1938 年第 7 期[1938, Issue 7]，12—14；《哈尔滨犹太教堂》[Jewish Temple in Harbin]，于《东省特别区市政月刊》[East Province Special District Municipal Monthly]，1931 年第 2 期[1931, Issue 2]，15；《天津犹太商人骗取金钞存款》[Tianjin Jewish Businessman Cheating]，于《新闻报》[News]，1948 年 10 月 1 日[Oct. 1, 1948]；等等。

京中所有犹太人不过一万七千,今去者已半,未去者亦不能不去。其中聋跛残疾之人俄官禁其入医院,以致露宿风霜,情实可怜。俄国官商各银行更不用犹太人钞票,或重加以折扣,以致与犹太人交易者受损很多,其询捕等,亦以俄皇之谕,日以驱逐犹太人为务,绝无恻忍之心。他国闻之能无怦然心动也。"①1900 年《绍兴白话报》刊有一文:"俄国德撇城里的犹太人被俄国人杀害。不过暗告诉文明各国,求他阻止俄人。不要再行杀害。因为俄国已有意要把犹太人种杀尽。所以去到别国求救可怜可怜。"②在思慕先生将自埃及至德国、俄国众多的排犹现象列出时,第一句话就是"犹太人从古就是被压迫者"③。此文观点极为鲜明。1933 年春,宋庆龄和中国人权联盟的成员向上海德国领事馆对纳粹迫害犹太人提出严正抗议。他们还发表了《对迫害德国进步人士和犹太人的谴责》④的正式文稿。1938 年《申报》对德国纳粹排犹表达了深刻批判:"德国当局对待犹太人之惨无人道,举世悲愤……全体天主教中人均反对此种暴行云,全港耶苏教堂、亦均一致愿为犹人祈祷,又香港犹人现召开会议筹集善款,以救济被难犹人云。"⑤德国政府在"纳粹党秉政之下,厉行残酷之排犹政策,其手段之苛酷,为亘古所未有,继奥境内犹人备受苛虐之后,更惨被驱逐出境,情状至为可悯,被逐犹人日前曾分批过港赴沪另寻生计"⑥。1938 年 11 月,《申报》记者采访了一位来自德国的 50 岁左右的难民,该难民回忆在德国的情况:"被拘于勃顷华特地方之集中营内三月,每晨二时三刻起身,五分钟预备工作,然后搬运石块与三和土,直至午刻,不得稍停,午刻得午餐与吸烟时间半小时,旋复继续工作,至晚八时半,始得安睡,工作时甚至不敢坐下,以免被罚。"⑦1938 年末,《申报》对于从德奥逃难至中国的犹太人刊有:"此一百八十七人中,不鲜为当地商场巨擘,拥资千万者,但此次被逐出境,除船费以外,每人所携现款,不得超过十镑,违者即被搜去

---

① 《西国近事汇编》[A Collection on Western Countries Current Issues],1897 年第 3 卷[1897, Volume 3], 52—61。此刊为综合性刊物,多以新闻形式报道各国政治、经济、文化。创刊于 1876 年,停刊于 1898 年。

② 《犹太人求救》[Jews Ask Help],于《绍兴白话报》[Shaoxing Vernacular Newspaper],1900 年第 83 期[1900,Issue 83], 3。

③ 思慕 Si Mu,《犹太民族的悲哀》[The Sorrow of Jewish People] ,于《世界知识》[World Knowledge],1936 年第 6 期[1936,Issue 6], 312。

④ 《对迫害德国进步人士和犹太人的谴责》[A Condemnation of the Persecution of German Progressives and Jews],《申报》[Shen Bao],1933 年 5 月 14 日[May 14,1933]。

⑤ 《亡国恨》[Hate National Subjugation],于《申报》[Shen Bao],1938 年 11 月 17 日[Nov. 17, 1938]。

⑥ 《国破家何在?》[Where is the Home When My Country Does Not Exist?],于《申报》[Shen Bao],1938 年 11 月 27 日[Nov. 27, 1938]。

⑦ 《犹太难民畅谈苦状》[The Jewish Refugee's Pain Sharing],于《申报》[Shen Bao],1938 年 11 月 26 日[Nov. 26, 1938]。

充公,彼处此境也,始知亡国之惨,虽拥资千万,亦将何用,天下之大,亦无处容身。"[①]对于中国犹太难民的新闻报道,数量巨大。[②] 同样面对德国的排犹,觉民先生认为它的本质是掠夺犹太人的财产,这些"失去了国家保卫已二千年以上的犹太人,困苦颠边,勇敢奋斗,现在还是流离失所,漂泊无定。居留在法西斯国家,随时有被驱逐之虞。在中国,我们的政府与人民对他们都以平等相待,'一视同仁的'"[③]。1942 年 5 月,《申报》连续刊发了三篇关于犹太人文章,其中一篇有这样的文字:"躲在犹太人勤俭吝啬的民族性背后的,是他们坚决、沉毅、机敏的适应环境和创造环境的本领。要知道现在犹太人是没有祖国的。他们的足迹遍布全世界,但是他们有冒险和进取的勇气,不论环境是怎样的险恶,不论受尽人家怎样的欺凌和逼迫,他们始终不变争取生存权利的决心和毅力。这就是他们到现在还能在这优胜劣败的世界上取得相当地位的原因。"[④]除了"这等靠着佣金过活的推销员之外,在街上又常常看到拉起了叫买嗓子的犹太贩子。他们卖的大抵是肥皂、鞋带和绒线织物以及其他轻便的日用品等。他们操着生硬的中国话,看样子挺可笑,但是他们求生的勇气,却是可歌可泣的"[⑤]。不论"压力是怎样的重,不论环境是怎样的坏,谁都不应该中止人生的战斗。这不仅是犹太人所表现出来

---

① 《犹太难民谈被逐惨状》[The Jewish Refugee's Sharing on Exile],于《申报》[Shen Bao],1938 年 12 月 5 日[Dec. 5, 1938]。

② 参见圣叹 Sheng Tan,《犹太难民》[Jewish Refugee],于《上海报》[Shanghai Journal],1938 年 11 月 19 日[Nov. 19, 1938];《沪犹太难民逾四千五百人》[Shanghai Jewish Refugee over Four Thousand Five Hundred],于《导报》[Dao Bao],1939 年 3 月 10 日[Mar. 10, 1939];《犹太难民在上海》[Jewish Refugee in Shanghai],于《新闻报》[News],1939 年 3 月 23 日[Mar. 23, 1939];云 Yun,《纳粹统治下的逃亡者:上海犹太人难民》[The Exile in Nazi: Shanghai Jewish Refugee],于《中国商报》[China Business Newspaper],1941 年 4 月 26 日[Apr. 26, 1941];《千万犹太难民,云南不能安插》[Thousand of Jewish Refugee: Cannot Settle in Yunnan],于《新闻报》[News],1939 年 8 月 2 日[Aug. 2, 1939];《即将集中在指定区域的无国籍难民》[Non-National Refugee Locate in Special Area],于《太平洋周报》[Pacific Weekly],1943 年第 58 期[1943, Issue 58];《圣诞节前日且谈上海犹太人》[On Shanghai Jew before Christmas],于《立报》[Li Bao],1946 年 12 月 23 日[Oct. 23, 1946];等等。

③ 觉民 Jue Min,《走投无路的犹太人》[Jew Nowhere to Hide],于《号角》[Haojiao],1938 年第 30 期[1938, Issue 30], 4。

④ 《为生存而奋斗》[Struggle to Survive],于《申报》[Shen Bao],1942 年 5 月 25 日[May 25, 1942]。

⑤ 《为生存而奋斗》。

的素质,亦是任何人都应该接受的强烈的挑战”①。此外,还有其他相关文献②。

(三)从当时的现实影响上说

从当时的现实影响上说,对犹太复国主义的译介是国人认识犹太人的一个重要方面。有意思的是,这种认识有一个从同情弱者,到联系具体中国国情,激励同胞的发展倾向。许多中国民族主义者和知识分子赞同犹太复国主义,中国人称之为“犹太民族主义运动”,他们希望用犹太人的这种精神来激励中国同胞,进行民族主义运动。③ 梁启超于 1903 年访美后号召中华民族要想进步,就要学犹太人一样团结自强④;1912 年康有为在为孔教会所写的序言中呼吁:国人须以犹太人亡国为鉴,奋起救亡。⑤ 20 世纪 30 年代末,中国遭到日本的侵略,一些知识分子希望以犹太人这个失去国家的民族为戒,提醒国人国破家亡的危险,号召

---

① 《为生存而奋斗》。

② 《欧洲近事:俄国窘逐犹太人》[Current Issue in Europe: Jews Were Exiled in Russia],于《知新报》[Zhixin],1899 年第 91 期[1899, Issue 91], 10—11;《万国近事:犹太人被逐》[Current Issue in Nations: Jews Were Exiled],于《清仪报》[Qingyi],1899 年第 14 期[1899, Issue 14], 870;《犹太人之惨状》[Jews in Tragedy],于《新民丛报》[Ein Min Choong Bou],1903 年第 32 期[1903, Issue 32], 74—75;《亡国二千余年之犹太民族独立运动》[Jewish Independence Movement],于《中央周报》[Central Magazine],1928 年第 23 期[1928, Issue 23], 6—7;《犹太民族反英运动崛起》[Anti-British Movement in Jews],于《新西康月刊》[Monthly Digest of New Xikang],1930 年第 6—7 期[1930, Issue 6-7], 82;吴清友 Wu Qingyou,《犹太民族问题》[Jewish National Problem],于《新中华》[The New Chinese],1936 年第 4 期[1936, Issue 4], 18—24;黄保禄 Huang Baolu,《犹太民族与德国之排犹问题》[Jewish People and Anti-Jew Problems in German],于《世界政治》[World Politics],1938 年第 10 期[1938, Issue 10], 30—44;尼维 Ni Wei,《犹太民族的厄运》[The Destiny of Jewish People],于《世风半月刊》[Shifeng Semimonthly],1938 年第 2 期[1938, Issue 2], 33;高曙青 Gao Shuqing:《中国应该扶助弱小的“犹太人”》[China Should Help Jews],于《青年中国季刊》[Youth China Quarterly],1940 年第 4 期[1940, Issue 4], 155—161;孟晋 Meng Jin,《苦难的犹太人:巴勒斯坦犹人的反抗运动》[Tragic Jews: Resist Movement in Palestine Jews],于《读者》[Readers],1946 年第 2—3 期[1946, Issue 2-3], 24—25;《犹太儿童的苦难》[The Tragedy of Jewish Children],于《新闻资料》[New Information],1946 年第 74 期[1946, Issue 74], 6。

③ 一得 Yi De,《犹太民族:自私自利不顾大体终于亡国,国人过去迷梦宜速猛醒》[Selfish Jewish People Lost Their Country Our People Need Wake up from Daydream Quickly],于《上海周报》[Shanghai Weekly],1933 年第 20 期[1933, Issue 20], 316;王相骥 Wang Xiangji,《我们有些像犹太民族》[We Are Like Jewish People],于《浙农通讯》[Zhejiang Agricultural Communication],1936 年第 2 期[1936, Issue 2], 2—3;朱振辰 Zhu Zhenchen,《中国人与犹太人》[Chinese and Jews],于《社会周报》[Society Weekly Journal],1934 年第 24 期[1934, Issue 24], 465。

④ 梁启超 Liang Qichao,《新大陆游记》[New World Travel Notes],于《新民丛报》[Ein Min Choong Bou],1903 年第 12 卷[1903, Volume 4], 49—52。

⑤ 康有为 Kang Youwei,《孔教公序一》[Confucian Public Order I],收录于《康有为文选》[The Selection of Kang Youwei],谢遐岭 Xie Xialing 编选(上海[Shanghai]:上海远东出版社[Shanghai Far East Publication House],1997),488—489。

中国人抵抗日本人的侵略。[①] 在淞沪抗战一周年之际，有学者回顾了自上海抗战，到武汉烽火的过程，提示国人“犹太民族复国运动的失败经过，应该格外的‘警惕’和‘奋发’了”[②]。在抨击纳粹对犹太人的迫害的同时，一些作者深情地将犹太复国主义运动描述为“充满了血与泪”[③]。犹太人“需要一个精神家乡来慰藉，把热情寄托在地理之巴勒斯坦，尤其是耶路撒冷处，但现实却遥遥无期。排犹越剧，复国意念更切！”[④]1938年，《译报周刊》的一篇文章呐喊道：“犹太人是用了泪和血和死，鼓励我们起来和法西斯蒂决战，不要让祖国灭亡。我们相信中国决不亡，中华民族永存。”[⑤]在这一时期，犹太复国主义成为中国的知识分子寻找抵抗日本人侵略的精神武器。[⑥]

（四）从国人对犹太人的两个重要印象上说

从国人对犹太人的理解上说，有两个明显观念构成了近代国人对犹太人的重要认识内容。在当时的一些文章中，犹太人被称为“天才的民族”，他们在经济和学术领域取得了巨大成就。[⑦]

首先，一些报刊将犹太人和金钱，甚至对金钱的贪婪联系在一起。1903年，

---

① 俞颂华 Yu Songhua，《犹太人与犹太的复兴运动》[Jews and Jewish Revival Movement]，于《东方杂志》[The Eastern Miscellany]，1927年第17期[1927, Issue 17]，21—28；宇 Yu，《犹太民族复国程序》[The Restoration Process of Jews]，于《真光杂志》[True Light Journal]，1931年第8期[1931, Issue 8]，98；喻柏椿 Yu Bochun，《犹太民族建国运动话絮》[Nation-Building of Jews]，于《新亚细亚》[New Asia]，1933年第1—2期[1933, Issue 1-2]，262—273。

② 伯虬 Bo Qiu，《上海沦陷一周年》[The Anniversary of Shanghai's Fall]，于《杂志》[Magazine]，1938年第5期[1938, Issue 5]，15。

③ 宗大蔚 Zong Dawei，《犹太人的被排斥与复国》[The Exclusion of Jews and the Restoration]，于《前线》[Frontiers]，1939年第30—31期[1939, Issue 30-31]，19—24。

④ 张敦臣 Zhang Dunchen，《犹太复国主义纵横谈》[On Jewish Restoration]，于《真光杂志》[True Light Journal]，1940年第10期[1940, Issue 10]，37。

⑤ 李正 Li Zheng，《关于排犹》[On the Exclusion of Jews]，于《译报周刊》[Yi Bao Weekly Journal]，1938年第9期[1938, Issue 9]，14。

⑥ 《犹太复国》[Jewish Restoration]，于《集成报》[Collection of Various Journal]，1897年第19期[1897, Issue 19]，50—51；《关于复国之宣言》[On the Declaration on the Restoration]，于《新闻报》[News]，1917年11月12日[Nov. 12, 1917]；《纽约犹太复国运动》[New York Jewish Restoration Movement]，于《新闻报》[News]，1930年10月28日[Oct. 28, 1930]；《犹太复国运动》[Jewish Restoration]，于《兴华》[Xing Hua]，1935年第1期[1935, Issue 1]，51；《犹太人的郇光运动》[The Jewish Sonic Movement]，于《吾友》[Wu You]，1941年第18期[1941, Issue 18]；紫沅 Zi Yuan，《有感于犹太复国》[On Jewish Restoration]，于《一四七画报》[147 Pictorial Magazine]，1948年第5期[1948, Issue 5]，1—2。

⑦ 水云 Shui Yun，《犹太人之经济能力》[On Jewish Economic Power]，于《新闻报》[News]，1914年4月23日[Apr. 23, 1914]；《犹太人的天才》[On Jews' Gift]，于《明灯》[Beacon]，1940年第282期[1940, Issue 282]，34。

梁启超赴美游历考察美国社会情况时,留有这样的文字:"美国外来移住民之中,其势力最大者,则犹太人也。闻美国之银行业,犹太人居十之三四,其银行职员,犹太人居十之五六云。布埒委街者,纽约第一大街也,大商店凡数千家,属于犹太人者十而六七,吾中国则仅一家而已。纽约市政之权,一惟犹太人所左右,他无足以抗者。其他大市,亦大率类是。"①梁启超又说:"犹太人之趋之若鹜,视钱如命,诈伪贪鄙,此尽人所同知也。"②1938 年《晶报》③有这样的文字:"我常语之曰:'犹太人固然富而贪鄙,然其中难道没有好人。据我所知,犹太人中,有学问的人也很多,不能一棒□杀。……为什么人家痛恨犹太(人),就是痛恨他的贪鄙。因此有人说:犹太人是扶不起的。苏俄曾经有一度也想扶助过犹太人,划出一处地方,使犹太人聚族而居。然而不争气的犹太人,却与苏俄屏绝的白俄,联合一气,很使苏俄灰心。我不敢说犹太人都是如此,然而害群之马,往往累及全体。现在我们所警惕者,一则是无国的种族,二则是贪鄙的性质。"④1945 年《繁华报》⑤文章称:"犹太人之吝啬,为举世皆知之事实,而投机取巧,营私舞弊,与夫一切贪小尖钻之事,一经犹太人加以研究,无不变本加厉,青出于蓝。上海本属万恶渊薮,自犹太人大批来沪后,真如火上加油,日趋堕落,罪犯行为,均沾染犹太作风,年前某厂针药大出毛病,亦由犹太人手中购得伪货所致耳。"⑥此外,不乏其他报刊对此的报道。⑦

其次,一些报刊中的文章将犹太人与对全世界经济和新闻的控制联系起来。

---

① 梁启超 Liang Qichao,《新大陆游记及其他》[Travel to the New World and Others],收录于《走向世界丛书》[Go to the World Series],钟叔河 Zhong Shuhe 主编(长沙[Changsha]:岳麓书社 Yuelu Press, 1985), 456—457。

② 梁启超,《新大陆游记及其他》, 458。

③ 《晶报》是近代上海小型报纸之一,原为《神州时报》的副刊,1919 年 3 月 3 日余大维创刊。1940 年 5 月停刊。

④ 微妙 Wei Miao,《对于犹太人的警惕》[Be Aware of Jews],于《晶报》[Jing Bao],1938 年 11 月 30 日[Nov. 30, 1938]。

⑤ 《繁华报》为近代上海综合小报之一,创刊于 1943 年 9 月 13 日,停刊于 1945 年 7 月 31 日。初期以娱乐为主,1943 年后期改革,提高了对国内政治局势和军事动向的关注度,此报对人们了解抗日战争后期的历史、新闻、舆论情况有较高价值。

⑥ 龙公 Long Gong,《犹太人》[Jews],于《繁华报》[Bustling Newspaper],1945 年 6 月 20 日[Jun. 20, 1945]。

⑦ 参见恨海孤禽 Henhai Guqin,《犹太人之金钱》[Jewish Money],于《时报》[Shi Bao],1920 年 9 月 11 日[Spt. 11, 1920]; 大宝 Da Bao,《钱与势》[Money and Destiny],于《社会日报》[Society Daily],1938 年 12 年 2 日[Dec. 2, 1938];《犹太人和钱》[Jews and Money],于《现实》[Reality],1939 年第 3 期[1939, Issue 3],229;《胡蝶也是犹太明星》[Hudie Is Jewish Star Too],于《电影》[Films],1940 年第 82 期[1940, Issue 82], 5;小平 Xiao Ping,《犹太人与钱》[Jews and Money],于《广播周报》[Broadcast Weekly],1947 年复 52[1947, Resume Publication 52], 18;等等。

上海期刊《三六九画报》[①]的一篇文章写道：

> 犹太民族徒托空言，坚信世界将受犹太民族支配，因之他们曾用尽各种手段来完成他们这种美梦。他们用以支配世界的首要武器就是黄金，世界上黄金差不多完全都收在他们的金库里，世界上多数的国家都喘息在他们的黄金重压下。他们向世界放散他们费尽心血所收拢的黄金，企图以此来支配世界的人心。
>
> 犹太人借经济学之名，不知道什么时候，在世界上扶植了唯物的观念。犹太人为获得权利，扶植权利，扩大权利乃极力的向世界各国的政治界发展，而贿赂世界各国政治家，也成为他们的必要工作之一。他们在这一方面已经获得成功了。他们为向经济方面伸展势力，他们曾利用金融交易所，证券市场，他们为了再扩展他们的权力，再获得他们的黄金力，犹人深感有宣传黄金万能之思想的必要。为了达成这项目的，新闻与杂志便成为犹人唯一可利用的机关了。在物质方面支配世界的是犹太的金力，而助长金力之声势的是宣传机关，二者相辅而行互为滋长。
>
> 以前在法兰西创设"世界伊斯拉尔同盟"的犹人阿多尔夫·克勒姆曾经说过"假如金力若是犹人的第一武器，报纸便是犹人的第二武器"。布洛特克尔第二在他征服世界之阴谋论一书里，曾说过下列的话：
>
> "在近代国家的国民思想间最近兴起了一个新兴的伟力。这个伟力就是报纸。新闻纸的任务是在于指示群众的要求，记录人民的不平，说明群众之不平以及酿成人民之不平。言论的自由应完全握于报纸手里，但是这种势力不能让国家有利用的机会，必须完全归诸我们犹人的手中，我们把我们的身子藏在报纸的后面，我们的势力由此向外波及。我们借报纸的力量大量的吸收黄金。但是我们必须要以我们的血与泪的瀑布来收集黄金。我们如果仔细玩味洛特克尔的言论，可以知道犹太人在遂行他支配世界的野心时有四种武器。就是新闻广播，剧场，电影等。这些事情已经都完全成为犹人应用自如的工具呀。"[②]

1943 年，《犹太人操纵下的英美》认为，美国的犹太人银行分布，不但"是执美国牛耳，同时他还领导着世界的政治经济"。犹太人的各种团体，"不论是在任

---

① 《三六九画报》为近代上海报刊，1939 年 11 月发行，1945 年 5 月停刊，内容多样，通俗易懂。

② 谟 Mo，《可怕的犹太人的阴谋》[Jewish Conspiracy]，于《三六九画报》[369 Pictorial Magazine]，1943 年第 4 期[1943，Issue 4]，7。

何名义下产生的,他们都是抱着一个共同的活动目标的,就是征服世界"①。一些报刊在强调犹太人经济力量的时候,常常看轻其政治能力。1903年,陈天华在其为国人熟知的《猛回头》中,也认为犹太人"行为卑鄙,没有政治思想,张三来也奉他做皇帝,李四来也奉他做君王"②。《礼拜六》③刊登的一篇无署名、无标题的关于犹太人的文章写道:"犹太人是世界上一种神秘的民族。国虽亡了,犹太人虽变了各种国籍的犹太人了。犹太人的事业很是以使世界上人惊骇不绝。你看美国什么大王,什么大王,大半是美国籍的犹太人。这么看来,犹太人早已是全地球经济的钥匙。现在的赤化计划,实在是犹太人想握全球政治的钥匙罢了。这么看来,赤色之祸乃是少数的犹太民族想征服全球的人民做他们的奴隶而已。此外,没有什么多大的意义了。不过,犹太人的经济手腕虽已为全球的人们公认,他们有没有政治的天才,还是一个问题咧。"另有报道将犹太人与近代在中国生活的大资本家,如沙逊、哈同等人联系起来。④

(五)从认识的程度上说

从认识的程度上说,20世纪上半叶中国人对于犹太人历史与现实的研究具有相当的深度与广度。如果说1923年陈垣先生的《开封一赐乐业教考》关注前人的成果,注重文献的搜集整理,那么,到了20世纪30年代,中国学者不仅关注开封犹太人的历史,而且更加关注世界犹太人的历史与现实。1939年,东亚图书馆依据日本"岩波文库"等版本,出版了马克思《论犹太人问题》(郭和译)的单行本。这便是其中的一个事例。在这部书的"代序"中,王凡西先生对于犹太人问题的由来,作了一个比较详细的介绍。虽然这个介绍的直接目的是为人们更

---

① 《犹太人操纵下的英美》[Britain and America Controlled by Jews],于《世界知识》[World Knowledge],1943年第13期[1943, Issue 13], 7。

② 陈天华 Chen Tianhua,《陈天华集》[The Collection of Chen Tianhua],(长沙[Changsha]:湖南人民出版社[Hunan People Publication House],1982),39。

③ 《礼拜六》为近代上海小型报纸之一,1928年4月7日创刊,1932年4月30日停刊。它对于人们了解20世纪20—30年代上海及其他地区的市民生活以及社会历史事件提供了重要史料。

④ 允平 Yun Ping,《富商沙逊与犹太难民》[Sha Xun and Jewish Refugee],于《力报》[Li Bao],1939年1月28日[Jan. 28, 1939];《沙逊曾拟设厂救济犹太难民》[Sha Xun Helps Jewish Refugee],于《时报》[Shi Bao],1939年8月10日[Aug. 10, 1939];茫茫 Mang Mang,《沙逊犹太本色竟想美金收租》[Jewish Nature Sha Xun Gets US Note],于《铁报》[Tie Bao],1948年2月24日[Feb. 24, 1948];侯由烈 Hou Youlie,《中国之英系犹太沙逊财阀》[China's English Jewish Sha Xun's Tycoon],于《晋铎》[Jinduo],1941年第9期[1941, Issue 9], 37—40;《原籍犹太入籍英国之哈同》[Jewish Ha Tong Converts into English Nationality],于《良友》[The Young Companion],1931年第61期[1931, Issue 61], 13;《出资刊译古兰之犹太人哈同逝世》[The Death of Ha Tong Who Fund to Publish and Translate Qur'an],于《月华》[Yue Hua],1931年第20期[1931, Issue 20], 14;《上海的私人园林及古迹名胜》[Shanghai Private Garden and Ancient Landscape](上海[Shanghai]:信托有限公司[Trust Limited Company],1932),42。

好地理解马克思《论犹太人问题》服务，但是，本文认为，它在一个侧面可以代表那个时代的中国知识分子对于犹太人历史和现实问题理解的学术水准与思想倾向。

在名为《犹太人问题之过去现在与未来》的序言中，王凡西先生通过19个分标题（共有84页）进行了阐释，它们分别是：受难的民族、犹太人的离散、犹太教与基督教、中世纪基督教治下的犹太人、资本主义与犹太人命运的演变、反犹主义的原因与经过、战前犹太复国主义运动的起落、资本主义危机与对犹太人问题的重提、法西斯主义与犹太人、希特勒的“替天行道”、犹太人的地狱——第三帝国、墨索里尼的东施效颦、其他国家的反犹运动、民主国家的“同情”、英帝国主义与战后的犹太复国运动、复国运动的可能性、社会主义革命与犹太人的解放、马克思关于犹太人问题的见解、苏联的犹太人问题。在这个序言中，作者从犹太人在巴比伦、波斯、新巴比伦、希腊罗马时期的历史，讲到中世纪“黑死病”的替罪羊、“隔都”(Ghetto)的禁锢、假救世主沙巴泰·泽维，再到近代德国门德尔松领导的犹太启蒙运动，进而提到一些重要的信息，如1910年犹太人总人数为1150万人左右，俄国革命领导人托洛茨基和季诺维也夫为犹太人，法国的“德雷福斯事件”，赫茨尔领导的复国主义运动，纵横捭阖，洋洋洒洒，对犹太人的历史有全面深入的了解。即使在80多年后的今天，这些内容仍然是有启示和借鉴意义的。不仅如此，作者还较详细地列举了希特勒反犹纲领、纽伦堡法案，阐释了德国反犹的现代原因，表达了鲜明的人道主义情怀：“希特勒于1933年在德国登台，犹太人的命运仿佛重逢了巴比伦人入寇时的大难；今年奥国被吞，犹人首先遭劫；意德修好后，莫索利尼效希特勒的故技，犹人之受害又增加了数万；最后捷克被割，不拉格的新统治者也在反对犹太人了。如今法西斯毒焰方张，种族主义的谬论日益猖狂，犹太人的前途，正不知要悲惨到何等地步，犹太人在此种情境之下，痛切地感到有复国的需要，那是极其自然，极其应该的。”[①]正如前面所说，此书并非个别现象，它只是国人在那个时代对于犹太人问题认识的一个缩影。

应该承认，在当时的中国报刊中，存在少数对犹太人的偏见，甚至存在反犹主义文字。将犹太人与对金钱的贪婪、政治的软弱联系在一起，尚属与中国人没有直接关系的某种空泛的议论。20世纪30—40年代有极少数文章，对犹太人充斥偏见和不满，这类文章的数量不多，但也是值得人们关注的（即使我们将一

① 王凡西 Wang Fanxi，《犹太人问题之过去现在与未来（代序）》[The Past, Present and Future of Jewish Problem]，收录于马克思 Karl Marx，《论犹太人问题》[On Jewish Questions]，郭和 Guo He 译（上海[Shanghai]亚东图书馆[Yadong Library]，1939）。

些反犹译著、关于国内外国人反犹事件的报道[①]悬置一旁）。其中，比较有代表性的便是1943年发表的名为《上海的犹太帝国主义》[②]的文章，该作者的知识水准较高，无论对于古代中国犹太人的历史，还是当代世界犹太人、上海犹太人的现况，都比较了解。文章中说："德国及欧洲中部排犹运动日益加紧，上海顺成犹太病疫猖獗之区，在当局尚未能设法阻止彼等侵入之前，已有三万以上犹人降临其地，彼等虽屡因寄生活动之故，而丧失其故乡，但本性终不能改，亦属上海之不幸也。彼等所知者，终不外乎如何附着寄生，而不思以正当有价值之道路，对于上海的福利有所贡献。"文章还指出，"当今上海当局唯一紧急问题，就是如何脱离犹人的扼制"[③]，保持经济的安宁。1931年，《克雷斯》[④]刊登了一篇名为《犹太人扰乱世界之毒计》的文章，其中说道："人人说赤俄的赤化世界的手腕狠毒，犹太人的狠毒手腕且远在赤俄之上。"世界犹太人同盟会决议以右手持思想（笔）和左手持资本（黄金）"和平统一世界"。他们制定了"22条计划"：使孩童受独裁政治之教养；政治上完全成为独裁政治，使群众成为蛮人；使非犹太人争斗，直至灭亡；借给非犹太人特殊饮料使其自痴、淫荡、堕落；以自由平等的语言诱惑非犹太青年，夺走其真正的自由平等；经济战为犹太人胜利的根本；利用印刷物和传播病毒聚集非犹太青年于手中；在各国引发暴动；宪法中为人民插入有名无实的权利；用间谍破坏世界秩序；创设中央集权；以秘密结掌理政权；独占各国商业；设最高政府，没收非犹太人的土地；使各国农业不振；使非犹太人全为劳动者；反抗犹太人者杀之；检查新闻报纸；规定未来的宗教和农奴法；鼓吹世界革命；增设间谍团；贯彻犹太政府的命令。[⑤] 1946年，有一篇名为《犹太人是臭虫》的文章。人们仅仅从文章的标题中，就能感受到作者对于犹太人的鄙夷与厌恶。文章提到，在当时上海虹口，犹太人以鱼目混珠的方式仿制美国的香烟、皮带、打火机商品，大发其财。作者感慨犹太人"于困苦中挣扎，克服磨难的精神，值得佩服"，但话锋一转，马上说"一想到他们吸血本领之高强，令人不由不有些胆战心惊"，在"这

① 《哈尔滨恐怖化：日人与白俄仇视犹太人之一般》[The Terrorization of Harbin]，于《外论通信稿》[C. I. F. E. Press Service]，1936年第1501期[1936, Issue 1501], 2；《沪纳粹散发反犹传单》[Shanghai Nazi Delivers Anti-Jewish Notes]，于《解放日报》[Jiefang Daily]，1941年10月28日[Oct. 28, 1941]。贵斯康人 Gui Si Kang Ren：《上海犹太难民的政治活动》[Shanghai Jewish Refugee's Political Activity]，郑洐 Zheng Yan 译，于《政治月刊》[Politics Monthly]，1943年第6期[1943, Issue 6]；等等。

② 汤良礼 Tang Liangli，《上海的犹太帝国主义》[Jewish Imperialism in Shanghai]，于《兴亚月刊》[Xingya Monthly]，1943年第4期[1943, Issue 4], 19—20。

③ 汤良礼，《上海的犹太帝国主义》，20。

④ 英文名为 *The Greys*，上海小型报纸之一。1930年4月创刊，1932年4月停刊。

⑤ 大风 Da Feng，《犹太人扰乱世界之毒计》[The Planning of Jews to Disturb the Worlds]，于《克雷斯》[The Greys]，1931年5月12日[May 12, 1931]。

个夏天里，一般人感觉臭虫可怕，事实上，犹太人比臭虫还要利害呢！”[①]这些文章的出现说明，虽然中国从未出现实践层面上的反犹主义，但世界范围内的反犹思潮也使得中国并非完全一片净土。

二、《东方杂志》中关于犹太人问题的报道评论

如果上面的文字，还是对中国近代数千报刊的宏观概述，那么，下面本文将以具体事例进一步补充说明。20 世纪初创刊的《东方杂志》[②]，是刊登有关犹太人文章最多的近代中国报刊。《东方杂志》报道的主题包括犹太人的历史，特别是有关犹太人在欧洲的苦难、反犹主义、犹太人的经济实力、犹太人的天赋等。很多类似的文章翻译自美国和日本的报刊。

（一）犹太人是一个怎样的民族

在《东方杂志》中，犹太人是一个特殊的民族，“有志研究世界问题的人，不可不注意犹太人问题”[③]。一方面，他们丧失了自己的故土，漂泊流浪，成为最悲哀、最苦恼的民族。另一方面，她又是“世界上最幸福的民族”因为“时常产生能力卓越的子孙，而能够到处发展”[④]。

1.经济上势力甚大

将犹太人与强大的经济力量联系起来，是近代以来国人对犹太人重要特点的认识(这一认识或多或少地留有欧洲反犹主义的印迹)。第一个方面是，强大的表现。犹太人的经济实力非常强大，“在社会中组成一无形之财政帝国。具有支配全世界财政机关之势力”[⑤]。犹太人的经济力量强大，以至于美国、法国、德国、英国的经济处在犹太人掌握之下。[⑥] 第二个方面是，强大的原因。首先是，犹太人善于经营，尤其是德国犹太人“富于经商的才能，善于揣摩顾客的心理，有

---

① 史生 Shi Sheng，《犹太人就是臭虫》[Jews Are Bed Bugs]，于《文饭》[Wen Fan]，1946 年第 18 期[1946, Issue 18], 6。

② 《东方杂志》于 1904 年 3 月创刊，1948 年 12 月停刊，旨在反映中国的氛围和国家气质。在其发表的 808 期刊物中，有 69 篇与犹太人和犹太事务有关。

③ 升曙梦 Sheng Shumeng，《犹太民族之现状及其潜势力》[The Present and Potentiality of Jewish Nation]，幼雄 You Xiong 译，于《东方杂志》[The Eastern Miscellany]，1921 年第 12 期[1921, Issue 12], 18。

④ 俞颂华，《犹太人与犹太的复兴运动》, 21。

⑤ 《犹太人之帝国》[Jewish Empire]，前刘 Qian Liu 译，于《东方杂志》[The Eastern Miscellany]，1911 年第 9 期[1911, Issue 9], 17。

⑥ 参见许家庆 Xu Jiaqing，《美俄关于犹太人问题之交涉》[American-Russian Dispute on Jewish Problem]，于《东方杂志》[The Eastern Miscellany]，1912 年第 11 期[1912, Issue 11], 6；《犹太人之帝国》, 18。

非常人所能望其项背者"[①]。其次是,排犹运动的结果。德国在帝政时代,犹太人不能到政界中发展,于是就不得不在工商业方面下功夫,"犹太人为境遇所限。至以黄金为惟一之护身物"[②]。

2.犹太人的优秀特质

犹太人不仅经济力量强大,还有其他一些值得肯定的品质。他们富于热诚,勇于信仰,"禀性怪僻。其心之所向,必坚持到底,虽死不渝。以其所以于战事中,显示惊人之勇概也"[③];他们的胜利"全恃其富力智力。与其百折不挠之气概"[④];他们难忘故土,栉风沐雨,筚路蓝缕,悉心经营,表现出极大热忱与毅力。犹太青年意志坚强,"不愿散处于文明各国,寄人篱下,以致含垢忍辱,与世浮沉,受人轻视,遭人排斥。于此可见这班青年,意志确很坚强,殊足表现其民族性上之优点"[⑤]。

3. 对犹太人的负面评价

在肯定犹太人优秀品质的同时,《东方杂志》也列举了他们的一些不易变化的缺点,"犹太人者,固素为全世界贪欲刻薄鄙贱无耻者之标本"[⑥]。表现为如下四点。第一,获取利益是第一位的。比如,对于世界和平的看法,亦出于其投机本性,"多直接或间接为犹太人之资本。故犹太人恒设法鼓吹战争。或捏造战争之遥传。以图盛销其杀人之器。每有战事。犹太人必坐获渔翁之利。约有两种。一曰军费之供给。一曰杀人器之销售"[⑦]。第二,吝啬和唯利是图。现在欧洲,凡是为人吝啬或锱铢必较,唯利是图者,人们往往以"犹太"称之。故"犹太"常常是"盘剥利息,而又甚刻啬的别名"[⑧]。第三,善于伪装。在俄国远东地区与犹太人工作的中国工人告诉记者,犹太人并不打骂雇工,但"手段辣得狠,时常要记错算错账的;大概犹太人,是天生成的商人拿小利气质的罢"[⑨]。第四,从文学

① 俞颂华,《犹太人与犹太的复兴运动》,22。

② 《犹太人之帝国》,17。

③ 《犹太人之呼吁声》[The Voice from Jews],胡学愚 Hu Xueyu 译,于《东方杂志》[The Eastern Miscellany],1916 年第 5 期[1916, Issue 5], 33。

④ 威廉·屈兰德 William Trant:《犹太人与中国人》[Jews and Chinese],钱智修 Qian Zhixiu 译,于《东方杂志》[The Eastern Miscellany],1912 年第 12 期[1912, Issue 12], 45。

⑤ 俞颂华,《犹太人与犹太的复兴运动》, 26。

⑥ 《犹太人之未来》[The Future of Jews],君实 Jun Shi 译,于《东方杂志》[The Eastern Miscellany],1918 年第 10 期[1918, Issue 10], 45。

⑦ 《犹太人之帝国》,19。

⑧ 俞颂华,《犹太人与犹太的复兴运动》,21。

⑨ 其城 Qi Cheng,《犹太人自治区印象记(伯力通讯)》[Observation on the Jewish Self-Administrative Distinct],于《东方杂志》[The Eastern Miscellany],1935 年第 15 期[1935, Issue 15], 79。

作品看,“各方面描写犹太人的文字,却很可知道犹太人特性之一斑,并且也可明了一些犹太人被人厌恶排斥的情形”[①]。

(二)批判反犹主义

反犹主义在西方历史上,几乎可以同基督教的历史一样悠久。这种独特的社会文化现象,在 20 世纪愈演愈烈。《东方杂志》的许多文章对此进行了揭露批判。

1.反犹原因

犹太人亡国 2000 年,漂泊于世界各地[②],其“货殖之才能愈就发达,品性即益趋堕落,遂致所至均遭排斥”[③]。在中世纪欧洲,人们摒斥以银三十枚卖耶稣的犹大后裔,敌视专以货殖为事之犹太人,在客观上导致犹太人更加专注于在经济、金融领域发展。如此钱生钱,利滚利,贫富差距日益突出,使得犹太人愈加被欧洲人嫉妒。虽新思想家与旧思想家之思想判若霄壤,但“其排斥犹太人。则又全然一致”[④]。关于反犹的经济政治原因,并不容易解决,这是因为犹太人“每有超国家的观念,在各国能做许多与当地习惯风俗道德不合的营利事业。这却是欧洲所以有排犹运动的一因。其次于政治方面,也每有一部分犹太人干国际的,革命的,或破坏的运动。……亦是引起排犹运动的一因”[⑤]。

2.历史与现状

欧洲的排犹运动,绝非空谈,一些作者认为,一部分欧洲人对于犹太人深恶痛绝,竟把他们当作蛇蝎与吸血鬼看待,东方人若不到西方去走走,往往不容易明白其中的情形。在“今日德国之每一城中,犹太人成为毫无抵抗之虐待目标”[⑥]。犹太人之受迫害为其他民族前所未有,“始发难者为英吉利人,既放逐犹太人于邦土之外。而窘迫之方,亦臻于极地。他国之人,尤而效之。使其同种之民,不相聚处。又特定一例,以防其人口之增进。非与此例相合者,则不得嫁娶。如是以后,苛例更多。凡犹太人在政治上之权利,全被摈除。而所享之公民权,亦所余无几焉”[⑦]。在近二百年的历史上,犹太人中出现了不少著名人物,然而,

---

① 俞颂华,《犹太人与犹太的复兴运动》,21。

② 参见君实 Jun Shi,《民族势力伸展之三式》[Three Ways of National Expansion],于《东方杂志》[The Eastern Miscellany],1919 年第 9 期[1919, Issue 9], 31。

③ 《犹太人之未来》,55。

④ 《犹太人之未来》,49。

⑤ 俞颂华,《犹太人与犹太的复兴运动》,23。

⑥ 潘楚基 Pan Chuji:《犹太人在德国》[Jews in Germany],于《东方杂志》[The Eastern Miscellany],1938 年第 20 期[1938, Issue 20], 90。

⑦ 威廉·屈兰德,《犹太人与中国人》, 40。

“在欧美,不特是绅士太太们提起了犹太二字,要故意将重音改变一下表示轻蔑,即在劳动阶级中,这种民族仇视的心理亦是很深的,任你是百万富翁的犹太人,一个赤手的劳动者可以大胆地唾骂他”①。

3.具体事例

欧洲的反犹运动,已成燎原之势,而俄国的反犹,其野蛮残酷,近代欧洲历史所仅见。犹太人在俄国,“凡兵役期满后之犹民,舍绞首外,于俄人无所用也。犹太之妇女,舍供哥萨克兵之侮弄外,于俄人亦无所用也”②。俄国曾是世界上犹太人最多的国家,但是犹太人没有基本的公民权利,例如“犹太人不得有地皮房屋等不动产之所有权,不准迁移至一定区域以外,制限职业之种类。不得就公职及充海陆军将校等。故犹太人在俄国前政府时代,备受俄政府之虐待、俄国民之轻蔑,完全为寄人篱下之人民”③。正是因为这样,犹太人“铤而走险,投入革命运动者,果谁之咎乎?此……非数百年以来备受虐待侮辱陷于不得见天日之惨境之犹太人之罪。而实为凌辱犹太人之俄国前政府与为偏狭之宗教家所惑嫌恶犹太人之俄罗斯人本身之罪也”④。纳粹德国的排犹情况更令人震惊:凡犹太人必佩戴黄色大卫星以示区别;凡犹太人不得与雅利安人结婚,已结婚者应一律离婚;犹太人不得入戏院及一切娱乐场所;德国官方厅有处分犹太人之商业及房屋财产之全权;犹太人不得进入书店;等等。⑤ 此外,欧洲其他国家“亦莫不有排犹的举动,不过程度上各有不同罢了”⑥。瑞士、波兰、奥地利、意大利等国都发生过迫害犹太人的行动。⑦

---

① 其城,《犹太人自治区印象记(伯力通讯)》,73。

② 《犹太人之呼吁声》,33。

③ 《欧俄之真相》[The Truth of Russia],善斋 Shan Zhai 译,于《东方杂志》[The Eastern Miscellany],1919年第12期[1919, Issue 12], 83。

④ 《欧俄之真相:犹太人之天下》,84。

⑤ 参见贺益文 He Yiwen,《犹太民族问题》[Jewish National Problem],于《东方杂志》[The Eastern Miscellany],1939年第12期[1939, Issue 12], 12—13。

⑥ 俞颂华,《犹太人与犹太的复兴运动》,23。

⑦ 参见《美俄关于犹太人问题之交涉》[American-Russian Dispute on Jewish Problem],于《东方杂志》[The Eastern Miscellany],1912年第11期[1912, Issue 11], 6;《外国大事记》[Report on Foreign Issues],于《东方杂志》[The Eastern Miscellany], 1919年第2期[1919, Issue 2], 231;《世界小讽刺》[World Small Irony],于《东方杂志》[The Eastern Miscellany],1938年第18期[1938, Issue 18], 52;泽炎 Ze Yan,《意大利犹太人所受的苛例》[Italian Jews Harshly Laws],于《东方杂志》[The Eastern Miscellany],1939年第4期[1939, Issue 4], 7。

4.影响

犹太人虽失去了政治地位,却可以用经济力量掌控世界。"虽世界之人,百出其力以反对,而犹太人已发明一抵御之利器。利器惟何?即金钱是已。以金钱势力之伟大,故自来犹太人,皆以积聚金钱为事。会几何时,皆演进为大资本家。笃而论之,今日之犹太人,实全世界之财政官也。行政总长之造预算案也,非与犹太人协商不可。以犹太人足以支配金融也。国际协约之订定也。非三国以上之元首。各与一犹太人议之不可。以犹太人之势力。在各国元首之上也。"[①]犹太人贪婪寡情,机智明达,益臻精致,"彼迷信宗教之民众,究非专业商贾者之敌,于是利上生利,社会之金钱,悉流入于犹太人区域之内"[②]。

(三)犹太复国主义运动

也许是出于对反犹主义的回击,也许是由于对故土的深深依恋,也许是犹太思想家先知般的迷人魅力,19 世纪末至 20 世纪,千年以来的四外漂泊,"犹太人所缺憾者。不过无独立的国家耳"[③]。精神与现实的渴望,使当时欧美各国犹太人的复国运动此起彼伏。

1.原因

概括来说,"所谓犹太复兴运动,简直是犹太人回到故乡去殖民的运动"[④]。一个民族倘使没有自己的栖息之所,总是寄人篱下,实在是一件很不幸的事情。犹太人"既然有了这样的运动,便可以弥补他们一向没有家乡可归的一种很大的缺陷了"[⑤]。他们成立了犹太复国主义组织,"帮助自己本族里的人,回到巴力斯坦去开辟一个新天地"[⑥]。1948 年,"五月十四日犹太人国民议会在台拉维夫发表宣言成立以色列国,由复国运动元老魏兹曼当选总统"[⑦]。所罗门之鸿业,"竟复兴于二十世纪之世界"[⑧]。

---

① 威廉·屈兰,《犹太人与中国人》,40。

② 《犹太人之未来》,48。

③ 威廉·屈兰德,《犹太人与中国人》;《爱因斯坦热心于犹太民族的复兴》[Einstein Interested in Jewish Restoration],于《东方杂志》[The Eastern Miscellany],1929 年第 18 期[1929, Issue 18], 41;化鲁 Hua Lu:《英帝国主义与犹太民族》[British Empire and Jewish Nation],于《东方杂志》[The Eastern Miscellany],1927 年第 23 期[1927, Issue 23],5—6。

④ 俞颂华 ,《犹太人与犹太的复兴运动》, 24,

⑤ 俞颂华,《犹太人与犹太的复兴运动》,27。

⑥ 颂华 Song Hua:《巴力斯坦地方亚剌伯人与犹太人的民族运动》[Arab and Jewish Nationalism in Palestine],于《东方杂志》[The Eastern Miscellany],1928 年第 8 期[1928, Issue 8], 33。

⑦ 《圣城烽火》[War in Holy City],于《东方杂志》[The Eastern Miscellany],1948 年第 7 期[1948, Issue 7], 1。

⑧ 《犹太人之呼吁声》,37。

2.俄国犹太人向巴勒斯坦的移民运动

作为当时犹太人口最多的国家,俄国是犹太复国主义的重要地区。原因方面,俄国革命使"这上三百万的犹太人便马上觉着地位低落毁灭了,所有资生之具也都被剥夺净尽了。遂有所谓'犹太人的移殖运动'发生"[①]。这一移民运动现已成为犹太民族一致的运动,它的用意是产生另一种生活的职业,以代替那种因大战与革命而遭毁灭的职业。结果方面,俄国犹太人在过去 6 年间,在经济上产生的改变是惊人的,他们"移殖运动的成就在近代历史上是少见的"[②]。东欧数百万犹太人已将犹太移民运动当作一种"犹太民族主义"的新希望、新目的。其在近代犹太人的生活中,已成为重要的一部分。这种移殖运动在俄国之所以成功的三个原因:一是先驱移民者能够忍受种种艰难困苦,二是政府和其他犹太社会机构的帮助,三是得力于全世界犹太慈善团体。[③] 一些散居在世界各处的犹太人积极投身于民族复兴的经济与文化事业,"自助与互助都是民族运动中所以制胜的要素,这是我们从犹太的民族运动中可以看得很分明的"[④]。

3. 评价

犹太人失去故土千年,其人民不屈不挠,恢复故国,重建家园,自信有完全国民之资格。由此观之,"盖一民族之有国民资格与否,惟视其民之自视如何。今则犹民固自视有国民之资格矣,则其足为完全之国民,固无疑也"[⑤]。即使有学者怀疑犹太民族想要建国的理想,完全是"遥遥无期",亦会肯定犹太人的民族运动在巴勒斯坦所以有相当成绩的原因是:人民大半识字读书;能够自助并彼此互助;能够成为有组织的运动;有忍耐力;各种事业有专家的指导;该地的居民有公共目的,能按公定的方案一直进行。[⑥]

(四)中国人对欧洲犹太难民的救助

20 世纪 30 年代,一些欧洲犹太难民避难于中国,对于这件事的报道与评论,在中国出版的许多中外报刊中都有较为详细的报道,《东方杂志》自然也不例外。德国犹太难民移居上海,始于 1934 年春季。"去年奥国被并后奥籍犹太难民又有陆续来沪的。总计沪埠的犹太人约在五六千左右……今年春闻准备陆续

① 育干 Yu Gan,《俄国犹太人的移殖运动》[Russian Jews' Movement],于《东方杂志》[The Eastern Miscellany],1928 年第 11 期[1928, Issue 11], 4。

② 东序 Dong Xu,《在苏联的犹太人》[Jews in Russia],于《东方杂志》[The Eastern Miscellany],1931 年第 18 期[1931, Issue 18], 75。

③ 育干,《俄国犹太人的移殖运动》,5。

④ 颂华,《巴力斯坦地方亚剌伯人与犹太人的民族运动》,36。

⑤ 《犹太人之呼吁声》,32。

⑥ 颂华,《巴力斯坦地方亚剌伯人与犹太人的民族运动》,39。

来沪的,据说尚有四五千名之多。”因此“成为一个很严重的社会问题”[①]。《东方杂志》评论道:“日方对于犹太民族毫无好感。我们以‘推己及人’的心理。对于来上海的犹太难民表示深切的同情。……现在已有七位曾在德奥业医的犹太难民,预备到我们的后方医院服务。”[②]

(五)犹太人问题对中国人的启示

犹太人虽是亡国亡家,尚且能依旧奋斗,中国作为“有国有家之民族,尤当努力奋斗,发扬蹈厉,以图自强不息之进步。盖亡国亡家者之努力奋斗,往往事倍功半。而有国有家者之努力斗奋,则其为效,事半而功倍。我敢信我们中国的同胞对于开发本国的宝藏,促进本国的文化,如果能够具有犹太人对于他们复兴运动那样的热心与毅力,则收效之宏,远在犹民复兴故土之上。这是毫无疑义,而我们中国的同胞所宜着实反省的”[③]。一个民族“立于大地之上,必定要能够自强不息,方能源远流长,永久立于不败之地”[④]。与犹太人相比,中国人不是要回到旧历史,而是“将构造一新历史。此新历史中,吾辈西人,亦将分其甘苦”[⑤]。

三、《新华日报》和《中央日报》等关于犹太人问题的报道评论

《新华日报》《解放日报》与《中央日报》《中央周报》(1938 年 8 月改名为《中央周刊》)作为政治党派的机关刊物或党内刊物,对于犹太人问题的报道在一个重要侧面反映了政府对于犹太人的态度,值得人们关注。两者报道的时间主要集中于 1938—1942 年,共产党的报道在数量上明显超过国民党,而且,报道内容集中于对德国反犹问题的报道与评论。

(一)纳粹德国反犹运动具体情况

纳粹党统治下的德国是犹太人的地狱,犹太人“在德国简直是处于非人的境地。犹太人在德国随时随地都可以受到惨无人道的践踏和侮辱,因此,从一九三三年希特勒登台以后,犹太人逃出德国的已有五十万人”[⑥]。

---

① 贺益文 He Yiwen,《犹太民族问题》[Jewish National Problem],于《东方杂志》[The Eastern Miscellany],1939 年第 12 期[1939, Issue 12], 14。

② 贺益文,《犹太民族问题》,15。

③ 俞颂华,《犹太人与犹太的复兴运动》,28。

④ 颂华,《巴力斯坦地方亚剌伯人与犹太人的民族运动》,39。

⑤ 威廉·屈兰德,《犹太人与中国人》,46。

⑥ 《社论:德国反犹运动》[Germany Anti-Jews Movement],于《新华日报》[Xinhua Daily],1938 年 11 月 14 日[Nov. 14, 1938],第 1 版。

1.对纳粹德国大肆抓捕犹太人、焚毁犹太教堂商店的报道

《新华日报》对纳粹德国大肆抓捕犹太人、焚毁犹太教堂商店进行了详细报道:

> (中央社柏林十日路透电)德反犹太运动复炽,各处之犹太人会堂被焚多所,商店被毁者亦多,德当局捕获大批犹太人,柏林被焚之会堂共七所。(柏林十日电)今日柏林全城各犹太商店无一完整者,城北为犹太小贩集居之地,城西则犹太商店所在,两处但闻群众狂呼"膺惩犹太人"等语。犹太财产咸经破坏,捣窗劈户之声,几小时内不绝于耳。(中央社维也纳十日路透电)奥当局大捕犹太人,被捕者达五十人,犹太人会堂被炸者二所,被焚者十余所。(中央社维也纳十日路透电)今晨此间犹太人因奥当局反犹运动而自杀者,共二十二人。又今日有大批犹太人群赴英领馆领取护照,欲迁至英国,结果集候于英领馆外者均被逮捕。(中央社慕尼黑十日路透电)慕尼黑警长顷下令,禁止犹太人携带任何武器,否则即将受拘留二十年之处罚。①

德政府公布反犹法令后,种种反犹运动,日趋恶劣而普遍,已在"国际间引起极严重之反响"②。1945 年《解放日报》揭露纳粹 1942—1944 年,"屠杀了犹太人一百七十一万五千人"③。其他相关报道亦数量众多。④

---

① 《德奥反犹运动复炽》[Germany-Austin Began Anti-Jew Movement again],于《新华日报》[Xinhua Daily],1938 年 11 月 11 日[Nov. 11, 1938],第 3 版。

② 履冰 Lyu Bing,《时事评述:德国反犹之反响》[Reflection on Germany Anti-Jews],于《中央周刊》[Zhongyang Weekly],1938 年第 1 期[1938, Issue 1],16。

③ 《纳粹上西里西亚'刑场'》[Nazi Silesia Execution Place],于《解放日报》[Jiefang Daily],1945 年 2 月 9 日[Feb. 9, 1945]。

④ 参见《沪敌驱逐犹太人》[Enemy in Shanghai Exile Jews],于《解放日报》[Jiefang Daily],1941 年 8 月 8 日[Aug. 8, 1941];《莫斯科举行犹太人代表大会》[The Representative Conference of Jews in Moscow],于《解放日报》[Jiefang Daily],1941 年 8 月 30 日[Aug. 30, 1941];《东方各民族反法西斯代表大会的前夜》[Eastern Nations Anti-Fascism Conference],于《解放日报》[Jiefang Daily],1941 年 10 月 16 日[Oct. 16, 1941];《又一批犹太人在匈波罹难》[Death of Jews in Hungary and Poland],于《解放日报》[Jiefang Daily],1941 年 11 月 2 日[Nov. 2, 1941];《全世界犹太人之幸福在于反法西斯斗争胜利》[All Happiness of Jews Are Based on the Victory of Anti-Fascism],于《解放日报》[Jiefang Daily],1942 年1 月27 日[Jan. 27, 1942];《纳粹铁蹄下犹太人遭殃》[The Death of Jews under Nazi],于《解放日报》[Jiefang Daily],1942 年 3 月 5 日[Mar. 5, 1942];《纳粹铁蹄下继续放逐波兰犹太人》[Poland Jews Exiled in Nazi],于《解放日报》[Jiefang Daily],1942 年 7 月 29 日[Jul. 29, 1942];《纳粹驱犹运动》[Nazis' Jew Exile Movement],于《解放日报》[Jiefang Daily],1942 年 8 月 4 日[Aug. 4, 1942];《纳粹虐政》[Nazis' Horrible Policy],于《解放日报》[Jiefang Daily],1942 年 9 月 6 日[Sep. 6, 1942];《痛斥反犹暴行》[Against Anti-Jews Actions],于《解放日报》[Jiefang Daily],1942 年 9 月 19 日[Sep. 19, 1942];等等。

2.对弱者和无辜者被迫害的报道

在希特勒的咆哮“犹太人是我们的毁灭”后面的是对犹太人的虐待,“这些虐待,并不限于有权利的犹太领袖人物,或是那些危害希特勒统治的人,婴儿,老年人或者孱弱的人都不被宽容”[①]。在被德国法西斯侵略者占领的欧洲各国领土上,实施犹太人民完全灭绝计划,已经屠杀了“几十万男人女人和孩子们”。这种针对“几千万和平公民实行集体灭绝的骇人听闻”的暴行,无所不用其极,迫害对象甚至包括已经“被动员参加希特勒附庸国军队里去的犹太人”[②]。纳粹当局公布了关于限制犹太人活动的命令,“犹人所开设之戏院及报社,均禁止活动,犹籍儿童不得入非犹太之学院,现犹人学校尚未启门”[③]。更早些时候,《中央周报》曾以犹太人在德国的悲惨处境晓谕国人,认为“与世无争,无(与)人无害之犹太人,乃以无祖国之保护,受此等空前侮辱”[④]。

3.对“碎玻璃之夜”的报道

德驻法公使馆秘书拉特被犹太青年杀害,德政府竟命令德籍犹太人赔偿十亿马克。“凡犹太人一切反对德国态度,乃至暗杀等等,均应严加制止,并处以罚金。”[⑤]“昨日德反犹太运动后,犹太人所受损失,约在一千万马克以上。”[⑥]

(二)两个引人深思的事例

在纽伦堡所有犹太商店的前面贴着“光顾犹太商店的,不是谦让的德国人,而是犹太恶棍”的标语。纳粹声明“任何不同意纳粹政策的人——任何看护着自由之梦的纲领或者信条——都被称为‘国际犹太人的工具’”[⑦]。《新华日报》和《中央日报》还刊有另外两则发人深省的反犹事例。

事例1:专门为犹太人设的“黄色长凳”。在德国,“各公园都有两种颜色不同的椅子,一种是绿色的,上面有一行字是:‘非为犹太人而设’。一种是黄色的,

① 威廉都德:《德国反犹暴行目击记》[Report on German Anti-Jews Violence],于《新华日报》[Xinhua Daily],1938年11月14日[Nov. 14, 1938],第4版。

② 《滔天罪行,纳粹灭绝犹太人》[Holocaust Part One],于《新华日报》[Xinhua Daily],1942年12月24日[Dec. 24, 1942],第3版。

③ 《德法西斯当局压制犹太人民运动》[German Fascism on Jewish Movement],于《新华日报》[Xinhua Daily],1938年11月13日[Nov. 13, 1938],第3版。

④ 《犹太人可资殷鉴》[Report on Jewish Investment],于《中央周报》[Zhongyang Weekly],1933年第13期[1933, Issue 13],13。类似文章还有斯坦伯格M. Steinberg,《呜呼犹太人》[Jewish Voice],禹君[Yu Jun]译,于《中央周报》[Zhongyang Weekly],1933年第48期[1933, Issue 48],23—35。

⑤ 《德国反犹问题》[German Anti-Jew Problem],于《新华日报》[Xinhua Daily],1938年11月14日[Nov. 14, 1938],第3版。

⑥ 《德法西斯发动下 反犹运动日益猖狂》[The Anti-Semitism Become Furious Increasingly Launched by German Fascists],于《新华日报》[Xinhua Daily],1938年11月12日[Nov. 12, 1938],第3版。

⑦ 威廉都德:《德国反犹暴行目击记》。

上书'专为犹太人而设'"[①]。就连那些久经战场之犹太兵士的子女亦坐在黄漆的长凳上,被耻辱地称为"你,犹太人"[②]。

事例2:"拒绝犹太人"的商店老板。在德国的某城,有家出售鸡鸭鱼类的商店,"常和该地的中国学生们交易,竟异想天开,以为所有的非雅利安人都是犹太人,索性挂了一块'只和雅利安人交易'的牌子,从此所有的中国人当然都不上门了。有一天商店的主人在路上遇见了一位中国学生,他惊奇的问为什么中国人不再买他的东西,那位同胞说明原委之后,他便连忙道歉,回去把牌子上的字也改成'不和犹太人交易'了"[③]。

(三)对纳粹德国反犹原因的讨论

在20世纪新时代的光天化日下,德国"能够发生这样有组织的狂暴行为,这真是很使人诧异的事"[④]。"从国社党执政以来,至少有两万犹太人被抛进集中营,从来没有一个拥有统治权的现代国家,像这样野蛮地专心于消灭自己的国民,这样从容地违犯人性和文化。"[⑤]

1.反犹的直接原因

重要的反犹事件"碎玻璃之夜"发生后不久,《中央周刊》就已经开始讨论其发生的原因,反应之快令人惊叹。"此次反犹事件发生之近因,乃因生长于德国哈诺瓦之波兰籍犹太人,名格林斯班者,年甫十七,于七日在巴黎之德国驻法大使馆内,出枪狙击德大使馆秘书拉特,并高呼'予决为犹太人复仇'口号,拉特身受重伤,旋于九日毙命。当其死耗传至德国后,德全国各地均普遍发生反犹大示威运动。"[⑥]

2.反犹的根本原因

《新华日报》认为,这些野蛮举动很明显是法西斯德国当局所组织的,是法西斯强盗抢掠财富的一种方法。"这次事件的真正原因,要从德国内部生活中去寻找,要从国社党统治日益动摇和不安中去寻找。"他们"一方面转移国内人民的注意力,同时使国内人民的愤怒和不满的情绪可以向外发泄"[⑦]。《中央周刊》认

---

① 《犹人无功于德国吗?》[Did Germany Owe Nothing to the Jews],于《中央日报》[Zhongyang Weekly],1941年6月30日[Jun. 30, 1941],第3版。

② 威廉都德:《德国反犹暴行目击记》。

③ 《犹人无功于德国吗?》。

④ 《社论:德国反犹运动》。

⑤ 威廉都德:《德国反犹暴行目击记》。

⑥ 履冰,《时事评述:德国反犹之反响》。

⑦ 《社论:德国反犹运动》[Leading Article German Anti-Jews Movement],于《新华日报》[Xinhua Daily],1938年11月14日[Nov. 14, 1938],第1版。

为:“国社党,本以反对犹太人为国策之一,故自国社党执政以来,居留德境之犹太人,或受法律之限制,或遭环境之压迫,因而被迫离德者,不知若干万千;未能离德者,则所忍受之虐待与苦痛,与日俱增。近来德又发生普遍激烈之反犹运动……非偶然出之者也。”①

3.希特勒的反犹思想

事实上,德国反犹运动“没有得到全体人民的同意,这种集体的虐待,完全发动于希特勒自己,他看见到了屈服的耻辱的德国,被战败所昏迷了,他需要一个在国内的‘替罪羊’泄尽他挫伤的国家情绪”。希特勒“复活了那古老的几乎熄灭了的‘犹太恨’,把‘犹太恨’变成‘纳粹’机器的润滑油和燃料”②。希特勒在《我的奋斗》中认为犹太人“是日耳曼民族的公敌,他们是剥削劳动者的资本家,他们又是煽惑劳动者的共产主义者,他们在上次大战前鼓动英国反对德国,他们腐败了各国的政治,便是此次大战,也是因为英美受了犹太政治家的唆使”③。希特勒将老老少少无辜的人民从肉体上灭绝的计划,充分证明希特勒的反犹宣传是“企图用这样的手段来转移德国人民对于法西斯德国临头大难的注意,而这种大难的日益逼近,已越过越明显了”④。世上恶魔所能想象之事,“希特勒无不以之付诸实施”⑤。

(四)世界各国对德国反犹的反应

德国的反犹引起了广泛的抗议浪潮,“使全世界先进人类对于德国法西斯野兽增加无穷的愤怒,对于苦难中的犹太籍人民寄予热烈的同情”⑥。从法兰西、挪威、捷克和荷兰传来的消息称,其对“被驱逐到波兰去受屠杀的犹太家属,表示热烈的同情”⑦。在瑞典“就已发生了对挪威境内实行驱逐并且灭绝犹太人表示抗议的运动。瑞典主教发出呼吁,反对希特勒匪党的野蛮,号召人民起来维护遭遇苦难势将灭绝的犹太人”⑧。《中央日报》质问道:“犹太人真是无功于德国吗?在上次大战中,曾有八万个犹太人为德国上过战场,许多的犹太学者替德国学术界争了无数的光,……以物理学和医学著称的哥定根大学,所以能在世界闻名,

① 履冰,《时事评述:德国反犹之反响》。

② 威廉都德:《德国反犹暴行目击记》。

③ 《犹人无功于德国吗?》。

④ 《滔天罪行,纳粹灭绝犹太人》(续)[Holocaust Part Two],于《新华日报》[Xinhua Daily],1942年12月25日[Dec. 25, 1942],第3版。

⑤ 《德续捕犹太人民》[German Continue Arrest Jews],于《新华日报》[Xinhua Daily],1938年11月13日[Nov. 13, 1938],第3版。

⑥ 《社论:德国反犹运动》。

⑦ 《滔天罪行,纳粹灭绝犹太人》(续)。

⑧ 《滔天罪行,纳粹灭绝犹太人》(续)。

实是一般犹太教授的力量。"[①]在这个过程中,《新华日报》和《中央日报》集中于对英美俄抗议纳粹反犹的报道。

1.英国的反应

对于德国的反犹,英国舆论界表示了异议,《泰晤士报》认为"'德国虐待无抵抗之民族,将其财产烧毁,实与德之声望有损。'《每日电讯》亦称:'德国自置于野蛮行为之境地,使文明世界,咸感惊惶',其余各报之论调,亦大都对德表示恶感"[②]。英国的一些重要报纸认为,希特勒不只向犹太人挑衅,也是向天主教徒及全世界挑衅,"德国法西斯对于犹太人的迫害。只能加强德国人民及全世界爱好和平人士对它的反抗,并且促进它的崩溃"[③]。当德国国社党机关报声称"'犹人反德,英保守党极右派领袖丘吉尔,前首相艾登,前海相特夫古柏诸人,均应负其责任'"时,"英国大为愤怒,除令驻德代办福勃斯向德抗议外,英德谈判并暂告停顿,可见此事已影响于英德邦交"[④]。德国各地发生反犹太运动后,英各报表示不满,英德关系受到了影响。[⑤] 英国自由党领袖辛克莱对美发表广播演说,在谈到德国反犹太运动时说:"吾人应努力解决民族间相互复仇之问题,吾人应明白晓谕德国,如德国欲求各国之友谊,则必须停止以盗贼行为加诸犹太人,迅即停止对犹太人之苛政。"[⑥]数千英国共产党员在海德公园游行示威,决议谴责德反犹之恐怖运动。[⑦]

2.美国的反应

美国对"德排犹运动极为关心,各报皆载有文字痛加斥责"[⑧]。美国前总统胡佛对德外交部抗议,总统罗斯福更是宣称:"最近数月来德国方面传来之消息,不论来自何处,均当在此间引起同样之反响。则以予本人而言,实不信此二十世纪中竟发生此种情事。"同时,罗斯福"已转请赫尔国务卿,电召美驻德大使威尔

① 《犹人无功于德国吗?》。

② 转引自履冰,《时事评述:德国反犹之反响》。

③ 《社论:德国反犹运动》。

④ 履冰,《时事评述:德国反犹之反响》。

⑤ 《德法西斯当局压制犹太人民运动》[German Fascism Suppressed Jewish Movement],于《新华日报》[Xinhua Daily],1938年11月13日[Nov. 13, 1938],第3版。

⑥ 《英自由党领袖演说》[The Speech of the Leader of British Liberal Party],于《新华日报》[Xinhua Daily],1938年11月13日[Nov. 13, 1938],第3版。

⑦ 《反对德压迫犹民族》[Against Germans' Oppression of Jews],于《新华日报》[Xinhua Daily],1938年11月15日[Jan. 15, 1938],第3版。

⑧ 《德续捕犹太人民》。

逊反国报告外，并云美使何时返任，尚不可知，以示对德不满”[①]。可以说，“德国此举，系恢复其野蛮时代之所为”[②]。

3.苏联的反应

《新华日报》报道说，纳粹德国是犹太少数民族受压迫和磨难的地狱，纳粹党如同杀人掠货的强盗。白俄罗斯人和俄罗斯人对于被迫害中的犹太人给予了很大援助。希特勒用种种手段灌输民众的种族成见，“岂但没有加强，反而消灭了，成为希特勒匪党压迫和种族仇恨的一切牺牲者之间的休戚相关和互助，却巩固起来了”[③]。《新华日报》的态度非常鲜明，并将德国与日本直接联系起来，“这次暴行，更证明季米托洛夫同志的话：‘最反动的法西斯主义，就是德国希特勒的法西斯主义。’更指示出：反对德国法西斯强盗及其腥血的同盟者——日本法西斯军阀，不仅是德国和中国人民的任务，而且是全世界一切进步人士的任务”[④]。

4.德国人民的反应

柏林举行反犹太运动，捣毁犹太人商店一举，即使反犹太主义人士，亦对此深为不满。[⑤] 大多数人民“显已发生深刻印象，但均敢怒而不敢言，并深居简出，以免波及”[⑥]。记者与德国人交谈，得知一般民众对暴徒捣毁犹太人财产事件，“均取惊异之态度，仅有极少数人对此表示赞成。甚至若干国社党党员，亦向外籍记者表示此举之不妥。惟亦有一部分德人，认为德对犹应采更为严厉之手段”[⑦]。德国“国社党企图利用狭义爱国主义的煽惑来哄瞒德国人民，但是德国人民却愿意和全世界工人及一切爱好和平人士一致斗争去扑灭法西斯主义，以铲除战争的祸首”[⑧]。德国各处“焚烧犹太人住宅和教堂的事件发生，残暴的情形，甚至连许多和善的德国人都为之不平，用广播指斥这种举动的不人道”[⑨]。

综上，《新华日报》《解放日报》与《中央日报》《中央周刊》对纳粹反犹的报道是及时和客观的。对于世界各国，尤其是英、美、俄之于德国反犹的不同立场，是

---

① 履冰，《时事评述：德国反犹之反响》。此外，还有《德法西斯当局压制犹太人民运动》；《反对德压迫犹民族》。

② 《反对德压迫犹民族》。

③ 《滔天罪行，纳粹灭绝犹太人》(续)。

④ 《社论：德国反犹运动》。

⑤ 《德法西斯当局压制犹太人民运动》。

⑥ 《德法西斯发动下 反犹运动日益猖狂》。

⑦ 《反对德压迫犹民族》。

⑧ 《新华日报》[Xinhua Daily]，1938 年 11 月 14 日[Nov. 14, 1938]，第 1 版。头版大字标题。

⑨ 《犹人无功于德国吗?》。

积极肯定的。[①] 前者对于德国反犹的报道明显多于后者,这无疑与国民政府与德国当时的暧昧外交政策相关。[②] 但是,前者的许多报道,虽然有自己的主张与特点,但许多是以转述国民党通讯社的形式进行的,暗示了国共两党在对犹问题上的一致性,说明了国内思想在这一问题上的主流倾向。这也是 20 世纪 30—40 年代中国众多报刊对于纳粹统治下的犹太难民的基本态度,即鲜明的人道主义色彩。

结论

通过以上论述,可以发现近代中国人的关注重心从最早的开封犹太人开始,发展到二战时期逃亡到上海的犹太难民。尤其是在这一时期,对于犹太民族遭受迫害和苦难的报道数量非常之多、评论非常全面,中国人对犹太人的态度总体上非常友好。

第一,从发表的报纸、期刊、图书的数量来看,20 世纪早期是近代中国人对犹太人了解最集中的一个时期。[③] 自 20 世纪初,中国开始经历战乱、革命和自然灾害之后,有学者得出结论:"只有一小群知识分子在考虑与犹太人相关的问题,大多数普通民众既无机会也无兴趣了解这个与他们鲜有接触的、似乎地处偏远的民族的故事。"[④]但是,笔者认为,这一判断仍过于抽象、脱离中国的实际,试问类似"犹太人问题"的问题,如果不通过文字和依靠知识分子,在近代中国如何可能? 大量报刊所对于犹太人的介绍评论,无疑对于更大范围内的国人认识犹太人的历史文化起到了重要的推动作用。作为一个重要标志,大量报刊的介绍评论无疑显示出国人认识犹太人历史与现实的广泛性和深入性。这其中还没有

① 李长林 Li Changlin,《中国报刊对德国纳粹反犹暴行的揭露与谴责》[The Disclosure and Condemn from Chinese Print House on German Nazi Ant-Jews Violence],收录于《来华犹太难民资料档案精编(第四卷):专家视点》[Sources on Jewish Refugees in China: Academic Perspectives, Vol. Ⅳ],潘光 Pan Guang 主编(上海[Shanghai]:上海交通大学出版社[Shanghai Jiao Tong University Press],2017),31—42。

② 陈仁霞 Chen Renxia,《中德日三角关系研究(1936—1938)》[The Study on the Relationship between China, Germany and Japan, 1936-1938](北京[Beijing]:生活·读书·新知三联书店[SDX Joint Publishing Company],2003)。

③ "A Jews in China: A Bibliography," *Yenching Journal of Social Studies*, (Jan.1939);杨海军 Yang Haijun,《中国犹太人研究 80 年》[Study on Chinese Jews over 80 Years],于《中国社会科学》[Social Sciences in China],1994 年第 3 期[1934, Issue 3]。

④ Xiao Xian, "An Overview of Chinese Impressions of and Attitudes toward Jews before 1949," in *The Jews of China: Volume Two, A Sourcebook and Research Guide*, ed. Jonathan Goldstein (Armonk: M.E. Sharpe,2000), 37.

包括数千篇外文报道对于犹太人的述评。国人的眼光从生活在中国大地上的犹太人，逐步转向对世界的犹太人历史现实的认识，促进了中西方政治、经济、文化交往的展开与深入，有深远的意义。

第二，从这一时期出版、发表的图书和文章的质量和内容来看，其涉及当时世界和中国犹太人的各个方面。中国的现代犹太人历史文化研究集中在 20 世纪 90 年代以后，许多高校和研究机构被建立起来，大量高水准的著作被出版。但是，这并不意味着近代中国的犹太研究就是白纸一张，而且，这一时期对国内外犹太人的研究，已经达到了相当高的水准。例如，虽然当时的中国学者只是把开封犹太人当作穆斯林或"一个自古存在的、小型的、神秘的和特别的宗教派别"①。但是，这些文章的讨论对象却是一个具有国际性的学术话题。面对这样的研究，陈垣先生的《开封一赐业教考》、翁独健先生的《斡脱杂考》②等直到今天，恐怕仍然不能被国外内学者忽视。同理，郭和先生翻译马克思的《论犹太人问题》③、倪秀章先生翻译的《犹太民族史》④等，或是被重新出版，或是仍得到现在的研究者的重视，这些都是近代中国犹太研究仍具有重要影响力的证明。

第三，这个时期，也是百年中国面临犹太人问题最具实践性的时期。无论是因为中东铁路而来到哈尔滨的犹太人、躲避纳粹排犹到达上海的犹太人，还是国民政府为接纳犹太人而出台的对犹政策，中国人对于犹太人的认识与了解，都伴随强烈的现实属性。中国的领导者和知识分子在接触到犹太复国主义之后，对犹太人的总体态度是支持与同情的。他们希望中国人能够学习犹太人的精神，不仅仅抵抗日本人的侵略，更要建立一个强大的中国、复兴民族的精神。

第四，近代中国报刊中存在少数对犹太人的偏见，甚至反犹主义论调。毫无疑问，中国人对犹太人的态度总体上是友好的，反犹主义在中国没有合适的土壤。肖宪先生认为，中国没有受到欧洲反犹思潮的"传染"，因为"当时中国与整个犹太民族交往不多，生活在中国的犹太人没有直接卷入中国政治和社会生活之中。所以这类反犹宣传并不能产生多大的影响。在犹太人较集中的上海、天津、哈尔滨等地确实也曾出现过一些针对犹太人的恶意宣传，但这些基本上都是

① Xiao Xian, "An Overview of Chinese Impressions of and Attitudes toward Jews before 1949," 34.

② 翁独健 Weng Dujian，《斡脱杂考》[Wo Tuo Zakao]，于《燕京学报》[Yanjing Academic Journal]，1941 年第 29 期[1941, Issue 29]，204—221。

③ 王兴辉 Wang Xinghui、郝菲菲 Hao Feifei，《〈论犹太人问题〉郭和译本考》[An Examination on Guo He's Version of *On Jewish Problem*]（沈阳[Shenyang]：辽宁教育出版社[Liaoning Education Press]，2019）。

④ 布拉恩 L. Browne，《犹太民族史》[History of Jewish Nation]，倪秀章 Ning Xiuzhang 译（北京[Beijing]：当代中国出版社[Contemporary China Publishing House]，2018）。

在当地对犹太人怀有敌意的其他外国人所为,如信仰法西斯主义的德国人、日本人以及白俄,而与中国人没有什么关系"[①]。潘光先生认为,中国人从来没有对犹太人有过宗教偏见和种族歧视。[②] 德国驻沪领事馆于 1940 年 1 月 11 日发给德国外交部的报告也为此提供了反证:"过去几年迅猛的犹太移民,并未激发接纳国的反犹情绪,这不符合期望与经验……他们作为可怜的受难者还被施以同情。"[③]与前面观点稍有不同,姚江鸿先生认为:"学界在研究来华犹太人时,往往过于强调中犹之间的友谊,以及中国文化具有包容性而无反犹主义,因而对历史上国人对犹太人的偏见避而不谈。……中国历史上没有反犹主义,但仍存在对犹太人的偏见。"[④]在高蓓眼中,"尽管中国不存在暴力的反犹主义,但是,将所有犹太人都视为有钱的人仍是一种柔性的反犹主义"[⑤]。关于中国存在反犹主义的问题,也曾得到当时的犹太领袖和后来的犹太裔研究者的注意。哈尔滨犹太人的领袖亚伯拉罕·约瑟弗维奇·考夫曼说,"《奉天时报》虽然对犹太人不无友好,但也不时出现反犹主义的攻击"[⑥];戴维克兰茨勒(David Kranzler)注意到了在中国日占区出现的反犹文章,但只是将之归结为"纳粹对日本政府的影响有了突破"[⑦]。曾在上海避难的威廉·肖特曼认为,尽管有中国人轻视或辱骂难民的行为,但中国人只是趁机对白人进行报复,而非受到反犹主义的煽动。[⑧]笔者认

① 肖宪,《近代中国对犹太人的了解和态度》。

② 潘光 Pan Guang,《犹太人在中国》[Jews in China](北京[Beijing]:五洲传播出版社[China Intercontinental Press],2001),131。

③ 埃里希·蒂斯 Erich Thies,《流亡与避难》[Exile and Asylum],马绎 Ma Yi、刘媛 Liu Yuan 译,https://culture.china.com/history/records/11170645/20160919/23571833_all.html,访问时间:2021 年 10 月 20 日。

④ 姚江鸿 Yao Jianghong,《抗战初期国民政府对犹太人的关注与处置》[National Government's Jews Policy in Anti-Japanese War],于《社会科学研究》[Social Science Research],2018 年第 6 期[2018, Issue 6]。

⑤ Gao Bei, *Shang Hai Sanctuary: Chinese and Japanese Policy toward European Jewish Refugees During World War Ⅱ* (New York: Oxford University Press, 2013), 29.

⑥ 亚伯拉罕·约瑟弗维奇·考夫曼 Abraham Josevich Kaufman,《我在哈尔滨的岁月:亚伯拉罕·约瑟弗维奇·考夫曼回忆录》[My Years in Harbin: Memoirs of Abraham Josevich Kaufman],李述笑 Li Shuxiao 编译(哈尔滨[Harbin]:哈尔滨出版社[Harbin Publishing House],2019), 319。

⑦ 戴维·克兰茨勒 David Kranzler,《上海犹太难民社区 1938—1945》[Janpanese, Nazis and Jews: The Jewish Refugee Community of Shanghai, 1938-1945],许步曾 Xu Buceng 译(上海[Shanghai]:上海生活·读书·新知三联书店[SJPC],1991),318。

⑧ 威廉·肖特曼 William Schurtman,《关于上海犹太难民社区的报告》[Report on the Jewish Refugee Community in Shanghai],收录于《来华犹太难民研究(1933—1945):史述、理论和模式》[Jewish Refugees in China(1933-1945): History, Perspectives and "China Model"],潘光 Pan Guang 主编(上海[Shanghai]:上海交通大学出版社[Shanghai Jiao Tong University Press],2017),54。

为，仅从本文第一部分列举的材料上看，近代中国文字上的反犹主义是客观存在、毋庸置疑的。但是，必须强调的是，这些文字上的反犹主义与纳粹的反犹主义完全不同，与欧洲的反犹主义有根本不同。原因很简单，中国不存在实践意义上的反犹主义。

综上，大量关于犹太人的报道、评论、研究报告出现在近代中国的图书、期刊、报纸中，涉及政治、经济、复国主义、反犹主义等诸多方面，无论是普通的报刊，还是国共两党的机关刊物或党内刊物，毋庸置疑地保持了对犹太人苦难的怜悯与同情。这些情况为二战时期国民政府出台富于人道主义精神的对犹政策①作了思想上的准备，为我们理解中国外交官何凤山②等对犹太人的救助埋下了伏笔。在客观上，为国人对犹太文化的更深层的了解作了必要准备。相比于这一时期日本当局通过拉拢中国犹太人，以达到改善日美关系、引进外国资金的对犹政策，近代中国对犹太人的态度更少实用主义特征，这也显示了两国政府在20世纪30年代末至40年代初对待犹太难民问题的巨大差异，彰显出中华文化对异质文明的同情与包容。

① 1939年5月9日，在国民政府国防最高委员会会议上，通过了立法院主席孙科提出的10万名贫困无助和无家可归的欧洲犹太难民在中国西南地区的定居计划。此计划由于安置资金、难民国籍、领事裁判权等方面的原因，没有实施。

② 何凤山(1901—1997)，国民政府外交官，1938年5月任驻奥地利总领事。1938年5月至1940年5月，何凤山为德国迫害下的犹太人发放签证数千份。2000年，以色列最高法院专门委员会授予何凤山“国际正义人士”称号。

A New Research of Modern Chinese People's Understanding of Jews

WANG Zhijun

Abstract: From the end of the 19th century to the first half of the 20th century, it was the most important period for modern Chinese people to understand Jews, and it was also the most practical period for Chinese to face Jewish question in the past century. Chinese people's understanding of Jews began with the perspective of Christian missionary, the introduction of Kaifeng Jews and the knowledge of diplomat. In terms of content, on the one hand, most Chinese newspapers and periodicals sympathize with the historical and realistic experiences of Jews, especially in the news related to the anti—Semitism of Czar Russia, the anti-Semitism of Nazi Germany and the Jewish refugees in Shanghai. On the other hand, influenced by the world anti-Semitic thought, some newspapers and periodicals connect Jews with money and control of news, and then connect Jews with controlling the world, which is also the understanding characteristics of modern Chinese people to Jews. There were a few prejudices against Jews and even anti-Semitism in modern Chinese newspapers and periodicals.

Key Words: Chinese, Jews, Understanding, Modern Times

浅析以色列海洋战略及其对以地缘政治格局的影响

钱程*

【摘要】以色列作为中东地区一个传统的“陆上强国”，其海洋政策长期以来并不被大众关注。然而由于其西临地中海，南扼红海出海口这一特殊的地理条件，其海洋政策也正逐渐为大众所熟知。自20世纪90年代中期以色列政府正式提出海洋战略以来，以政府在三个重要层面明晰了海洋战略：一是发展其对海上天然气的开采从而解决其能源需求，二是大力发展海军力量以保护其海洋资源，三是进行广泛的海水淡化以满足日常用水的需要。本文将主要探究以色列海洋战略的具体内涵及其面临的机遇和挑战。

【关键词】以色列；海洋战略；机遇；挑战

引言

以色列地处亚非欧三洲与红海、地中海之间，这一战略位置为其在世界民族史上塑造了一个特殊的角色。其海洋战略主要是指以色列在海洋政策、海上资源分配以及海军能力建设等领域的具体政策调整。这些领域的改变可能引发以色列与其周边邻国新的冲突，但同时也可能提供开展合作的机遇。以色列自20世纪90年代正式提出其“海洋战略”以来，对周边地区产生了不小的影响，既给周边国家带来了合作的机遇，促使双方围绕地中海进行了广泛深入的合作；但同时也给地区局势带来了不小的挑战，各方围绕海洋能源、海水淡化等问题龃龉不断、剑拔弩张，甚至一度兵戎相向。

* 钱程，战略支援部队信息工程大学讲师。

一、"海洋战略"的形成与制定

"必住在海口。"(《创世纪》49:13)

自以色列国成立之初"征服"海洋就已经成为其目标之一。以色列开国总理本-古里安曾说:"比起隔开各个民族的陆地,海洋是一体的,它使民族之间的联系更加亲密,它体现了人类的团结,打开了陆地无法企及的视野和天际。只有在广阔的海洋里,人们才能感受到自然的伟大和力量。如同我们必须化沙漠为绿洲一样,我们也必须征服海洋。"可见,海洋问题长期以来都是以色列政府关注的重点方向。①

自1948年以色列建国以来,其先后历经五次中东战争,"生存"问题始终摆在犹太人面前,其最大的安全威胁始终来自陆地。因此,如何能在中东地区"活下去"是历届政府的首要目标,政客们也更多地将目光投在陆上。他们认为只有通过不断发展陆上力量、加强自身实力,才能在强敌环伺的中东有自己的立足之地。

多年以来,以色列的地理位置未曾改变,但其面临的内部与外部环境却发生了翻天覆地的改变。首先,以色列的对外贸易有很大一部分是靠海路运输,因此需要保证海上贸易航线的安全,从而能够开拓新的贸易航线;其次,自20世纪90年代以来随着东地中海油气资源的勘探,以及近海海水淡化项目的不断开展,客观上也需要一个稳定的海洋环境;最后,海上恐怖主义问题日趋抬头。哈马斯和黎巴嫩真主党的火箭射程能够覆盖以色列近海的绝大部分区域,以色列要打击恐怖主义、维护国家安全,也迫切需要通过海洋来弥补其战略纵深。

随着以色列地缘政治形势的变化,以色列政府重新将目光投向海洋,于20世纪90年代正式提出"海洋利益",并制定了涉及海域各个方面的政策,此外以色列国防军也相应提出了自己的海军建设方案。

二、"海洋战略"的具体内涵

以色列拥有濒临地中海的196千米的海岸线以及濒临红海的14千米的海

① 沙乌勒·科勒夫 Shaul Chorev、埃胡德·高恩 Ehud Gonen,《海洋作为以色列力量的重要组成部分》[The Sea Is an Important Part of Israeli Power],马丹静 Ma danjing 译,收录于《以色列发展报告(2018)》[Blue Book of ISRAEL(2018)],张倩红 Zhang Qianhong 主编(北京[Bejing]:社会科学文献出版社[Social Sciences Academic Press],2018),113。

岸线，与黎巴嫩、加沙地带、埃及以及塞浦路斯共享地中海边界，并与约旦、埃及共享红海边界。在以色列建国以来的 70 多年时间里，海洋在其安全、能源市场以及发展政策层面并没有扮演重要角色。然而从 20 世纪 90 年代开始，以色列的政策制定者们开始将目光投向海洋。伴随丰富的海洋资源被勘探、海水资源淡化技术的发展以及海军力量的扩充，以色列政府自 1999 年以来开始致力于全面的海洋规划及相关的立法建设、广泛的港口建设、加强国际交流合作以及网络基础设施(基于海底光缆)等方面的发展，与此同时也加大了在海洋研究方面的投资力度。在此期间，以色列政府的海洋环境保护意识也有所提高，并颁布了新的捕鱼法规以及规划了几个大型海洋自然保护区。

(一)海洋能源开采

1999 年以来，以色列在地中海东部的专属经济区相继发现了几个大型的海上天然气田。这些大型气田的发现使得以色列逐渐由一个能源依赖型经济体转变成一个能源独立自给型经济体。以色列于 1999 年宣布其首批海上油气田——“Noa”和“Mary-B”(据估测总计有 450 亿立方米储量)，由以色列德莱克能源公司和美国得克萨斯诺贝尔能源公司共同运营。另外两个油气田——Tamar(2830 亿立方米)和 Dalit(70 亿—140 亿立方米)则于 2009 年被探明，并由德莱克能源公司以及以色列另外两家能源公司 Dor 和 Isramco Negeva 联合运营。[①] 以色列迄今为止探明储量最大的油气田 Leviathan(5350 亿立方米)则于 2010 年被发现，并交由上述四家能源公司联合运营。如今，天然气已经满足了以色列近 50%的发电量用气需求，许多工业公司也已经制定计划将天然气作为其主要能源。此外，以色列新探明的能源不仅满足了国内需求，也使其成为一个能源出口国。长期以来，许多欧盟国家以及土耳其依赖的化石能源主要来自俄罗斯和海湾国家，而这两个“能源输出地”由于其意识形态或政治局势的原因并不十分稳定。因此，来自以色列的油气资源可以成为其能源进口的“第三选择”。

2019 年，诺贝尔能源公司宣布实施一个新的发展计划，包括建设一个海上钻井平台来处理所有的天然气，并通过管道接入以色列能源网，取代原先计划的浮动式生产储卸船来运输能源。根据公司的安排，从 Leviathan 油气田产出的油气资源前期将主要供应以色列和约旦，可能会供应给巴勒斯坦。除了供应周边地区，该项目还包括两个可选项：第一是将天然气卖给英国天然气公司(British Gas，BG)，并通过管道出口至埃及的液化天然气站；第二则是将天然气通过直通管道出口至土耳其。由于以色列潜在的天然气供应量巨大，尽管约旦

① Khadduri, *East Mediterranean Gas*(London: Taylor & Francis Group, 2018), 23.

已和以色列签署天然气进口协议，但这仍不能满足以色列的出口需求。

此外，以色列还计划通过塞浦路斯和希腊连通欧洲，与欧盟和俄罗斯建立联系。由于特朗普政府对欧洲盟友的“抛弃”，美国在东地中海的影响逐渐下降，因此这些举措显得尤其重要。实际上，塞浦路斯在其专属经济区内也发现了丰富的油气资源，已经开始计划生产，并授权同样在以色列进行油气开发的能源公司进行油气资源开发，而这也成为两国在能源开采方面达成合作的一个重要契机。2016 年 8 月，以色列石油理事会批准了一项收购案，允许希腊 Energean 油气公司收购以色列德莱克能源公司旗下的 Karish 和 Tanin 两大油气田；2017 年 3 月，以色列、塞浦路斯、希腊和意大利四国签署联合协议，计划到 2025 年底修建一条连通欧洲和以色列的总长约 2000 千米的海底天然气管道，建成之后该管道也将成为世界上最长的同类型管道。①

除此之外，意大利公司 ENI，在埃及海域也发现了巨大的油气田 Zohr，并在 2015 年提出一项邀约，邀请以色列、埃及和塞浦路斯共同合作，在埃及建设一个辐射欧洲的天然气枢纽。当然，这项动议的前提是以色列必须为从 Zohr 油气田提取和运输油气提供必要的基础设施，目前来看，这个项目短期内没有实施的可能。

(二)大力发展海军力量

以色列“转向海洋”战略的第二个方面就是海军力量的扩充，主要体现在以海军任务的拓展和作战能力的提升上。在以色列国防军序列中，海军一直处于比较次要的地位，无论在规模、装备质量还是预算倾斜上都无法与空军和陆军相比。

以色列发展海军力量的首要任务就是将以海军潜艇部队建设成核威慑力量的基石。长期以来，以色列一直奉行“核模糊”政策，但众多消息来源显示以色列潜艇能够发射带有核弹头的弹道导弹，并拥有二次核打击能力。当前，以色列是中东地区唯一的有核国家，且正竭力防范另一个中东国家——伊朗获得核武器并拥有发射能力。据未公开报道，以色列的潜艇部队将被允许在靠近伊朗的外海部署打击力量。

在核领域，以色列曾同样对伊拉克表达了担忧。20 世纪 90 年代，伊拉克萨达姆政府从德国购买了六艘潜艇，并就后续潜在购买三艘展开了谈判，直至 2003 年第二次海湾战争爆发，萨达姆政权倒台，伊拉克才停止了在该领域的进一步发展。以色列潜艇部队前海军高级军官被任命为原子能委员会领导职务，

① E. Eiran, *Between Land and Sea: Space and Conflict Intensity. Territory, Politics* (New York: Governance, 2017), 46.

进一步表明了两者之间的特殊关系。[①] 据以色列海军司令阿里·沙维特透露，以色列将在 2025 年底接收六艘全新的“海豚级”柴电动力潜艇。

以色列海军的第二大任务就是在战争期间支援陆军和空军的行动。鉴于当前以色列国家安全面临的威胁性质，以色列国防军除执行常规战争任务外，还将承担诸如武器拦截、对军事设施精准打击或有针对性地暗杀地方军事领导人等非常规作战任务。这些行动通常并不仅仅在以色列境内实施，有时也在其他区域甚至全球范围内实施。这些任务的实施除了依靠国内的“摩萨德”和“辛贝特”等常规情报组织外，也需要一支高效且强大的海军来进行情报搜集、部署特种部队甚至海上拦截。事实上，早在 21 世纪初，以色列海军就已经具备对以色列外海相关船只进行封锁的能力。2006 年，以色列在加沙地带海域实施海上封锁，切断加沙地带与外界的海上交通；2010 年，以海军突袭检查了一艘试图突破封锁圈的土耳其船只，此次突袭检查造成九名土耳其人员丧生，并因此导致了土以两国近六年的外交紧张关系。

以色列海军的第三大任务就是保护以海上专属经济区内的油气资源以及保证输送油气资源至以色列海岸的各基础设施免遭破坏。鉴于此，以色列海军于 2018 年向德国订购了四艘“萨尔-6”型护卫舰，用于替代已经老化的“萨尔-5”型舰艇。其首艘新型护卫舰已于 2020 年 11 月交付以色列海军。凭借其更远的航程、更先进的雷达与火控系统，实力稍显薄弱的以色列海军得以补齐最后一块短板，大大增强了以海军执行多样化军事任务的能力。此外，以色列各大军工企业也已投入巨资开始研发能够保护输油管道、海水淡化站、民用港口等基础设施安全的无人战斗装置。

（三）海水淡化

淡水资源短缺几乎是中东地区所有国家都面临的一个重要挑战。对以色列而言，水资源短缺问题不仅是国内问题，而且是造成其与邻国关系紧张的一个重要原因。自 20 世纪 70 年代开始，以色列就在红海之滨的埃拉特建立了海水淡化站，但多年来由于人口数量激增、淡水资源管理不善、地下水盐碱化、水污染、气候干旱等因素，以色列迫切需要将目光投向地中海实施海水淡化，以满足日益增加的淡水用量需求。

2003 年，以色列政府批准了“国家纲要计划”(NOP)43/B/2，计划新建八座新的海水淡化站。2011 年，以政府又通过了 2789 号决议，就新海水淡化站的范围、造价以及采取措施减少对环境的破坏等进行了规定。目前，这些海水淡化站

① 彭树智 Peng Shuzhi，《中东国家和中东问题》[Middle East Countries and Middle East Issues]（开封[Kaifeng]：河南大学出版社[Henan University Press]，1991）。

由私人企业运营，依据达成的 BOT(Build-Operate-Transfer)协议，这些企业将在 25 年后把淡化站交还政府；只有一座淡化站(帕尔玛欣)与以政府达成的是 BOO(Build-Operate-Own)协议，根据协议这座淡化站将由私人永久拥有。① 而不论达成哪种协议，以色列海水资源淡化管理局都对所有海水淡化站实施有效监管。当前，以色列五个主要的海水淡化站——索雷克 A、哈代拉、阿什克伦、帕尔玛欣和阿什杜德，此外加上大约 30 个较小的工厂，每年的海水淡化量将达到 7.02 亿立方米。第六座海水淡化站索雷克 B 目前正在建设中，预计每年将额外供应 2.27 亿立方米的海水，使海水淡化量达到以色列年消耗量的 85%—90%。海水淡化技术以合理的成本(在索雷克 B 的招标中，水价设定为每立方米约 1.5 新谢克尔)将无限的海洋水源转变为高品质的饮用水。目前以色列海水反渗透淡化生产每立方米水的二氧化碳排放量估计为 1.4 千克至 1.8 千克。未来，随着太阳能技术逐步取代传统能源驱动淡化站，二氧化碳排放量有望进一步降低，以减轻对环境的污染。以色列目前采用的是最先进的反渗透淡化技术，根据计划，这六座海水淡化站将在 2050 年达成给以色列全境提供所有饮用淡水的目标。因此，以色列将不再面临水资源短缺问题。此外，在废水回收方面以色列处于世界领先地位，污水处理能力超过 80%，约 93%的废水得到回收，其中大部分可用于农业用途。

当前，对水资源的控制权和所有权已经成为造成以色列和邻国关系紧张的重要因素，尤其是与叙利亚、约旦和巴勒斯坦等有直接"水资源"利益冲突。加利利海的淡水、约旦河的地表径流以及巴勒斯坦的地下水资源都是各方争议的焦点。不难看出，以色列与邻国未来达成的和平协议必然包含关于淡水资源分配的安排。幸运的是，科学技术的飞速发展，大大降低了以色列海水淡化的成本，也为以色列彻底解决淡水资源短缺问题提供了一个合理的解决方案。因此，以色列淡水将从象征性的稀缺资源逐渐转变为市场导向型的外贸商品。

三、海洋战略对以色列地缘政治格局的影响

以色列"海洋战略"逐渐明晰，为邻国带来了共同发展的机遇，各方以经济利益为导向，共同开发离岸能源。海水淡化技术的进步提供了大量的生活用水，有助于解决该地区各国人民日常所需；但以海军力量的不断扩张，各方对海洋资源及领海主权的声索以及对以色列的过度依赖，也使得以方与各方在合作的道路上面临挑战，龃龉不断。

① A. J. Allan, "Hydro-Peace in the Middle East," *SAIS Review* 22 (October 2018): 36.

(一)以"海洋战略"带来的机遇

2017 年以来,特朗普在中东地区的"外交斡旋",使得冰封已久的阿以关系得以回暖,以色列先后与阿联酋、巴林、苏丹、摩洛哥等国实现关系正常化。2020 年 12 月,以色列正式加入由塞浦路斯、希腊、意大利、约旦、巴勒斯坦和埃及等国发起成立的区域天然气论坛——东地中海天然气论坛。在此背景下,黎巴嫩与以色列就海上边界划分、油气田资源开采等问题相互释放善意。同年,在美国的斡旋下,黎巴嫩和以色列就海上领土边界争端问题举行直接谈判,以色列派出由能源部长施泰尼茨领衔的高级代表团,黎巴嫩真主党也对此次谈判"大开绿灯",其发言人表示"我们只是关注能源问题,不涉及领土问题"。可以看出双方主要议题还是共同开发离岸能源。当前,以色列在地中海共运营两个大型天然气田:Tamar 和 Leviathan。计划中的第三大天然气田 Kadish 将在 2021 年建成投产,按照以能源部长的话说,届时以色列将首次实现能源自主,不再需要进口国外能源。[①]

尽管以色列与黎巴嫩真主党常年武装冲突不断,以色列也将其视为伊朗在该地区的战争代理人,黎以双方短期内还不可能实现政治和解,但随着未来共同开采离岸能源计划的实施,双边经济与能源合作逐渐深入,黎以双方逐渐脱离对抗、实现关系缓和,也极有可能。

约旦是继埃及之后第二个与以色列实现关系正常化的阿拉伯国家,历次中东战争使约旦认识到不应该将自身与巴勒斯坦问题绑架,与以色列的长期对抗无助于地区和平,也无益于自身的稳定发展。特别是年轻国王阿卜杜拉二世更是抛开意识形态与阿以民族对立,采用更加务实的态度处理约以关系。2006 年,时任以色列总理奥尔默特和副总理佩雷斯更是先后访问约旦,打破了阿以之间领导人互不接触的僵局,创造了历史。其后,两国在众多领域开展积极合作,堪称中东地区阿以合作的典范。

近年来,以色列在地中海海域发现的大量油气资源也给约以之间的合作创造了新的契机。随着约旦对以色列油气能源的依赖度日益加深,两国之间的政治互信也进一步加深。2016 年 9 月,约旦与以色列签署能源供应协议。根据协议,以色列将向约旦提供天然气以满足其国内 40%的发电量所需。值得注意的是,此次协议的签署与历史上约以两国的海上合作有很大的不同。在以色列实施"海洋战略"之前,约以两国仅在亚喀巴湾沿海地区有一些小规模的海上合作项目。而此次在地中海深海的油气资源合作,从合作深度和广度来看,都将在两

① S. Even, "Israel's Natural Gas Resources: Economic and Strategic Significance," *Strategic Assessment* (January 2010): 20.

国外交关系史上留下浓墨重彩的一笔。

此外，除了在地中海油气供应方面加强合作外，近年来两国在海水淡化领域也开展了深度合作。1977 年，当时的以色列政府批准了一项从红海连通死海的管道铺设计划，即 RSDSC(The Red Sea Dead Sea Canal)。根据该计划的设想，红海的海水将通过管道输入死海，经过海水淡化站将海水淡化，给沿途的约旦、巴勒斯坦以及居住在约旦河谷的以色列人提供生活用水，另外在合适的地方兴建水力发电站，实现水力发电。但该计划由于铺设管道经过约旦河西岸地区和约旦王国领土，遭到巴勒斯坦和约旦的强烈抵制，以色列政府在 1985 年不得不中止该计划。进入 21 世纪以来，该项目又重新进入以政府视野。德莱克能源公司总裁 Yizhak Tshuva 2008 年正式向以色列政府提交他的计划，且多次向公众表达他对于该项目的设想。他希望通过该项目将约旦河谷打造成“和平之谷”，通过大力发展农业、工业和旅游业，使管道铺设经过的各方都能受益。此后，以色列政府请求世界银行在 2008—2013 年对此项目进行可行性研究。世界银行建议先行建设从亚喀巴湾引水的海水淡化小型试点项目。2015 年，以色列和约旦政府正式签署协议，就管道铺设项目达成一致。根据该项目协议，约以两国将共同建设海水淡化站，沿途铺设的管道所输送的淡水将惠及两国人民。据初步估计，从地中海输送的水每立方米约为 1.75 美元，是从红海输送至安曼的水价的一半(初步估计为每立方米 3.5 美元)。2016 年 6 月，来自以色列国内外的 17 家公司积极参与了以色列政府组织的项目招标；同年 12 月，共筹措了 4 亿美元进行项目的一期建设，项目建成后预计每年将给以色列、约旦以及约旦河西岸地区提供约 1 亿立方米淡水。

约旦对以色列能源和淡水资源的依赖度逐渐加深，这也为两国在其他领域的合作奠定了基础，政治互信也有望得到进一步加强。

对巴勒斯坦而言，在海洋能源领域，以色列政府早在 2000 年就允许巴勒斯坦当局在加沙海域进行化石燃料开采，英国天然气公司当时也在该海域进行了勘探作业。同年 8 月，该公司在加沙地带海域探明其有大量天然气资源，预计储量为 300 亿—400 亿立方米。2016 年以色列提出通过 Leviathan 气田向加沙地带和其他几个巴方城市供应天然气的可能性，而其输气设施则由中东有关四方共同建设。

除了化石能源之外，淡水资源短缺同样是巴勒斯坦面临的重要挑战。以色列政府曾考虑，希望通过在以色列沿海地区建设海水淡化站向巴勒斯坦提供淡水。2016 年 6 月，时任以色列交通部长卡茨宣布，将在加沙地带外海建设一座 3 平方千米的人工岛，并通过大桥与加沙地带连通。此外，还将在岛上建设港口和机场，连通外部世界，以缓解目前因受封锁而日益困难的加沙经济局势。以色

列只负责该岛屿的安全形势，由巴勒斯坦当局负责港口的日常运营。

随着以色列“海洋战略”的提出，加沙地带沿岸及其离岸能源为双方实施危机管控提供了潜在的机遇，包括建设有益于加沙地带巴勒斯坦人的油气田、在沿岸建设惠及巴方人民的港口或在外海建设人工岛屿以连通世界以及建设海水淡化站等。这些活动也将使得加沙地带居民在能源、淡水、商品以及国际旅行方面与以色列更为融合，从而缓和巴以双方之间的紧张局势，进一步推动阿以关系的发展。

（二）以“海洋战略”面临的挑战

由于地中海海域蕴藏着大量的油气资源，域内各国都欲在这丰富的“资源池”中分一杯羹。因此，随着以色列“海洋战略”的实施，地区各国围绕海洋边界划分、专属经济区内资源归属以及对以色列依赖度加深等问题与以色列存在争议，甚至达到剑拔弩张的态势。

2001 年，以色列发布的关于其海域边界的声明与黎巴嫩对其海域边界的主张相冲突，尤其是双方对蕴含有丰富天然气资源的 850 平方千米海域有激烈争议。[①] 自 2011 年起，美国就试图从中调解，希望能在黎以之间达成双方都可接受的海上边界划分方案，但以色列一直拒绝接受黎巴嫩的立场，并拒绝任何通过联合国进行的关于海上边界的间接谈判。2013 年以色列在该海域建设 Karish 油气田，直接导致黎巴嫩宣布以色列侵犯其专属经济区权利。随着双方因油气资源归属而引发愈演愈烈的海上争端，黎巴嫩甚至宣布将视以色列在争议海域开采天然气为战争行为。2020 年初，席卷全球的新冠肺炎疫情在黎巴嫩蔓延，以及同年 8 月 4 日发生在贝鲁特港口的大爆炸，导致其经济遭受重创，黎巴嫩由此主动与以色列缓和关系，希望能在地中海“共同开采”油气资源，但对于海上边界问题则避而不谈。这充分显示了这仅仅是黎巴嫩一味追求经济利益的“无奈之举”，双方分歧依然巨大。

土耳其自埃尔多安上台执政以来，与以色列关系持续紧张。政治上，巴以问题刺激着土耳其国内的民族主义和宗教主义情绪；经济上，东地中海丰富的油气资源使得两国在该地区围绕能源的博弈日趋激烈。2019 年，希腊、塞浦路斯、以色列、埃及和约旦等国成立“东地中海天然气论坛”，土耳其被排除在外，这引起土耳其强烈不满。同年，土耳其与利比亚民族团结政府签署地中海“海事管辖权”谅解备忘录，寻求在东地中海获得更大的专属经济区，遭到希腊、塞浦路斯和埃及的强烈反对。2020 年以来，土耳其与希腊的领海争端升级，以色列则全面

① 参见王联 Wang Lian,《中东政治与社会》[Middle East Politics and Society]（北京［Beijing］：北京大学出版社［Peking University Press］，2009）。

加强与希腊的合作，甚至向希腊租借苍鹭无人机系统，用来监视希腊边境及其领海，其中针对土耳其的意味不言自明。当前，随着以色列加强与希腊、塞浦路斯和埃及等国的合作，土以双方在能源领域的合作动力已严重不足。

自从哈马斯实际控制加沙地带以来，巴以双方局势持续紧张。根据1994年巴以双方签署的《加沙—杰里科自治宣言协议》，巴方将拥有一片包含经济权利，但须处于以色列安全机构管辖范围内的特殊海域，该海域位于加沙地带离岸20海里，又被称为“加沙海上活动区”。然而，随着奥斯陆和平进程的失败，以色列单方面修改了协议中有关领土范围的条款，致使该协议名存实亡。在第二次“因提法达”期间(2000—2004)，以色列撤销了巴勒斯坦在该海域的捕鱼权，随后宣称由于安全原因将海域边界缩小至离岸12海里；2006年以色列国防军再次将巴勒斯坦海事活动范围缩小至离岸6海里；2009年限制至3海里；2021年4月27日以色列国防军宣布由于局势紧张，彻底关闭加沙地带“捕鱼区”。尽管2015年1月2日，巴勒斯坦正式签署条约，加入《联合国海洋法公约》，成为第167个成员国，且可以根据国际法在该海域宣布其专属经济区权利。

然而，时至今日英国天然气公司并没有在该海域进行正式开采，主要原因就是埃及政府对该海域资源的声索压力巨大以及加沙地带的政治局势持续动荡。此外，尽管以色列建议建设一座惠及巴以两方的海水淡化站，但巴方拒绝了这一提议，认为由以方建设淡化站会大大增强其对以色列的依赖，进而导致在和以色列就山区含水层淡水资源谈判过程中处于被动不利局面。

近年来，巴以双方关于海洋能源和加沙海域海事活动的分歧愈演愈烈，这也给以色列带来了不小的战略挑战。2021年5月10日爆发了巴以冲突，尽管冲突是由“斋月”期间的平民冲突引发，但深层次原因仍然是以色列战略延伸，巴勒斯坦战略发展空间被不断挤压。巴以冲突造成加沙地带大量人员伤亡和财产损失，尽管以色列伤亡人数较少，但冲突进一步加剧了国内阿拉伯人和犹太人的对立情绪，造成了社会撕裂、局势动荡。

结语

由于以色列地缘环境的特殊性，长期以来，学界更多关注的是以色列的安全战略和军事战略，而忽略了其他方面的战略。事实上，本文研究的以色列“海洋战略”归结起来就是以色列在能源、经济创新以及安全等三个领域的具体需求。离岸化石能源的开采、海水淡化并向邻国供水都需要一个稳定的海洋环境作为基础，稳定的海洋环境则是以色列安全需求的“海上延伸”。可以说，以色列在这三个领域内的需求相辅相成、互为表里。能源与经济上的发展，需要安全来支撑;安全领域的稳定客观上也促进了能源和经济创新领域的发展。具体而言,以色列意在通过该战略加强与邻国的经济联系,缓和地区局势,降低域内各国的对抗风险。不论是大力开采海洋油气资源,还是建设海水淡化站,以色列在满足能源和淡水需求的前提下,向周边地区提供能源和淡水,在一定程度上减轻了中东地区因为资源短缺引发的人道主义危机,缓和了由此导致的地区紧张局势,此外也可获取一定的经济利益;大力发展海军,通过对海军装备的更新换代,提升海军作战能力,为拓展任务范围、维护专属经济区内的海洋权益提供坚实后盾并在必要时为陆军和空军执行作战任务提供支援和配合,客观上加大了以色列的"战略纵深"。

但值得注意的是,中东局势依旧复杂混乱。以色列在历经两年四次大选之后,内塔尼亚胡黯然下台,取而代之的纳夫塔利·贝内特对巴政策更为激进,而巴方近来与以色列关系骤紧,流血冲突不断;伊朗莱希政府对以依然强硬,"维也纳核协议"前景依然不明;黎巴嫩真主党等极端势力依旧存在。尽管以色列不可能凭一己之力改变整个地区局势,但域内各方在综合考量其政治、经济、国际环境等多方因素后,与以色列缓和关系,加强风险管控,实现"低烈度对抗下的交流与合作"抑或是一条新的外交途径。

参考文献

(一)中文参考文献

1. 汪波:《中东与大国关系》,北京:时事出版社,2013 年。

2. 王戎:《以色列概论》,广东:世界图书出版公司,2014 年。

3. 王联:《中东政治与社会》,北京:北京大学出版社,2009 年。

4. 彭树智:《中东国家和中东问题》,开封:河南大学出版社,1991 年。

5. 丹·塞诺、索尔·辛格:《创业的国度》,王跃红、韩君宜译,北京:中信出版社,2010 年。

(二)外文参考文献

1. E. Eiran, *Between Land and Sea: Space and Conflict Intensity. Territory, Politics*, New York: Governance, 2017.

2. A. J. Allan, "Hydro-Peace in the Middle East," *SAIS Review* (October 2018).

3. S. Even, Israel's Natural Gas Resources: Economic and Strategic

Significance, *Strategic Assessment* (Jan. 2010).

4. Kanat, Turkish-Israeli Relations during the Cold War, 2001

5. Khadduri, *East Mediterranean Gas*, London: Taylor & Francis Group, 2018.

6. D. Liel, *Turkey in the Middle East*, Jerusalem: Van Leer Jerusalem Institute, 2020.

7. D. Liel, *Turkey in the Middle East*, London: Routledge, 2020.

8. D. Uzer, *Turkish—Israeli Relations*, London: Taylor Francis Group, 2019.

9. "Strategic Survey for ISRAEL," https://www.inss.org.il/publication/strategic-survey-for-israel-2022// Accessed on Jun. 4, 2021.

Israel's Marine Strategy and Its Influence on Geopolitical Pattern for Israel

QIAN Cheng

Abstract: As a traditional "land power" in the Middle East, Israel's maritime policy has not been concerned by the public. However, due to the special geographical conditions of the Mediterranean Sea in the West and the Sea outlet of the Red Sea in the south, its marine policy is gradually known to the public. Since the Israeli government formally put forward the marine strategy in the mid 90s, the Israeli government has clarified its marine strategy at three important levels: first, develop its exploitation of offshore natural gas to meet its energy needs; Second, the need to vigorously develop the navy to protect its marine resources; Third, carry out extensive seawater desalination to meet the needs of daily water. This paper will mainly explore the specific connotation of Israel's marine strategy and the opportunities and challenges it faces.

Key Words: Israel, Marine Strategy, Opportunity, Challenge

C

对话
Dialogue

皮科·德拉·米兰多拉的基督教人文主义思想探析

卢镇　朱晓*

【摘要】皮科·德拉·米兰多拉是文艺复兴时期最重要的神学家、哲学家和人文主义者之一。学界对皮科思想的探究中始终存在两种不同的观念：一种观念认为皮科是文艺复兴时期人文主义精神的标志，另一种观念认为皮科一直是虔诚的基督徒，试图在人类各种文化中寻找证明基督教真理的证据。本文通过梳理和分析皮科思想形成的背景和他提倡的“人的尊严”“古代神学”“基督教喀巴拉”等学说，指出皮科思想中存在的悖论正是基督教人文主义的典型特征，对认识人文主义以及文艺复兴作为“过渡时期”的复杂性和矛盾性具有重要意义。

【关键词】皮科·德拉·米兰多拉；基督教人文主义；文艺复兴

皮科·德拉·米兰多拉(Pico della Mirandola)是文艺复兴时期最重要的神学家、哲学家和人文主义者之一，长期以来是西方学术界关注的焦点。正如著名学者皮尔·凯撒·博里(Piere Cesare Bori)所言：“皮科的形象连同他的英年早逝，一直吸引着人们的想象和学者们的关注。”[①]但西方学者对于皮科的解释却有两个不同的面向。第一种面向由雅各布·布克哈特(Jacob Burckhardt)主导，在其经典著作《意大利文艺复兴时期的文化》中，布克哈特将皮科及其著作《论人的尊严》视为文艺复兴时代人文主义精神的标志[②]，这种解释面向也得到了加林、恩斯特·卡西尔(Ernst Cassirer)、克里斯特勒等学者的支持，成为皮科解释的主导性面向。但这种面向也在不断遭受挑战，威廉·克雷文(William G.

---

* 卢镇，山东大学历史文化学院副教授；朱晓，山东师范大学历史文化学院讲师。

① 皮尔·凯撒·博里 Pier Cesare Bori,《中译本导言》[Introduction to Chinese Version]，收录于《论人的尊严》[Oration on the Dignity of Man]，皮科·德拉·米兰多拉 Pico della Mirandola 著，顾超一 Gu Chaoyi、樊虹谷 Fan Honggu 译(北京[Beijing]：北京大学出版社[Peking University Press]，2010)，8。

② 参见雅各布·布克哈特 Jacob Burckhardt,《意大利文艺复兴时期的文化》[The Civilization of the Renaissance in Italy]，何新 He Xin 译(北京[Beijing]：商务印书馆[Commercial Press]，1979)，350—352。

Craven)就严厉批判了上述观点,认为这种解释是近代学者以近代理性精神审视皮科并强加于他身上的;相反,皮科一直都是一个虔诚的基督徒,试图在人类的各种文化传统中找寻能够证明基督教真理的证据。[①] 克雷文的观点在亨利·柳巴克(Henri De Lubac)、乔万尼·拿波里(Giovanni Di Napoli)与特林考斯(Charles Trinkaus)那里产生了回响,他们也一直在强调皮科和圣经神学传统、教父哲学传统以及经院哲学传统的一致性,从而构成了皮科解释的另一种面向。[②] 从此,西方学者围绕这两种面向展开了激烈的争论,许多问题至今仍悬而未决。然而,在国内学术界,皮科的著作《论人的尊严》虽已译成中文,但关于皮科思想的系统探讨则基本阙如。吴功青博士近期发表的文章《革命与危机:皮科论人的尊严与个体自由》虽然批判了特林考斯的观念,但又过于强调皮科的革命性。[③] 因此,本文试图在西方学者研究成果的基础上,借鉴学术界对"基督教人文主义"的最新阐释,解读皮科思想中的悖论,旨在揭示这种悖论正是基督教人文主义的典型表现,从而有助于理解人文主义更为复杂的面向,以及文艺复兴作为"过渡时期"的复杂性和矛盾性。

一、何为基督教人文主义?

关于基督教人文主义的研究,一直都是文艺复兴和宗教改革研究领域中的一个核心问题。一般而言,学者们大都倾向于认为"基督教人文主义"这个标签源于伊拉斯谟,而后在宗教改革中被马丁·路德继承与发扬,宗教改革时期流行的格言——"路德孵出伊拉斯谟下的蛋"[④]就是对这种观点的形象说明。从伊拉斯谟到路德,再到诸如托马斯·莫尔、约翰·弥尔顿甚至伊丽莎白一世等人都被学者们贴上了基督教人文主义者的标签。从中不难看出学者们大都将基督教人文主义限定于16世纪初,在英、法、德等国出现的致力于将人文主义的治学方法应用到《圣经》文本研究,并以此为指导,重塑个人、社会以及政治行为规范的北

---

① 参见 William G. Craven, *Giovanni Pico Della Mirandola: Symbol of His Age: Modern Interpretations of a Renaissance Philosophe*(Geneva: Librairie Droz S. A., 1981)。

② Charles Trinkaus, *In Our Image and Likeness: Humanity and Divinity in Italian Humanist Thought* (Chicago: University of Chicago Press, 1995),517.

③ 参见吴功青 Wu Gongqing,《革命与危机:皮科论人的尊严与个体自由》[Revolution and Crisis: Pico's Discussion on Human Dignity and Personal Freedom],于《北京大学学报》(哲学社会科学版)[Journal of Peking University],2013年第9期[2013, Issue 9],41—48。

④ 奥尔森 Roger Olson,《基督教神学思想史》[The Story of Christian Theology: Twenty Centuries of Tradition & Reform],吴瑞诚 Wu Ruicheng 等译(北京[Beijing]:北京大学出版社[Peking University Press],2003),396。

方人文主义者身上，阿伦·布洛克(Alan Bullock)、玛戈·托德(Margo Todd)、昆廷·斯金纳(Quentin Skinner)等学者都将北方人文主义等同于基督教人文主义。[①]

从这种界定出发，皮科及其前辈但丁、彼特拉克、马西里奥·斐奇诺等意大利人文主义者都被排除出了基督教人文主者的行列。因为在玛戈·托德等人的视野中，北方人文主义者或基督教人文主义者身上的改良主义倾向是南方或意大利人文主义者所不具备的。[②] 那么又在何种意义上可以称皮科为基督教人文主义者呢？露西·伍丁(Lucy Wooding)与帕特里克·海登-罗伊(Patrick Hayden-Roy)教授也许提供了另一种思考角度。露西·伍丁在其文章《基督教人文主义：从文艺复兴到宗教改革》中指出，学者们对基督教人文主义概念的理解并不一致，甚至处于矛盾之中，基督教人文主义并没有一个明确的界定；她更愿意将基督教人文主义看成人文主义潮流中的一个分支，而人文主义则是文艺复兴运动的一部分。[③] 帕特里克·海登-罗伊则指出基督教人文主义作为一种历史现象，通常被认为是文艺复兴人文主义的一部分，是对传统上将人文主义视为世俗的或世俗化哲学的一种修正。[④] 正是基于这种认识，露西·伍丁指出只要稍作审视与分析就不难发现，人文主义思潮与基督教的神学文化传统，同样有千丝万缕的甚至是更密切的联系。基督教神学氛围十分浓厚的社会环境，决定了人文主义者不可能采取完全世俗化的形式来进行文化传统的转换与新的文化建构，除了马基雅维利之外，其他的文艺复兴人文主义者都没有离开基督教的维度。[⑤] 在这里露西·伍丁教授还将斐奇诺、皮科、阿格里帕(Gornelius Agrippa)、约翰·费舍尔(John Fisher)等人视为人文主义的典型，他们在借鉴古典文化传统的同时，也根据社会现实变动的需要，积极地从基督教神学文化传统

---

① 参见阿伦·布洛克 Alan Bullock,《西方人文主义传统》[The Humanist Tradition in the West],董乐山 Dong Leshan 译(北京[Peking]:生活·读书·新知三联书店[SDX Joint Publishing Company],1998),9、39;玛戈·托德 Margo Todd,《基督教人文主义与清教徒社会秩序》[Christian Humanism and the Puritan Social Order],刘榜离 Liu Bangli 等译(北京[Beijing]:中国社会科学出版社[China Social Sciences Press],2011),36;昆廷·斯金纳 Quentin Skinner:《近代政治思想的基础(上卷)》[The Foundations of Modern Political Thought: Volume 1, The Renaissance],奚瑞森 Xi Ruisen、亚芳 Ya Fang 译(北京[Beijing]:商务印书馆[Commercial Press],2002),305。

② 玛戈·托德,《基督教人文主义与清教徒社会秩序》,36。

③ Lucy Wooding, "Christian Humanism: From Renaissance to Reformation," *History Review* 64 (September 2009): 13.

④ Patrick Hayden-Roy, "Reviews on Christian Humanism: Essays in Honour of Arjo Vanderjagt," *H-German*, *H-Net Reviews* (March 2010): 1.

⑤ Lucy Wooding, "Christian Humanism: From Renaissance to Reformation," 14-16.

中吸取有益于创新的思想资源。沿着露西·伍丁、帕特里克·海登-罗伊教授的思路,可以发现其实最早对基督教人文主义作出定义的学者如道格拉斯·布什(Douglas Bush)、柳巴克、克里斯特勒、维吉尔·尼莫埃诺(Virgil Nemoianu)等人已经为这种意义上的"基督教人文主义"指出了道路。道格拉斯·布什认为:"基督教人文主义意在提供一种方式,来处理基督教和人文主义的融合性问题。"①克里斯特勒则以彼得拉克为例,指出基督教人文主义的特征是"既反对经院哲学,同时仍保持基督教信仰,能够把自己的古典学识和宗教信仰调和起来"②。柳巴克、维吉尔·尼莫埃诺甚至还勾勒出了基督教人文主义研究中应该关注的两大问题,即"自由意志与上帝的关系"③和"作为基督教人文主义哲学基础的新柏拉图主义"④。无疑,这两个问题都是皮科关注的重要问题,正是在这种意义上本文认为皮科可以归入基督教人文主义者的队伍。

其实,这种观点在中国的文艺复兴学术界也产生了共鸣。如何光沪先生在《文艺复兴中的基督宗教与人文主义》中对基督教和人文主义的关系进行了梳理,厘清了人文主义的多重含义以及基督教与人文主义的复杂关系。何先生认为文艺复兴时期的学者作为人文主义者看到了教会弊端与人文精神的冲突,作为基督徒更看到了那些弊端与基督教精神的冲突,而他们用以反对那些弊端的人文精神,则是以基督教精神作为基础的。只有基督宗教精神与人文主义精神的根本一致性,才能解释文艺复兴运动中的这一基本现象。⑤ 赵立行教授在《宗教与世俗的平衡及其相互制约——意大利人文主义者的宗教观》中,用大量历史事实说明文艺复兴时期的人文主义者从来没有否认宗教和教会,在建立自己理

---

① 参见 Louis Bouyer, *Erasmus and His Times* (Md., Newman Press, 1959); Douglas Bush, *Paradise Lost in Our Time*: *Some Comments* (Ithaca, N.Y.: Cornell University Press, 1945), 38, 40; Virgil Nemoianu, "Hans Urs von Balthasar and the Traditions of Christian Humanism," in *Glory, Grace, and Culture*: *The Work of Hans Urs von Balthasar*, ed. Ed Block (Mahwah: Paulist Press, 2005), 127-150.

② 保罗·奥斯卡·克里斯特勒 Paul Oskar Kristeller,《意大利文艺复兴时期的八个哲学家》[Eight Philosophers of the Italian Renaissance],姚鹏 Yao Peng、陶建平 Tao Jianping 译(上海[shanghai]:上海译文出版社[Shanghai Translation Publishing House],1987),13。

③ Patricia Donohue-White ed., *Human Nature and the Discipline of Economics*: *Personalist Anthropology and Economic Methodology* (Lanham: Lexington Books, 2002), 23-28.

④ Virgil Nemoianu, "Hans Urs von Balthasar and the Traditions of Christian Humanism," 130-131.

⑤ 何光沪 He Guanghu,《文艺复兴中的基督宗教与人文主义》[Christianity and Humanism in the Renaissance],于《人文杂志》[The Journal of Humanities],2007 年第 1 期[2007, Issue 1]。

想宗教模式的时候，他们始终在追求宗教与世俗的平衡。[①] 孟广林教授在其著作《欧洲文艺复兴史：哲学卷》中也指出人文主义者在对待古典文化和基督教神学两个文化传统时，既没有作主次之分，也没有作分别审视，而是对两者中有益的因素作有机融合。[②] 肖四新、万珍、邱志玲、梁中和等学者还利用基督教人文主义这个方便的标签研究了但丁、薄伽丘、斐奇诺等意大利人文主义者的思想，其中梁中和博士更是指出："基督教人文主义是指企图在基督教教义中发现人文主义思想或将人文主义思想纳入基督教教义体系和实践中的各种努力。"[③]

从这种意义的基督教人文主义出发，可以看到，皮科研究中的这两种面向实际上并不矛盾，皮科思想中的悖论正是他基督教人文主义思想的典型特征，因为皮科一方面注重对基督教神学理论进行符合人文主义的阐释，另一方面又致力于在新柏拉图主义哲学的基础上将人文主义和各种古代宗教或哲学融入基督教神学之中。那么皮科是在怎样的情况下作出了这种选择？面对人文主义思想与基督教神学传统的冲突，皮科作出了怎样的努力？相对于前辈但丁、彼特拉克、薄伽丘、斐奇诺等人，皮科的基督教人文主义又有何进步和特色？

二、时代、社会与皮科：基督教人文主义者的困境

皮科基督教人文主义思想的产生、发展及其特征、性质、意义等都建立在特定的社会基础上，是文艺复兴时代的产物。不仅如此，作为文艺复兴时期独特的思想之一，他的基督教人文主义思想并不是凭空产生的，而是有丰富的思想渊源。这些思想渊源在皮科的特殊人生际遇、所处社会危机的作用下，一起成就了皮科独具特色的人文主义思想。

（一）"过渡时代"特征的体现

这里的"过渡时代"有两个层面的含义：一是指皮科所处的整个文艺复兴时代都是中世纪向近代过渡的时期；二是指皮科生活的时代正是人文主义思想发展方向发生转变的时代。就第一层含义来说，它使得人文主义思想形成了许多独特风貌。首先，过渡时期的基本特征赋予了人文主义新旧交织的矛盾意向和

---

① 赵立行 Zhao Lihang，《宗教与世俗的平衡及相互制约——意大利人文主义者的宗教观》[The Balance and Mutual Restraint of Religion and Secularity —The Religious Perception of Italian Humanists during the Renaissance Period]，于《历史研究》[Historical Research]，2002 年第 2 期[2002, Issue 2]。

② 孟广林 Meng Guanglin，《欧洲文艺复兴史：哲学卷》[The History of the Renaissance in Europe: Philosophy](北京[Beijing]：人民出版社[Renmin Press]，2008)，35。

③ 梁中和 Liang Zhonghe，《斐奇诺的基督教人文主义思想初探》[A Preliminary Study on Ficino's Christian Humanism]，于《宗教学研究》[Religious Studies]，2010 年第 2 期[2010, Issue 2]。

思想内涵。处于新旧过渡时代的人文主义者,一方面紧跟新时代的召唤,提出了很多具有创新意义的新精神;另一方面,他们也没有完全摆脱中世纪各种思想观念与传统习惯的影响。诸多的人文主义作品虽不同程度地批评了教会的蒙昧及禁欲说教,伸张人的自由、尊严与欲望,但是他们并没有放弃基督教的信仰。如但丁在阐发人的"自由选择"权利的同时也宣称"只有上帝才能统治人类"。其次,处于过渡时期的人文主义者往往注重对旧思想的批判,但忽视了对新思想秩序的建立,因此缺乏自觉、统一、规范的思想体系。此时,人文主义者对人性的过度强调,打破了基督教的传统道德,但新的道德原则尚未确立,这使得意大利社会处于一种道德失序状态;而各种哲学思潮如亚里士多德主义、阿威罗伊主义、新柏拉图主义和人文主义的争斗不休,也使得此时的基督教社会处于一种思想无序的状态。正如一些学者所说,"一位人文主义者可能用几种论调发言"①;"他们由于精神和性格的力量而成为巨人,但在他们身上同时存在着精神和性格的极度混乱"②。深处这种思想混乱中的皮科,其实对这种困境有深刻的感知,他在《论人的尊严》中如此说,"噢,长老们,我们内部的不和真是繁多""辩证法将平息语言的矛盾和三段论的吹毛求疵所造成的理性混乱,意见和争论从四面八方烦扰、搅乱我们的灵魂"。③ 这种思想无序的局面塑造了皮科思想中的矛盾和悖论,但也促使皮科不断思考如何限制过度解放的人性,将新的观念融入基督教思想体系,重建基督教思想的新秩序。

就第二层含义来说,皮科生活的年代正是美第奇家族专制统治确立和稳定的时期。美第奇家族的专制高压统治,导致人文主义思潮由市民人文主义转向哲学人文主义。人文主义者也由激进转向保守。共和国时期,以萨卢塔蒂、布鲁尼为代表的市民人文主义者倡导共和理念、积极的生活以及公民参政。但是,在美第奇家族的高压统治之下,人文主义者开始转向逃避现实和追求隐逸的生活,主张沉思、苦行和思考死亡的哲学逐渐成为思想界的主导。人文主义者里努契尼(Alamanno Rinuccini)在《论自由》(*On Liberty*)中对此批判说:"在佛罗伦萨不存在自由,那里有一个暴君叫洛伦佐,他把市民关闭在用诺言组成的网中,迫

① 赵林 Zhao Lin,《基督教思想文化的演进》[The Evolution of Christian Ideology and Culture](北京[Beijing]:人民出版社[Renmin Press],2007),128。

② 黑格尔 Georg Wilhelm Friedrich Hegel,《哲学史讲演录》(卷二)[Lectures on the History of Philosophy, Vol.2],贺麟 He Lin、王太庆 Wang Taiqing 译(北京[Beijing]:商务印书馆[Commercial Press],1959),343。

③ 皮科·德拉·米兰多拉,《论人的尊严》,50—51。

使他们要么腐化堕落，要么退隐深山。"[①]为了维护统治的正当性，美第奇家族还将一些人文主义者变为自己的御用文人，进一步发展主张"哲学王"概念的柏拉图主义，为自身统治寻找理论支持。布洛克对此评价道："在美第奇家族上台逐渐损害该城市的自由后，新柏拉图主义在15世纪后期开始在佛罗伦萨勃兴绝非偶然。15世纪前期市民人文主义大力宣传的积极生活的理想，此时被受到美第奇家族庇护的马西里奥·斐奇诺和柏拉图学院的冥想与神秘理想取代。"[②]身处佛罗伦萨，受到美第奇家族赞助和庇护的皮科，自然能切身感受到人文主义思潮的转折，皮科有关人文主义的思想由激进到保守的转变也是对这种外部环境转变的反映。

(二)思想渊源：对多种知识背景的创造性组合

皮科的基督教人文主义思想也是对其接触的亚里士多德哲学、柏拉图主义和犹太思想等多种思想渊源进行创造性组合的结果。[③] 多层次的思想渊源既为皮科思想的形成奠定了基础，也为皮科思想的包容性、开放性提供了条件。皮科最早接触的是亚里士多德哲学以及亚里士多德的希腊、拉丁、阿拉伯解释者的思想，如经院哲学和阿威罗伊哲学。这一思想渊源主要来源于皮科在博洛尼亚大学、帕多瓦大学、巴黎大学的学习或访问。14岁的时候，皮科就被母亲送入博洛尼亚大学学习教会法规，因而深受基督教神学和经院哲学的濡染。1480年，皮科前往帕多瓦大学学习哲学，结识了阿威罗伊主义的权威犹太学者埃利亚·德尔·梅迪哥(Elijah del Medigo)和亚里士多德主义者尼科莱特·维尼亚(Nicoletto Vernia)。在与梅迪哥的接触中，皮科不仅深刻地了解到阿威罗伊哲学的精髓，而且从梅迪哥那里接受了双重真理论的熏陶。[④] 与维尼亚的接触，则使得皮科开始考虑调和亚里士多德哲学与柏拉图哲学之间的差异。[⑤] 1485年，对经院哲学和神学的中心巴黎大学的访问更加坚定了皮科对经院哲学的支持。

皮科对柏拉图主义的了解主要归功于马西里奥·斐奇诺及犹太学者约翰

---

① 加林 Eugenio Garin,《意大利人文主义》[Italian Humanism],李玉成 Li Yucheng 译(北京[Beijing]:生活·读书·新知三联书店[SDX Joint Publishing Company],1998),79。

② 阿伦·布洛克,《西方的人文主义传统》,36。

③ 关于皮科对这些哲学思潮的接受的更为详细的、最新研究可参见 Sophia Howlett, *Re-Evaluating Pico: Aristotelianism, Kabbalism, and Platonism in the Philosophy of Giovanni Pico della Mirandola* (Basingstoke: Palgrave Macmillan, 2021)。

④ David B. Ruderman, "Italian Renaissance and Jewish Thought," in *Renaissance Humanism: Foundations, Forms, and Legacy* Vol.1, ed. Albert Rabil, Jr. (Philadelphia: University of Pennsylvania Press, 1988), 399.

⑤ Francesco Borghesi, "A Life in Works," in *Pico della Mirandola: New Essays*, ed. M. V. Dougherty (Cambridge: Cambridge University Press), 207-208.

南·阿莱曼诺(Yohanan Alemanno)。1482 年,皮科与斐奇诺相识,并结下了深厚的友谊。1484 年,应皮科的要求,斐奇诺将自己的著作《柏拉图神学》寄给了皮科。在读完斐奇诺这本有关柏拉图思想的经典之作后,皮科不仅成为斐奇诺和柏拉图主义的追随者,还接受了斐奇诺企图融合各种古代哲学或宗教的"古代神学"(*prisca theoligia*)思想以及有关人的尊严的宇宙论思想。而犹太学者阿莱曼诺为皮科翻译了中世纪阿拉伯新柏拉图主义者伊本·奥斯德·奥巴塔亚斯的《想象的空间》(*The Imaginary Circles*),有助于皮科进一步吸收柏拉图主义。这本书中宣扬的人具有自由意志的观念使皮科深受启发,成为皮科突破斐奇诺有关人的宇宙论思想的关键。[①]

与犹太学者梅迪哥、阿莱曼诺以及弗拉维·米斯里达特(Flavius Mithridates)等人的接触还为皮科打开了犹太思想的大门。梅迪哥不仅传授给皮科诸多阿威罗伊哲学的要义,而且还应邀为皮科翻译犹太神秘主义喀巴拉的著作,并讲授核心要义,例如"数"和"无限"的概念。米斯里达特主要向皮科传授希伯来语和翻译多部喀巴拉著作,如《科学的灵魂》《迷途指津评注》《公正之书》《攀登之书》,这些译稿现存的就有 3000 多页。[②] 米斯里达特在皈依基督教之后,在教皇面前进行的布道《论耶稣受难》成为利用喀巴拉证明基督教真理的经典著作。而这篇布道词为皮科基督教喀巴拉思想的产生奠定了重要的理论基础。[③] 阿莱曼诺对皮科的影响主要体现在,他将自己创造的魔法占星学喀巴拉思想教授给了皮科。

(三)特殊的人生际遇

皮科特殊的人生际遇对其基督教人文主义思想的形成也有不可忽视的影响,其思想中出现的矛盾之处,正是他对人生际遇的转变作出的思考和回应。[④] 皮科于 1463 年出生在米拉多拉和康考迪亚伯爵的家庭中,1494 年逝于佛罗伦萨,享年 31 岁。皮科在这短暂的生命历程中拥有复杂的人生际遇。1467 年,皮科的父亲去世后,为让他远离哥哥们为争夺爵位和家产而挑起的纷争,他的母亲

① Moshe Idel, "The Anthropology of Yohanan Alemanno: Sources and Influences," *Topoi* 7 (1988): 202.

② Chaim Wirszubski, *Pico della Mirandola's Encounter with Jewish Mysticism* (Cambridge: Harvard University Press, 1989), 1-9.

③ 关于这篇布道词的全文及其对皮科和文艺复兴思想界的影响参见 Chaim Wirszubski, *Flavius Mithridates: Sermo de Passione Domini* (Jerusalem: Israel Academy of Sciences and Humanities, 1963)。

④ 关于皮科的生平和传记最为权威的是他的侄子詹弗朗切斯科·皮科(Gianfrancesco Pico)为其写的拉丁文的传记,后被托马斯·莫尔重新编辑、修改并翻译成英文,参见 Saint Thomas More, *The Life of Pico* (New York: Scepter Publishers, 2010)。

给他设计了一条从教廷的首席秘书官到红衣主教的教界之路，皮科也因此与教会和教会事务纠缠在了一起。1473 年，在母亲的安排和贡扎加家族支持下，皮科成为教廷的首席秘书官，三年之后又进入博洛尼亚大学学习教会法，为成为红衣主教作准备。在这所大学他结识了当时著名的教会法学家特洛伊罗·马尔维奇(Troilo Malvezzi)，并编纂了一部教会法集，从此对教会的责任感深深地嵌入了皮科的内心，在他以后的各种行为和思想中不时闪现。[①] 也正是这段经历，让皮科在感受到经院哲学、教会危机之时，极力挽救经院哲学、帮助教会度过危机，将各种思潮融入基督教信仰，改造僵化、狭隘的基督教信条，建立更为包容的基督教信仰体系。

此外，皮科早年生活的时代，虽是市民人文主义走向衰落的时期，但其仍有巨大的影响力。早年的皮科无疑也深受市民人文主义提倡的积极生活的影响，经常游历于各个城市和大学，参与学术争论、努力追寻属于自己的爱情，甚至介入教会事务。如 1480 年在帕多瓦大学学习期间，皮科就积极参与了该大学举行的关于阿威罗伊哲学的辩论会；1485 年他甚至在与埃尔莫劳·巴巴罗的通信中挑起了在欧洲文化史中影响深远的修辞学与哲学的争论[②]；也是这一年，在其访问巴黎大学期间，他经常将学到的修辞学知识运用于有关基督教教义的辩论中。1486 年 5 月，他更是为了追寻爱情，试图劫走朱力亚诺·美第奇之妻玛尔杰利达，结果酿成了巨大丑闻，险些丧命。

劫后余生的皮科，开始怀疑积极的生活并逐渐将精力转向沉思的生活。数月之后，皮科在写给朋友安德烈·考内欧的信中拒绝了考内欧让他重返积极生活的建议，坚决继续沉思的生活，他认为作为一个伯爵，他的人生的意义在于精神和哲学[③]，思考人的欲望的限度。在这种信念的支持下，皮科完成《论人的尊严》和《九百论题》(*900 Conclusiones*)的写作，并打算邀请全欧洲的学者到罗马与其就"九百论题"进行公开的辩论，并通过"九百论题"纠正基督教会日益狭隘的教条。但是，也正是"九百论题"使皮科再次遭遇人生的危机，导致皮科的思想彻底走向保守。1487 年，皮科的"九百论题"中有 13 个论题被教皇英诺森八世指派的审查委员会判为异端。皮科不满委员会的判罚，写了《辩护》一书为这 13 个论题进行申辩，结果惹怒了教皇，皮科被斥责为异端并遭到教会追捕，《九百论

① H. Darrel Rutkin, *Astrology, Natural Philosophy and the History of Science, C. 1250-1700: Studies Toward an Interpretation of Giovanni Pico Della Mirandola's 'Disputationes Adversus Astrologiam Divinatricem'*, the Department of the History and Philosophy of Science, Indiana University, Purdue University, PhD dissertation, 2002, 186.

② 加林:《意大利人文主义》,98—101。

③ Francesco Borghesi, "A Life in Works," 215.

题》也被焚烧一空。后来，在法国国王、洛伦佐等人的庇护下，皮科虽然度过了这次人生危机，但是教皇的谴责让皮科深感挫败。他在人生最后几年的时间里逐渐放弃了早年的学说，转而更多地关心神学问题，以克服罗马事件带来的痛苦，实现精神上的救赎。也正是出于此种目的，他在人生最后几年与多米尼克会的修士萨伏那罗拉的接触日益增多，在萨氏的影响下，皮科的思想变得愈加保守。他写给侄子的论道德的书信及其著作《七重天》(*Heptaplus*)、《论存在与单一》(*De ente et uno*)、《驳占星学》(*Disputationes adversus astrologiam divinicatrium*)等中存在的大量宗教和神学的内容以及为基督教辩护的论调就是最好的证明。

纵观其一生，可以将皮科的人生划分为两个阶段。第一个阶段是其出生至1486年。这一时期，皮科在自身激情和市民人文主义的影响下，勇于利用新精神来批判教会对基督教教义的曲解，排除现有宗教的狭隘和偏执，吸收人类优秀智慧成果来构建理想的宗教模式。第二个阶段是1487—1494年。由于遭遇人生的危机和教会的谴责，其思想日益走向保守，更多地倾向于基督教神学。学者们解读皮科思想时所强调的两种面向，其实就是皮科两个人生阶段的不同写照，也是其复杂的人生际遇在思想领域内的合理表现。

三、皮科基督教人文主义思想的内涵

(一)人的尊严：自由意志与上帝的合一

文艺复兴时期人文主义最典型的特征就是高扬人的尊严。从但丁、彼特拉克起人文主义者就常论及这个题目，法齐奥与曼内蒂甚至用论著的全部篇幅探讨这个问题，而到了斐奇诺这里，关于人的尊严的论述则具有了更明确的哲学意义。斐奇诺给宇宙万物规定了位置和等级，并将人的灵魂置于宇宙中心的位置以彰显人的尊严。皮科关于人的尊严的观点显然是承继于斐奇诺，只是稍作修改。在其著作《论人的尊严》中，皮科旗帜鲜明地论述了人的自由意志，例如，在整个论著的核心部分，皮科说道：

> 亚当，我没有给你固定的位置和专属的形式，也没有给你独有的禀赋。这样任何你选择的位子、形式、禀赋，你都是照你自己的欲求和判断拥有和掌控的。其他造物的本质一旦被规定，都为我定的法则所约束。但你不受任何限制的约束，可以按照你自己的自由意志决定你的本质……我使你既不属天也不属地，既非可朽也非不朽；这样一来，你就是自己尊贵自由的形塑者，可以把自己塑造成任何你偏爱的形式。你能堕落成为更低等的野兽，

也能按照你灵魂的决断，在神圣的更高等级中重生。[①]

与斐奇诺的论述相比，皮科所论述的人不再是宇宙等级中的一部分，甚至不是那个特有的中心部分，而是独立于整个宇宙体系之外，在万物的秩序中没有固定的位置；人可以根据自己的意志决定自己的位置和本质；人有能力实践所有的生活，动物的以及天使的甚至上帝的。人正是基于这种自由选择才拥有了尊严。其中缘由，正如桑迪拉纳所说："一个人如果生来就被塑造成圣人或善人，既不出于自己的选择，就无任何可钦可敬的内心奋斗，因此就毫无尊荣可言，不过是一个高级的木偶。"[②]因此，加林和保罗·米勒等学者才径直断定，自由是人的尊严的本质。[③]

然而，皮科对于人的尊严的讨论并未就此结束，而是力图将对人的尊严的解读纳入基督教的信仰之中，将人的自由意志一步步引向道德的完善和对上帝的信仰。首先，皮科在此之后的一章"天赋自由"中，仍然将上帝视为人的尊严的保障。因为，人的自由意志是由上帝赋予的，而且人能够实践所有的生活也出于上帝之手，"父在人出生时为他注入了各类种子以及各种生命的根苗……培育其植物的种子，他就变成植物；培育其感觉的种子，他就变成天上的生灵；培育其智性的种子，他就成为天使和神子"[④]。其次，皮科认为仅仅具有自由意志，人并不能实现充分的尊严，因为自由意志的滥用可能让人陷入"沦为野兽和无知的负重牲畜"[⑤]的危险。所以，人的最高尊严应该是借助神圣的信仰让"灵魂得以完善"，以"变成唯一与上帝同在的灵"而"得到完善神圣的幸福"[⑥]。皮科在其著作中从第五章"变形"起直到第十章"希腊秘仪"一直在引导人们如何仿效天使的尊贵与光荣，如何通过道德哲学洗礼、对各种古代智慧的学习以及借用喀巴拉的力量，达到道德和信仰的完善，实现与上帝合一的最高尊严。由此可见，皮科在赞扬人的尊严时，并没有抛弃基督宗教，而是利用基督教传统中的"上帝创世"与"上帝造人"的学说，来颂扬人的尊严和伟大，最高限度地提高了人的自由度。与此同时，出于对上帝的敬畏，皮科又给人的尊严加入一定的限制，注重强调人的道德和心灵的完善，强调人的最高尊严与上帝的关系。如此，一种神性与人性统一、

---

① 皮科·德拉·米兰多拉，《论人的尊严》，25。笔者根据自己的理解，对原译文作了一定的修改，如原译文将"natura"翻译为"人的自然"，笔者以为翻译成"人的本质或本性"更为妥当。

② 参见 G. 桑迪拉纳 Giorgio De Santillana 编，《冒险的时代》[The Age of Adventure]（北京[Beijing]：光明日报出版社[Guangming Daily Press]，1989），153—162。

③ 吴功青，《革命与危机：皮科论人的尊严与个体自由》，44。

④ 皮科·德拉·米兰多拉，《论人的尊严》，29。

⑤ 皮科·德拉·米兰多拉，《论人的尊严》，32。

⑥ 皮科·德拉·米兰多拉，《论人的尊严》，29。

神人和谐的基督教人文主义观念在皮科的著作中展现得淋漓尽致。

(二)具有皮科特色的"古代神学"思想:文艺复兴调和主义的顶峰

从但丁开始,古典哲学与基督教精神之间的关系问题就成为人文主义者关注的另一个焦点问题,因为他经常把同一个事实的基督教说明和异教说明放在一起。[①] 彼特拉克也认识到古典文化和基督教精神"可以互相容忍"[②]。而15世纪中期新柏拉图主义的复兴则使调和古典哲学和宗教的论调达到了顶峰,"佛罗伦萨的柏拉图学园有意识地以调和古代精神和基督教精神作为它的目标,这是那个时代的人文主义中一个引人注目的绿洲"[③]。皮科的老师斐奇诺就是当时新柏拉图主义的领潮者。为了调和当时发现的诸多古代文献和基督教之间的关系,斐奇诺举起了"古代神学"的旗帜。他认为人类社会存在唯一的真理,这真理分散于基督教之前的诸多古代宗教和哲学之中,并通过一条"金链"(*catena aurea*)相互联系和传承。"金链"的开端是琐罗亚斯德、赫尔墨斯、俄耳甫斯的学说,他们的教义通过阿格劳斐慕斯、毕达哥拉斯传给了"金链"末端的柏拉图。而就"金链"末端的柏拉图哲学与基督宗教的关系而言,斐奇诺确信真正的宗教即基督教和真正的哲学即柏拉图主义,在根本上是能调和一致的。[④] 不仅如此,斐奇诺还将作为柏拉图哲学源头的古代哲学或宗教都纳入"古代神学"的旗帜之下,试图将各种古代传统融入基督教的精神。"古代神学"思想也被视为斐奇诺基督教人文主义思想最突出的贡献。[⑤]

在斐奇诺的基础上,皮科进一步完善了"古代神学"的思想内涵。在皮科看来,"所有已知哲学和神学学派及其思想家都具有某种真实和可靠的洞见,这些洞见可以彼此调和起来,因而值得重新提出辩护"[⑥]。基于这种理论,皮科又将两个新的重要因素即希腊的、阿拉伯的、拉丁的亚里士多德学派和摩西传统引入"古代神学"思想。

首先,皮科认为经院哲学家的著作中有可加考虑的有价值的东西,他们的思想坚实可靠,提供了很多真理和洞见。[⑦] 皮科在给埃尔莫劳·巴巴罗的信《论哲学家说话的形式》中驳斥了巴巴罗将经院哲学视为"单调、愚昧和未开化"的观点,为经院哲学进行了辩护。他认为经院哲学家虽缺乏修辞技巧,但这并不影响

---

① 雅各布·布克哈特,《意大利文艺复兴时期的文化》,201。
② 赵立行,《宗教与世俗的平衡及其相互制约——意大利人文主义者的宗教观》,139。
③ 雅各布·布克哈特,《意大利文艺复兴时期的文化》,491。
④ 保罗·奥斯卡·克里斯特勒,《意大利文艺复兴时期的八个哲学家》,59。
⑤ 梁中和,《斐奇诺的基督教人文主义思想初探》,202。
⑥ 梁中和,《斐奇诺的基督教人文主义思想初探》,72。
⑦ 梁中和,《斐奇诺的基督教人文主义思想初探》,80。

其哲学思维的质量。因为,哲学家的风格不应该是“讨人喜欢的、经过装饰的和优雅的”,而应该是“有用的、严肃的,是某种受人尊敬的东西”[①]。为了更进一步证明经院哲学和阿拉伯哲学的价值,皮科在《九百论题》中收录了经院哲学家以及阿维森纳、阿威罗伊等阿拉伯哲学家的学说,并邀请各地学者到罗马进行公开辩论。皮科的遗作《论存在与单一》也强调了亚里士多德哲学和柏拉图哲学的一致性,以反对斐奇诺持有的亚里士多德从属于柏拉图的观念。[②]

其次,皮科将摩西传统也纳入人类的智慧体系。在《论人的尊严》中,皮科就将摩西描述为用“律法教导、激发、鼓励着人们生活的古代圣贤”[③]。其著作《七重天》则进一步指出毕达哥拉斯和柏拉图在游学埃及时,受到摩西神学传统的影响,所以他们的哲学都只是摩西传统的“延继”。[④] 如此,摩西也顺理成章地进入了皮科设计的人类真理传承的“金链”。不仅如此,皮科还努力将犹太神秘主义哲学喀巴拉融入“古代神学”之中。因为在他看来,喀巴拉是“摩西在西奈山上所受的对律法书真实而又隐秘的阐释”[⑤],是上帝赐予摩西的启示的重要组成部分,在喀巴拉中也包含着与人类其他智慧相通的真理。皮科曾这样说道:“说到喀巴拉涉及哲学的部分,那你简直就像在聆听毕达哥拉斯和柏拉图。”[⑥]为了赢得人们对喀巴拉的认可,皮科更是在《九百论题》中收录了 119 个有关犹太神秘主义喀巴拉的论题,并恳请与其他神学家、哲学家、教会人士进行公开辩论。[⑦]由此,亚里士多德及其希腊语、阿拉伯语、拉丁语的所有追随者,摩西传统和犹太神秘主义哲学在皮科这里也取得了与斐奇诺的琐罗亚斯德、赫尔墨斯以及俄耳甫斯的教义同等的地位,“古代神学”的范围也因此得到了极大拓展,作为基督教人文主义哲学基础的新柏拉图主义得以进一步完善。

(三)“基督教喀巴拉”:基督教人文主义的典型体现

“基督教喀巴拉”是基督教思想家利用源于犹太传统的神秘主义喀巴拉来解

---

① 关于信件原文,详见 Quirinus Breen, “Document — Giovanni Pico della Mirandola on the Conflict of Rhetoric and Philosophy,” *Journal of the History of Ideas* 13.3 (June 1952): 384-412。

② 参见 Giovanni Pico della Mirandola, *Of Being and Unity* (Milwaukee: Marquette University Press, 1943);保罗·奥斯卡·克利斯特勒,《意大利文艺复兴时期八个哲学家》,75—77。

③ 皮科·德拉·米兰多拉,《论人的尊严》,55—56。

④ Crofton Black, *Pico's Heptaplus and Biblical Hermeneutics* (Leiden: Brill Academic Pub, 2006), 96.

⑤ 参见皮科·德拉·米兰多拉,《论人的尊严》,109—112。

⑥ 皮科·德拉·米兰多拉,《论人的尊严》,114。

⑦ Joseph Leon Blau, *The Christian Interpretation of the Cabala in the Renaissance* (New York: Columbia University press, 1944), 20.

释和证明基督教学说的学问,学者们一般都将皮科看成这门学问的创始者。[①] 皮科不仅利用喀巴拉的解经方法来证明基督教的真理,而且还利用喀巴拉的学说来解释"人的尊严"的理论。人文主义精神与基督教神学思想在基督教喀巴拉构建过程中和谐共存、相得益彰。

前文已提及,皮科将喀巴拉视为摩西律法"真实而隐秘的阐释",在皮科看来,喀巴拉就是摩西律法中隐藏的奥秘,它必然蕴含着基督教的真理。他在《论人的尊严》中就说道:当我孜孜不倦地精读(这些书)时,我在其中看到的与其说是摩西的宗教,不如说是基督宗教。这里有三位一体的奥秘、有道成肉身、有弥赛亚的神行……与我每日在保罗、狄奥尼索斯、哲罗姆和奥古斯丁那里读到的一样。[②] 在《九百论题》中,皮科宣称:"没有什么能比魔法和喀巴拉更能证明基督的神性。"[③]与此同时,皮科还将喀巴拉的解经方法即赋予数字、希伯来字母一定的奥义来解释犹太教经典的方法运用于对《旧约》和基督教教义的解释,以证明基督教的正确性。皮科在著作《七重天》中就将这套方法运用于对希伯来《圣经》的第一个词"Bereshit"的评注中,以证明这个词蕴含着基督教"三位一体"的真义。[④] 此外,皮科还借用关于上帝之名的四字母词 *YHVH* 和希伯来字母 *Shin* 的组合来证明"Jesus"就是弥赛亚的名字,从而证明了耶稣就是弥赛亚和基督教的正确性。[⑤]

与此同时,也应该注意到,皮科将喀巴拉看成实现"人的尊严"的重要基础。皮科认为人是自由的造物,能够根据"自由意志"选择自己的本性或地位,他可以堕落为野兽,也可以实现自己的尊严——上升为与上帝同在的灵。这也说明人若不能正当地运用自由,就有变成野兽的危险。人如何避免堕落为野兽,利用上帝赐予的"自由意志"实现自己的尊严,成为皮科面临的重要问题。皮科虽然在《论人的尊严》第六章至第十章告诉人们要学习各种古代智慧,以达到自身的完善由此才能接近上帝。但是皮科认为这还不够,因为仅仅靠这些还不能填平人与上帝之间的鸿沟。人如果要真正接近上帝,还要依靠自然魔法的神秘力量,因为只有它才能"把低等事物嫁接到更高者的禀赋和权能上",实现人与上帝的直

---

① 参见 Joseph L. Blau, *The Christian Interpretation of the Cabala in the Renaissance*, 1-17。

② 皮科·德拉·米兰多拉,《论人的尊严》,114。

③ Giovanni Pico della Mirandola, "*900 Conclusions*," in Stephen Alan Farmer, *Syncretism in the West: Pico's 900 Theses (1486): The Evolution of Traditional Religious and Philosophical Systems* (Tempe: Medieval and Renaissance Texts and Studies, 1998), 499.

④ David B. Ruderman, "Italian Renaissance and Jewish Thought," 401.

⑤ 参见 Giovanni Pico della Mirandola, "*900 Conclusions*," 527。

接沟通。[①] 而在皮科看来，喀巴拉就是自然魔法的最高级形式，因为离开了喀巴拉，“任何魔法的运行都是毫无价值的”[②]。因此，在皮科这里，喀巴拉就具有了特殊的力量，人类借助它就能够控制自己的命运，实现与上帝的直接联系，从而上升到与上帝同在的地位，实现自己应有的尊严。[③]

由此可见，皮科运用喀巴拉来证明基督教的正确性，完全是出于中世纪的护教传统，是对中世纪基督教神学传统的一种延续。但是，在这个过程中，他对喀巴拉的解释和运用又完全是文艺复兴新柏拉图主义式的；而他运用喀巴拉的思想和材料为“人的尊严”学说服务，虽然是文艺复兴人文主义精神的体现，但其最终目的却是要借助喀巴拉的力量来实现与上帝的合一。人文主义精神和基督教神学传统相互交织，互为对方理论的支撑，一种宗教与世俗平衡的画面在皮科的阐释下逐步呈现，因此“基督教喀巴拉”也成为皮科基督教人文主义理论在实践中的典型体现。

四、皮科基督教人文主义思想的影响

作为文艺复兴思想史上的一颗明星，皮科的生命历程虽然短暂，但是他留下的思想遗产却影响深远。他在“论人的尊严”理论和“新柏拉图主义的完善”两个方面的贡献尤其突出。这二者既是皮科基督教人文主义思想的核心内容，也是其基督教人文主义得以传播和具有强大生命力的根基，其他各方面的影响也都可以被视为二者的附带效应。

(一)论人的尊严的魅力

“论人的尊严”学说是皮科思想的基础，也是学者们关注最多的学说。它对文艺复兴和以后的思想与社会的影响可以分为两个方面。一方面，皮科关于人的学说不仅突破了斐奇诺宇宙体系的限制，最大限度地提高了人的自由度，而且对基督教神学作了创造性的阐发。他将神学传统中惩罚人类、否定现世的“上帝”诠释成造就了人与世并将自由意志赋予人类的神圣权威，从而纠正了教会神本观中人与上帝对立的观念，实现了人与上帝的和谐，对文艺复兴时期人们的思想解放产生了积极影响。正因为如此，18 世纪的康德及其追随者才将皮科看作

① 皮科·德拉·米兰多拉，《论人的尊严》，106。

② Giovanni Pico della Mirandola, “*900 Conclusions*,” 499.

③ David B. Ruderman, “Italian Renaissance and Jewish Thought,” 399.

理性主义的先驱，黑格尔才将皮科视为文艺复兴时期人的尊严理论的最高典范。[①] 卡西尔甚至将皮科突破斐奇诺宇宙论限制的论述视作康德自由哲学的基础。[②] 另一方面，皮科的学说又在一定程度上修正了早期人文主义思想造成的享乐观。早期人文主义者对人、人性的强调，对教会禁欲思想的反抗，助长了文艺复兴时期的享乐之风，使得文艺复兴社会出现了道德危机。彼特拉克一生都在追求情人，波吉奥虽然强调人的美德，但私生活却极为放荡。皮科生活年代下的佛罗伦萨更是这种享乐主义的中心，人们对各种娱乐生活百般渴求，纵情欢乐，私生子遍地。因此，皮科在论述人的尊严时，就提醒人们注意不要滥用自由意志堕落成为野兽，失去作为人的高贵。而且他还告诉人们，人最高的尊严在于与上帝的合一，他鼓励人们实现最高的尊严，并为其作出了种种道德的限定，用上帝的存在来约束人的行为。他建议洛伦佐邀请萨伏那罗拉到佛罗伦萨进行道德改革就是出于此目的。因此，皮科的思想对于缓解当时意大利社会的道德危机有重要的意义。也正是由于这个原因，在皮科逝后的很长一段时间中，几任教皇的秘书在布道中都引用皮科的《论人的尊严》来阐述自己的思想。[③] 托马·斯莫尔也正是在翻译皮科的著作时意识到这一点，由此在《乌托邦》一书里始终设定有一个最高的存在神，并希望乌托邦人倾听基督的指引，基督成为他设计的理想社会的规划者和引导者。[④]

（二）完善新柏拉图哲学的意义

皮科完善新柏拉图哲学并使之与基督教神学相融合的观念，自产生伊始就受到了思想界的关注，成为基督教思想家构建理想宗教的理论基础。自库萨的尼古拉发表《论宗教间的和平》开始，基督教思想家就将排除现有宗教的狭隘，将人类社会的各种古代智慧或宗教融入基督教从而建立一种普世性的基督教作为终极目标。斐奇诺为此举起了具有新柏拉图主义色彩的“古代神学”思想的旗帜。皮科在继承斐奇诺的基础上，又扩大了古代神学的范围，使得人类所有已知的宗教都被纳入其中，树立了一个普世性基督教的典范。威尼斯的方济各僧侣吉奥尔吉（Francesco Giorgi）就在继承皮科的基础上，写了《论世界的和谐》（*De*

---

① Brain P. Copenhaver, “Magic and the Dignity of Man: De-Kanting Pico's Oration,” in *The Italian Renaissance in Twentieth Century*, ed. Allen Gerieco (Firenze: Olschki, 2002), 295-302.

② Ernst Cassier, *The Individual and the Cosmos in Renaissance Philosophy*, trans. Mario Domandi (Chicago: Chicago University Press, 2010), 115-122.

③ M. V. Dougherty, “Three Precursors to Pico della Mirandola's Roman Disputation and the Question of Human Nature in the *Oratio*,” in *Pico della Mirandola: New Essays*, 146-151.

④ 托马斯·莫尔 Thomas More,《乌托邦》[Utopia]，戴镏龄 Dai Liuling 译(北京[Beijing]：商务印书馆[Commercial Press]，1982)，104。

harmonia mundi totius)一书来阐述融合了柏拉图哲学、毕达哥拉斯哲学、赫尔墨斯主义与基督教思想的观念。① 法国学者波斯托(Guillaume Postel)在皮科的影响下,甚至提出了融和基督教、伊斯兰教以及犹太教的思想。② 另外,也要注意到,皮科虽然主张古代哲学与基督教的融合,但是他是从学术研究的角度出发认识到了各种古代智慧中蕴含的社会真理,认识到了其对于构建基督教思想秩序的重要性。因此,他提出了每个不同学派和思想家都在一定程度上贡献一份普遍真理的概念,这不仅实现了他在"约伯的和平"中提出的让各流派哲学和平相处的宣言,而且对于处理哲学史上显而易见的矛盾,处理伊斯兰教、基督教与犹太教之间的宗教冲突具有巨大的启发意义,为哲学和宗教间的宽容奠定了基础。正如克里斯特勒所说:"有一些历史学家正确地把佛罗伦萨柏拉图主义者的调和论称誉为通往后来宗教的和哲学的宽容理论的台阶;皮科由于扩大了那种调和论的范围和内容而为更加广泛的宽容打下了基础。"③

结语

深究前辈学者探讨皮科思想的路径会发现,他们之所以会陷入泥淖,主要是因为这些学者对皮科作品的解读几乎都是仅仅从思想诠释的框架出发,忽略了皮科所处的社会背景及与之相联系的社会对他思想的影响;从静止的角度出发,只看到了一时一地单独的皮科,忽略了皮科身处社会的发展变化导致的皮科思想的发展或转变。二战之后,文艺复兴学的研究中出现了著名的巴隆—加林路线,其重要特点就是将以前文艺复兴研究只注重思想层面的路径,转变为重视对文艺复兴的历史背景、政治形势和经济情况的研究。④ 这带给我们的巨大启发是:学者们在研究文艺复兴思想的时候,不能只关注思想和思想本身的转变,因为思想并不只限于此,它的产生和发展深深植根于思想家所处的社会,并影响着这个社会生活的各个方面。忽略了文艺复兴学者与其所处社会之间的互动,我们就会丢失观察社会和文化危机的意识,忽略历史发展的真正动力,进而对思想

---

① Frances Yates, *The Occult Philosophy in the Elizabethan Age* (London: Routledge, 2001), 34.

② William J. Bouwsma, "Postel and the Significance of Renaissance Cabalism," in *A Usable Past: Essays in European Cultural History*, ed. William J. Bouwsmaedited (Berkeley: University of California Press, 1990), 215-220.

③ 保罗·奥斯卡·克里斯特勒,《意大利文艺复兴时期八个哲学家》,74。

④ 丹尼斯·哈伊 Denys Hay,《意大利文艺复兴的历史背景》[The Italian Renaissance in Its Historical Background],李玉成 Li Yucheng 译(北京[Beijing]:生活·读书·新知三联书店[SDX Joint Publishing Company],1988),279。

家的思想形成一种偏颇、僵化和形而上的理解。

因此,借助对皮科所处的社会以及皮科基督教人文主义的解析,我们可以对文艺复兴的许多具体问题有更清楚的认知。皮科身上的悖论正是文艺复兴时代感作用的结果,这种时代感是一种极度矛盾且不容易叙述清楚的学者情绪,它纠缠着信仰与理性、神学与科学等中世纪和近代的思想内容;其也是皮科特殊人生际遇的反映,更是皮科与所处社会互动,解决其在这个社会中遇到的诸多问题的结果。通过对这些问题的解析,可以发现人文主义思想的源头,并不仅仅是古典文化,还包含着希伯来文化、埃及文化、阿拉伯文化甚至波斯文化。人文主义思想并不是一成不变的,在它们所处的社会环境的作用下会出现重要的发展、创新和转变。特别是在 14 世纪后半叶,在各种社会危机的作用下,人文主义已经从前代人文主义者关注的修辞学和优美问题,转向了对哲学和神学的探讨,这是理解皮科及其同时代学者的关键。在他们那里基督教信仰仍然是最高理想,然而,在这个理想的前提下包含着许多具体的责任感,他们都在力图采用人文主义新思想的因素,归正信仰教条,改革教会组织,将人的价值纳入基督教神学体系,重建受到冲击的社会道德,但在不经意间他们却创造出了一种新的思想体系,为近代社会及思想的发展奠定了重要基础。

An Analysis on Pico della Mirandola's Christian Humanism

LU Zhen　ZHU Xiao

Abstract: Pico della Mirandola was one of the most important theologians, philosophers, and humanists in the Renaissance. There are always two different ideas when scholars discussed Pico's thought: Some scholars held that Pico was a symbol of Renaissance humanism, while others held that he was always a pious Christian, trying to find the evidence to verify the Christian truth in various human cultures. By combing and analyzing of the historical background of Pico's thought, and his teachings on "human dignity", "ancient theology" and "Christian kabbalah", this article pointed out that the paradox existing in the mind of Pico was a typical characteristic of Christian humanism. Realizing this now is very important for us to understand humanism, the complexity and contradiction of Renaissance as a transition period.

Key Words: Pico della Mirandola, Christian Humanism, Renaissance

宗教学与神学的学科对话：一个汉语处境的反思

陈家富[*]

【摘要】本文以施莱尔马赫、巴特和蒂利希为代表，提出了三种不同的宗教学/神学模式，并试图探讨它们在汉语处境中的意义。施莱尔马赫模式将宗教学置于神学研究项目之下，巴特模式将两者划分为两个独立的领域，蒂利希模型把神学放在宗教学的范畴内。这三种模式在不同的汉语处境下对应不同的宗教研究计划。

【关键词】施莱尔马赫；巴特；蒂利希；宗教学；神学

前言

宗教学（宗教研究）的教研活动在亚洲地区，以致在国内高校一直受到多方面的挑战。一方面，在一个宗教多元而基督宗教并非主流的社会语境中，一种多元的宗教学进路是可以理解并理所当然的。并且，由于种种历史原因，宗教学本身在上述社会发展中并没有得到健康成长，以致它往往须要为自身在大学或学术机构中得以存在的合法性[①]辩护，即宗教学应为其占据学术话语一席位而提供学理上的答案。为此，不少从事宗教学的学者试图强调其“科学”性，强调宗教学的客观性和中立性等为加深宗教学的学术印象而非它的认信（confessional）特质，他们往往与基督教神学保持另一方面一种“礼貌的”距离，似乎在他们眼中，神学的“科学”性还是比较贫乏。故此，宗教学倾向把自身理解为对所有宗教的一种“非宗教性”或“非神学性”研究。

另一方面，在某些有基督教背景的高校，学者们假设宗教学的教研应与基督教精神相区别，宗教学应由基督宗教的研究主导，甚至，在教研中应积极地鼓励

* 陈家富，山东大学犹太教与跨宗教研究中心教授。

① 本文关注的是学术上的合法性，并非政治上的合法性。

某些基督教价值,甚至高举某种基督教的世界观。倘若,这些大学有神学研究的话,这些张力则更为明显,除了因为资源的冲突外,神学与宗教学所包含方法论的差异也是值得注意的。显然,基督教神学似乎只集中于某一宗教传统,宗教学则试图包罗万象;当基督教神学倾向于一种规范性论述,并委身于基督教传统时,宗教学则被理解为建基于客观证据,而非主要服侍于某些宗教群体;与基督教神学不同,宗教学无须假设宗教信仰,并对不同宗教采取中立客观的态度。由于上述种种差异,基督教神学往往被某些学者认为无法与宗教研究兼容。① 某些宗教学学者视神学与宗教学为长期的斗争关系,试图提出应将两者严格区分。② 某些有神学院背景的基督教神学家也尝试指出两者的清晰界线。③ 但正如某些基督教神学所指出的,神学教育只关心单一宗教是不理想的,以致问题反倒应该是神学与宗教学如何理顺它们之间的关系。④

从历史角度来说,神学其实并非由基督宗教引进,希腊文化中的"神学"(*theologia*)并不局限于某一宗教群体,而是属于希腊教化(*paideia*)的部分。事实上,古代希腊哲学家对神或诸神有诸多论述。⑤ 依此,基督宗教对神学并不拥

---

① 关于神学与宗教学的兼容性,参见 Arvind Sharma, "On the Distinction between Religious Studies and Theological Studies," *Bulletin of the Council of Societies for the Study of Religion* 26.3 (1997): 50-51; E. Sharpe, "The Compatibility of Theological and Religious Studies: Historical Theoretical and Contemporary Perspectives," *Bulletin of the Council of Societies for the Study of Religion* 26.3 (1997): 52-60; Jonathan Z. Smith, "Are Theological and Religious Studies Compatible?" *Bulletin of the Council of Societies for the Study of Religion* 26.3 (1997): 60-61; Robert A. Segal, "From Theology to Social Science: The Case of William Robertson Smith," *Bulletin of the Council of Societies for the Study of Religion* 26.3 (1997): 61-64; D. Brown, "Academic Theology and Religious Studies," *Bulletin of the Council of Societies for the Study of Religion* 26.3 (1997): 64-66; N. Smart, "Religious Studies and Theology," *Bulletin of the Council of Societies for the Study of Religion* 26.3 (1997): 66-68。

② D. Wiebe, *The Politics of Religious Studies: The Continuing Conflict with Theology in the Academy* (London: Macmillan, 1999).

③ 周永健 Zhou Yongjian:《宗教研究对神学教育的挑战》[The Challenge of Religious Studies to Theological Education],收录于《生命的学问》[The Knowledge of Life],余达心 Yu Daxin 编(香港[Hongkong]:中国神学研究院[Chinese Academy of Theology],2001),1—13;梁家麟 Liang Jialin:《我对神学的宣告》[My Theological Declaration],收录于《在信仰之思的途中:一群年青神学人的神学告白》[On the Way to Thought of Faith: Theological Confessions of a Group of Young Theological Men],邓绍光 Deng Shaoguang 编(香港[Hongkong]:基道出版社[Logos],2000),25-40。

④ P. Knitter, "Beyond a Mono-Religious Theological Education," in *Shifting Boundaries: Contextual Approaches to the Structure of Theological Education*, eds. Barbara G. Wheeler and Edward Farley (Louisville: Westminster/John Knox, 1991), 151-180.

⑤ L. P. Gerson, *God and Greek Philosophy: Studies in the Early History of Natural Theology* (London: Routledge, 1990).

有任何专利,故有犹太神学、伊斯兰神学等。从历史发展来说,作为现代学科的宗教学始自基督教神学的机制[①],但当学者要刻意强调两者的距离时,他们往往就强调宗教学的独立性,甚至是一种排他的独特性。在欧洲历史语境中,宗教学和神学经常合并在一个由基督教研究主导的学院或学系之内,神学与宗教学的分离反而更多出现在北美较后期的历史发展中,根据美国最高法院关于宗教实践与教学的法例,宗教学在 20 世纪 60 年代在公共机构中大放异彩。[②] 从此,宗教学就被视为一门既客观又中立,从而能在公立(俗世的)大学中存在的科学性研究学科,而神学却被视为仅限于宗派性神学院里的一种认信性活动。在中国,自 1949 年以后,以大学为主的神学系停办后,神学与宗教学之间的体制性差异就愈发明显。即使现在大学里有不少新设的宗教学部门或基地,但基本上与神学院没有体制性的联系。值得注意的是,在大学里出现的这种学科之间的体制性分离,无法恰当处理宗教学与神学之间的学术知识性关系问题,在真实具体的操作中会发现这种分离并不清晰,某些重叠之处还是无法避免。[③]

神学与宗教学之间的关系应如何理解?相信这里没有简单的答案。答案涉及如何理解这两个学科的方法、对象和内容。本文尝试以三位学者的观点来检视神学与宗教学的关系。施莱尔马赫(F. Schleiermacher, 1768—1834)[④]被视为现代新教神学之父,并且可能是首个认真看待多元信仰处境的基督教神学家。[⑤] 他对宗教学的发展有巨大的贡献,并且在德国柏林大学建立过程中担当了重要角色,此大学亦成为现代研究性大学的初型,里面的神学院是与医学院和法学院并置的。[⑥] 其后,本文将焦点转移到巴特 (Karl Barth, 1886—1968),其中将展示一种区分神学与宗教学的模型。最后,本文将以蒂利希(Paul Tillich, 1886—1965)的观点作结,并提出一些处境性的思考。

---

① E. Sharpe, *Comparative Religion: A History*. Second Edition (London: Duckworth, 1986), chapter 1 and 2.

② Peter C. Hodgson, *God's Wisdom: Toward a Theology of Education* (Louisville: Westminster John Knox Press, 1999), 132-133.

③ 据 Ninian Smart (1927—2001),教义乃宗教现象的七个维度之一,因此基督教教义应同时是神学与宗教学的对象,参见 N. Smart, *The World's Religions* (Cambridge: Cambridge University Press, 1989), 12-21。

④ P.-C. Lai, "Christian Theology in a Religiously Pluralistic Context: An Asian Revisit of Schleiermacher," *Journal of Asian and Asian American Theology* 4 (Spring 2001): 9-28.

⑤ Wilfred Cantwell Smith, *Towards a World Theology: Faith and the Comparative History of Religion* (London: Macmillan, 1981), 114, 117.

⑥ Herbert W. Richardson, *Friedrich Schleiermacher and the Founding of the University of Berlin: The Study of Religion as a Scientific Discipline* (Lewiston: Edwin Mellen, 1991).

一、宗教学与神学的结合：施莱尔马赫

施莱尔马赫认为宗教或敬虔（*Frömmigkeit*）本质上属于"感受"（*Gefühl*）领域[1]，以致作为人精神活动的宗教活动本身是独特的，并且无法与知识和行动分离。[2] 据他的理解，宗教是一种"当下自我意识的意向性活动"[3]，一种先于分析和反思理性层面的状态，即一种对事件的直接把握[4]和开展一种原初性的实存关系的表达。[5] 人总是在与周遭偶然世界的互动中开展自身的自主自由，以致唯独那个"绝对"或"无限"才可构筑那种宗教感独有的"绝对依赖的情感"[6]。绝对依赖的宗教情感本身是关系性和接受性的，它表达了有限与无限之间关系的一种意识或觉醒[7]，据此，施莱尔马赫指出，宗教是人性的部分，人生而具备宗教性。[8] 根据这种观点，宗教学势将成为一门具备自身完整性的学科，而不应且无法被化约为其他学科。因为，宗教学本身拥有自己的独特研究对象，即人精神的宗教活动与功能。

施莱尔马赫的宗教理论不仅对抽象的宗教本质提出一套说法[9]，而且为宗教的经验性研究（empirical studies），例如心理学的、社会学的、比较性的、现象学的和历史的进路，提供一个理论性的根基。他认为，宗教本质无可避免地以外在的、历史的及社会性的方式表现在仪式和教理上，这就是所谓的"实证"（positive）宗教。[10]没有任何一个宗教（包括基督宗教）能完全具备所有宗教的本

---

① F. Schleiermacher, *On Religion*, trans. Richard Crouter (Cambridge: Cambridge University Press, 1988), 102.

② F. Schleiermacher, *On Religion*, 107-108; Thandeka, "Schleiermacher's Dialektik: The Discovery of the Self that Kant Lost," *Harvard Theological Review* 85.4 (1992): 433-452.

③ F. Schleiermacher, *The Christian Faith*, eds. H. R. Mackintosh and J. S. Stewart (Edinburgh: T. & T. Clark, 1986), §3, 5.

④ R. Williams, *Schleiermacher the Theologian: The Construction of the Doctrine of God* (Philadelphia: Fortress, 1978), 23-26.

⑤ F. Schleiermacher, *On The Glaubenslehre: Two Letters to Dr. Lücke*, trans. James Duke and Francis Fiorenza (Chico: Scholar, 1981), 40.

⑥ F. Schleiermacher, *The Christian Faith*, §4, 12.

⑦ F. Schleiermacher, *The Christian Faith*, §4.4, 16.

⑧ F. Schleiermacher, *On Religion*, 146.

⑨ W.H. Capps, *Religious Studies: The Making of a Discipline* (Minneapolis: Fortress Press, 1995), 1-18.

⑩ F. Schleiermacher, *On Religion*, 195.

质。[①] 因此,要认识宗教为何物,就必须完整地以多样的进路就不同宗教的经验性层次作历史和现象性的探究。

就神学而言,施莱尔马赫指出,神学课程应包括多种分支并配以诸多不同的方法和训练。[②] 这些分支的统合(unity)并非由一种单一方法主宰,而是基于以下事实:各分支皆关联于基督信仰,并要满足一种实践性的目标——为教会训练人才。[③]除了这个外部统合,基督教神学还有一种由基督教本质导引出来的内部原则。他指出,神学研究包括三部分:哲理神学、历史神学和实践神学。[④] 历史神学又分三个分支:原始基督教知识(释经神学)、基督教整体知识(教会历史)及当前基督教状态知识(分为教会统计学与教义神学)。[⑤]

历史神学的目标是研究不同时段的基督教真实处境及与基督教本质的关系,这需要先具备由哲理神学提供的预备性知识[⑥];哲理神学的目标是从两方面理解基督教的本质和独特性:通过与其他信仰(宗教)的比较,比较人的精神活动与其他活动。[⑦]简单言之,哲理神学是一种预备性研究,目的是从其他宗教群体和精神活动中区分出基督教本质;历史神学则旨在就这一本质提供历史性的理解;而实践神学则把这种理解应用在信仰群体的活动和工作上。

施莱尔马赫认为,基督教神学基本上关乎一种实践或专业性训练,是以教会群体为旨趣的,但它仍然属于大学里的一门学科。[⑧]原因是基督教神学是一种具备独特具体研究对象(历史上的基督教信仰)的实证科学(positive science)。他指出,教义神学的目标为系统理解和表达宗教群体在某种历史处境中的鲜活的信仰,为此神学家需要认识信仰的文件,包括《圣经》、信条等,并表达它们的意思。神学家并非仅仅描述和分析表达在教义中的宗教意识,还要批判和优化教义的陈构。[⑨] 在这过程中,神学家不仅是一个大公无私的观察者,因他/她无可避免地实存地参与某一宗教传统的建构和发展。值得注意的是,施莱尔马赫的

---

① F. Schleiermacher, *On Religion*, 190-191.

② F. Schleiermacher, *Brief Outline of Theology as a Field of Study*, trans. Terrence Tice (Lewiston: Edwin Mellen, 1990), §1, 1.

③ F. Schleiermacher, *Brief Outline of Theology as a Field of Study*, §3, §26, 2-3, 16.

④ F. Schleiermacher, *Brief Outline of Theology as a Field of Study*, §31, 18.

⑤ F. Schleiermacher, *Brief Outline of Theology as a Field of Study*, §85, 48, §195, 97.

⑥ F. Schleiermacher, *Brief Outline of Theology as a Field of Study*, §24, 28, 14, 17.

⑦ F. Schleiermacher, *Brief Outline of Theology as a Field of Study*, §21, 13.

⑧ Gerrish, *Continuing the Reformation* (Chicago: The University of Chicago Press, 1993), 273.

⑨ F. Schleiermacher, *The Christian Faith*, §19, 92-93.

神学方法,在某些层面类似胡塞尔提出的现象学[①],但又加入了诠释学。换言之,神学研究使用的真实方法比较接近人文科学(human science)而非自然科学(natural science),并且与宗教学有重要的延续性与相似性。

传统基督教神学倾向于聚焦某一宗教传统,例如基督宗教,并低估和忽略其他宗教的神学价值。其前提是基督教就是真理本身,其他宗教是错误的或根本不具有真理性。但通过观察基督宗教与非基督宗教的大量相似性,施莱尔马赫显然否定了这种假设。[②] 他认为,神学也要对其他宗教进行研究的,而非假设基督教是绝对的、独特的和优越的。

不少基督教神学家尝试从教义神学的进路处理非基督宗教的问题。经常被讨论的问题有其他宗教究竟是否有得救之途。在这种讨论中,其他宗教仅仅是一种教义陈述的对象;但另一些神学家则把其他宗教的研究视为一种实践神学的延伸,并从宣教的角度讨论其他宗教。这些进路往往隐藏了一种议案:认识它是为了改变它。

施莱尔马赫不同意上述两种进路,他倾向于将宗教学包含在神学的课程中,并视之为哲理神学的组成部分。这做法并非认为可以用哲学或宗教研究的基础来展述基督教信仰,他明确反对那种尝试证明基督教的必需性和真理性的尝试。[③]他要指出的是,通过对诸宗教的历史作批判性研究,能得出对诸宗教的整全性分类,这将有助于神学家理解基督教的本质。[④]基督宗教与其他宗教的心理学研究、历史研究、现象学研究皆有助基督教神学家理解基督教的独特之处,因此,宗教学对神学研究不可或缺。

施莱尔马赫认为就基督宗教研究的进路而言,研究基督宗教的本质时谈及神学判断是无可避免的。历史研究本身就经常包含作出判断的过程。[⑤] 所以,那种所谓"中立""客观""无假设"的宗教学是不可能的。既然如此,宗教学中的神学进路(就某一特定宗教作规范性研究)根本就不应该被排除在宗教学术研究之外。倘若宗教学忽略神学进路,并否定这种规范性研究的努力,那将是不恰

① 现象学的使用参见 R. Williams, *Schleiermacher the Theologian: The Construction of the Doctrine of God*, 6-13。

② F. Schleiermacher, *The Christian Faith*, §7.3, 33-34; F. Schleiermacher, *On Religion*, 192, 219-220.

③ F. Schleiermacher, *The Christian Faith*, §11.5, 59-60.

④ F. Schleiermacher, *The Christian Faith*, §9.2, 42-44.

⑤ W. E. Wyman, "The Historical Consciousness and the Study of Theology," in *Shifting Boundaries: Contextual Approaches to the Structure of Theological Education*, eds. Barbara G. Wheeler and Edward Farley (Louisville: Westminster/John Knox, 1991), 107.

当的。

施莱尔马赫认为,神学与宗教学不仅能在真实实践中相互补足,甚至在方法论上也能相辅相成。神学研究中的基督教研究需要一种在宗教学中的方法学,施莱尔马赫另外使用的神学方法,例如现象学与诠释学,则可应用在其他宗教的研究中。另外,施莱尔马赫的进路还可以与宗教学的当代趋势进行批判性对话,这些发展包括:假装客观和中立而试图避免作规范性判断,并把宗教化约为某种人类文化现象。David Ray Griffin 指出,当代学者在对宗教经验作社会科学式的解释时往往存在一种自然主义的倾向。① 但对施莱尔马赫而言,自然主义解释本身是不够的,因为宗教本身是关系性的,是一种关于人与神圣性的现象。

据此,施莱尔马赫打开了整合宗教学与神学之途。他的进路无疑会将宗教学视为神学的使女(*theologiae ancilla*),而非把神学研究视为宗教学的分支。但他把宗教学关联于哲理神学而非其他分支,因此能基本保持宗教学本身的自主性。并且,他的神学方法确实能指出一条思考神学的路径,即能假设一种多元宗教的语境和一种对与宗教学在方法论上进行融贯的考虑。他的宗教理解同时指向一种能对宗教学采取神学进路开放的宗教学。②

二、神学与宗教学的分离:巴特

巴特在 20 世纪严厉攻击那种可以追溯到施莱尔马赫的神学传统,并提供了一种针对宗教学与神学之间关系的对反进路。③ 巴特处理宗教问题时,是从启示与宗教的垂直关系入手,而非基督宗教与其他宗教的横向维度入手。对他而言,有两种处理启示与宗教的进路:一是从上帝启示的角度检视宗教,并视宗教为其中的一个神学议题;二是将宗教视为神学的唯一问题,并从宗教的角度解释或评价启示。④ 巴特指出,近代基督新教神学家通常选择后者,从导致"宗教的

---

① 学者间的讨论参见 David Griffin, "Religious Experience, Naturalism, and the Social Scientific Study of Religion," *Journal of the American Academy of Religion* 68.1 (2000): 99-125; David Griffin, "Rejoinder to Preus and Segal," *Journal of the American Academy of Religion* 68.1 (2000):143-149; Segal, "In Defense of Social Scientific Naturalism: A Response to David Ray Griffin," *Journal of the American Academy of Religion* 68.1 (2000):133-142; J. S. Preus, "Explaining Griffin," *Journal of the American Academy of Religion* 68.1 (2000): 127-132。

② Peter Connolly ed., *Approaches to the Study of Religion* (London: Cassell, 1999).

③ P.-C. Lai, "Barth's Theology of Religion and the Asian Context of Religious Pluralism," *Asia Journal of Theology* 15.2 (2001): 247-267.

④ Karl Barth, *Church Dogmatics*, Vol. 1 Pt. 2, trans. G. T. Thomson and H. Knight (Edinburgh: T. & T. Clark, 1956), 284, 295-297.

启示"(revelation of religion)而非"启示的宗教"(religion of revelation)[1],以致造成危险,因为这样以非神学的进路来处理宗教,将构成对上帝启示的自由探索的阻碍[2],并将宗教视为独立自主的,把启示降格成宗教,甚至以宗教取代启示。[3]为了克服这种危险,基督教神学需要从启示和信仰的角度来视宗教为人生命的真实,而非从非神学角度采纳宗教的某些定义。[4]巴特承认完全可能从内部来批判宗教,例如,以宗教历史或现象的数据来展示宗教人士未能达致他们建议的目标。但巴特坚持只有耶稣基督的启示才能让我们识别宗教作为偶像崇拜、自义和不信的真正本质。[5]

众所周知,巴特定义宗教为不信(Unbelief),并指出"启示作为宗教的扬弃(*Aufhebung*)"。但更重要的是,当巴特谈及宗教时,尤其当他指"作为不信的宗教"时,他指的是"宗教"(religion)而非"诸宗教"(religions)。因此,所谓"不信",巴特指的是人尝试以自我努力证成自身,并拒绝或代替上帝的恩典。这种对宗教的批判是应用于所有宗教的,但尤其应该针对基督教。[6]这判断却不必然对宗教作全盘的否定。[7]巴特明确指出:"启示对宗教的扬弃不必然单指对其否定:判断宗教为不信。宗教能在启示中被提升,就算此判断仍存在。"[8]巴特强调判断宗教为不信是由上帝宣判的,这并不影响我们从人的角度欣赏宗教的真、善和美。[9]另外,巴特亦指出,启示能使真宗教成为可能。[10]巴特认为,基督宗教之为真宗教,或是真宗教的焦点,是完全类比于罪人被称义的姿态;意思是,对比其他宗教而言,基督宗教并无任何超越性,这完全是上帝的旨意和拣选。[11] 基督宗教之为真宗教的焦点并非基于教义的考虑,亦非"唯独恩典"(*sola gratia*)之故(这也可以在某些宗教中找到);乃是上帝在耶稣基督里的恩典。[12]

巴特指出,自由神学尝试通过宗教间的历史或比较研究来展示基督宗教的绝对性或超越性,这举动本身是偶像崇拜。因为就历史文化现象而言,基督宗教

---

① Karl Barth, *Church Dogmatics*, Vol. 1 Pt. 2, 284.

② Karl Barth, *Church Dogmatics*, Vol. 1 Pt. 2, 292.

③ Karl Barth, *Church Dogmatics*, Vol. 1 Pt. 2, 293-294.

④ Karl Barth, *Church Dogmatics*, Vol. 1 Pt. 2, 296-297.

⑤ Karl Barth, *Church Dogmatics*, Vol. 1 Pt. 2, 314.

⑥ Karl Barth, *Church Dogmatics*, Vol. 1 Pt. 2, 300, 326.

⑦ Karl Barth, *Church Dogmatics*, Vol. 1 Pt. 2, 300.

⑧ Karl Barth, *Church Dogmatics*, Vol. 1 Pt. 2, 326.

⑨ Karl Barth, *Church Dogmatics*, Vol. 1 Pt. 2, 300.

⑩ Karl Barth, *Church Dogmatics*, Vol. 1 Pt. 2, 326.

⑪ Karl Barth, *Church Dogmatics*, Vol. 1 Pt. 2, 326.

⑫ Karl Barth, *Church Dogmatics*, Vol. 1 Pt. 2, 345.

本身根本没有任何的超越性和绝对性。基督宗教与大部分宗教一样，皆在同一个神圣审判下(宗教作为不信)无法自称为义。因此，基督宗教永远不应自视为超越和绝对。

基督教神学和宗教学就应该相互区别，并彼此独立。宗教作为不信建基于启示在耶稣基督里的神圣判断，而非关于诸宗教间的历史比较研究。[①] 宗教学学者也许会反对巴特对宗教的理解，并视之为一个佐证，恰恰证明在根本上没有所谓客观和中立的宗教理解，每个定义本身皆存在一己偏见和意识形态。[②] 但同样重要的是，巴特的观点或许可让宗教学成为一门对所有宗教开放的学科，而非受基督教神学影响的观点。当基督徒进入宗教学的学术领域，包括进行比较的宗教学时，他们不应有一种要贬低其他宗教而高举基督教的潜台词；倘若基督徒发现其他宗教在某些层面上优胜于基督宗教，他们应该乐意接受。

并且，巴特的宗教批判基本上从他在《罗马书释义》一书中关于律法的观点而来。也许，有人会质疑这是否只是一种《圣经》的律法观。从神学与宗教学的角度来说，巴特的宗教批判和区分神学与宗教学产生的问题处在一个更为根基性的层面。

就宗教历史的研究而言，巴特的“宗教作为不信”的观点并未充分反映耶稣与犹太教的历史关系。不少学者指出，拿撒勒人耶稣是敬虔的犹太人，他期盼上帝对以色列的应许能实现，而非建立一个有别于犹太教的新宗教。[③]当时反对耶稣的基本是罗马官员和犹太的祭司群体。期盼耶稣被钉死的是撒都该人及其祭司群，把他们都理解为犹太教的代表是有问题的，因为在当时普通犹太人眼中，这些人皆是异端。[④]第二圣殿犹太教本身就是非常多元的，以致无法把耶稣与犹太教的关系化约为一种对立关系。另外，从犹太教来说，律法是约的记号，守律法可视为信靠上帝，相信其恩典的表述，而非不信。其实，这种对犹太教的理解也许太过于死板，将犹太教仅仅视为一种“律法宗教”、“律法主义”和“不信”；这

---

① Karl Barth, *A Shorter Commentary on Romans*, trans. D. H. van Daalen (London: SCM, 1959), 24, 27-28.

② G. Green, "Challenging the Religious Studies Canon: Karl Barth's Theory of Religion," *The Journal of Religion* 75 (1995): 484.

③ G. Vermes, *Jesus and the World of Judaism* (London: SCM, 1993), 214-215, 另参见 G. Vermes, *The Religion of Jesus the Jew* (London: SCM, 1983); E.P. Sanders, *Jesus and Judaism* (London: SCM, 1985)。

④ Maccoby, *Jewish Views of Jesus* (London: Center for Inter-Faith Dialogue, Middlesex University, 1995), 6, 15-18.

种充满反犹太教的偏见(不能跟反犹主义混为一谈)清楚见于巴特的神学。[1] 这种针对犹太教的观点或许来自或深深植根于《新约》的反犹态度。[2] 其中一种克服这种偏见的方法是对犹太教进行一种非认信式的学术研究并与之展开积极对话。但巴特强调的这种“从启示到宗教”的神学进路,将压抑“从宗教到启示”的进路。

巴特正确地宣称神学的对象应该是上帝而非宗教,但神学与宗教学的尖锐对立将使两者彼此对反,这将非常可能忽略启示与宗教在方法论上的复杂性,就算有人愿意接受某种基督中心论的立场,把宗教的本质放在神圣启示下理解,但作为一有限的存在,我们仍然需要从基督宗教的传统出发。[3]“从启示到宗教”和“从宗教到启示”这两种进路,并非彼此排斥,而是相辅相成。

近年来,不少神学和/或宗教学学者开始质疑神学与宗教学分离的问题,基于施莱尔马赫和诠释学的洞见,Francis Schüssler Fiorenza 挑战一种所谓神学与宗教学对立的“迷思”。他指出,两者对立是假设了一种非常有误导性的观点:“主观信仰 vs 客观知识”“知识专利 vs 科学中立”“委身 vs 中立”。[4] 事实上,两者对立的迷思亦同样受到不少宗教学学者的批评。[5] Francis Schüssler Fiorenza 指出,宗教学可以挑战神学去克服教条主义的危险,神学也可以挑战宗教学去克服历史主义的危险。[6]他承认,这种观点得益于施莱尔马赫,并指向一种建构一己身份与接触其他传统之间的诠释性关联。[7]

可见,伴随宗教间对话变得频繁和比较神学(comparative theology)的兴起,宗教学与神学间的界线已显得模糊。[8]从学术角度来说,宗教多元论确实会为终极真理带来神学的问题,以致宗教学若拒绝讨论这方面的问题将显得不恰

---

① K. Sonderegger, *That Jesus Christ Was Born a Jew: Karl Barth's "Doctrine of Israel"* (University Park, Pennsylvania: The Pennsylvania State University Press, 1992), 167, 173-174.

② G. Lüdemann, *The Unholy in the Holy Scripture*, trans. John Bowden (Louisville: Westminster John Knox Press, 1997), 76-127.

③ 参见 Wilfred Cantwell Smith, *The Meaning and End of Religion* (New York: New American Library, 1964), 49, 156-157。

④ F. S. Fiorenza, "Theological and Religious Studies: The Contest of the Faculties," in *Shifting Boundaries: Contextual Approaches to the Structure of Theological Education*, 121-126.

⑤ G. Flood, *Beyond Phenomenology: Rethinking the Study of Religion* (London: Cassell, 1999), 18-41, 200-237.

⑥ F. S. Fiorenza, "Theological and Religious Studies: The Contest of the Faculties," 139-140.

⑦ F. S. Fiorenza, "Theological and Religious Studies: The Contest of the Faculties," 140.

⑧ W.H. Capps, *Religious Studies: The Making of a Discipline*, 311-330; F. X. Clooney, "Comparative Theology: A Review of Recent Books (1989-1995)," *Theological Studies* 56.3 (1995): 521-550.

当。近年来,全球问题意识(如生态危机)已成为不同宗教人士关心的问题,故此,宗教的学术研究若不关注这些与人类实存生命相关的事宜将愈发不充分。神学研究的实践性与规范性特质对宗教学而言是重要的。

三、作为探索终极关切的宗教学与神学:蒂利希

在关于蒂利希身份的众多描述中,极少学者形容他是"诸宗教神学家"[①]。部分原因是蒂利希本人从来没有提出任何关于"比较神学"或"宗教神学"的完整理论,或视自身的神学工程为一种宗教对话。但我们会发现,"宗教"或"诸宗教"等概念在他一生中有非常重要的意义。在他早期的学术生命中,1919 年,他曾在关于谢林宗教历史的论文中考察过一些非基督宗教的问题;在晚年又与日本佛教学者有亲身的对话交流。不少学者已经注意到,蒂利希在 20 世纪 60 年代与日本佛教的接触,不仅他个人有丰富的获益,更重要的是他的神学体系在某种意义下被对话的结果动摇。蒂利希对他晚年才完成的《系统神学》(卷三)感到不满也不是秘密。赖品超在关于蒂利希宗教神学的研究中指出,与佛教的相遇不仅刺激了他关于宗教对话的兴趣,并且为他制造了他从未预见的神学难题。[②]

蒂利希从来都不是一位严格意义上的宗教学学者,虽然他在美国被称为宗教学领域的"没被公开承认的理论家"。他早年通过反对超自然主义的排他论和自然主义的包容论,来重建宗教实质(religious substance)与文化形式(cultural form)之间的关系。基于他在边界上(on the boundary)的学术精神,蒂利希的神学视野永远是多重、多元和科际整合的,各领域间的界线被模糊化了。

蒂利希早年就已经关注宗教的问题,本文将集中讨论他在 1923 年出版的《诸科学体系》(*System of Science*)一书中关于神学作为神律体系(*theonome Systematik*)的理论。蒂利希在 1919—1923 年尝试勾画出神学在一个科学体系中的位置,神学需要被安放在精神科学(*Geisteswissenschaften*,或称人文科学)及科学(*Wissenschaften*)的整体内。[③] 按当时蒂利希对精神科学的划分,其具备三个部分:哲学(旨在厘清研究对象的本质和特性)、精神/文化历史(旨在展示研

---

① 极少数的例外,参见 Robison B. James, *Tillich and World Religions* (Macon, Ga.: Mercer University Press, 2003); John J. Thatamanil, *The Immanent Divine: God, Creation, and the Human Predicament* (Minneapolis, Minn.: Fortress Press, 2006)。

② P.-C. Lai, *Towards a Trinitarian Theology of Religions: A Study of Paul Tillich's Thought* (Kampen: Kok Pharos, 1991).

③ Paul Tillich, *The System of the Sciences: According to Objects and Methods*, trans. Paul Wiebe (Lewisburg: Bucknell University Press. 1981).

究对象在历史中呈现的类型学)、体系(整合前两部分并给予规范性陈述)。[①] 可见,蒂利希早期就是以"哲学—精神历史—体系"这三重框架来理解神学的,但这个对神学整体的构想从未得以充分展开,他只在 1923 年完成了宗教的"哲学"部分[②],1925 年在马堡大学尝试了宗教的"体系"(神学)部分。[③] 至于中间的精神历史则从来没有在德国时期展开过。在蒂利希的原初构想中:"哲学"是为宗教建构一个形式结构,"体系"则在具体视野中提供宗教实质的规范性陈述,至于中间部分的文化宗教历史,原意是为架接哲学和体系而提供元素的。蒂利希早期认为,文化宗教历史能为神学家在建构形式与规范部分时提供质料内容,并且在普遍—存在论(哲学)与启示宣称(体系)间起到平衡作用。可见,宗教历史在蒂利希早期就已经得到重视。要注意的是,他早期指的宗教与晚期的不一样,那些具体和独特的宗教传统仍然不是蒂利希早期关心的焦点。

蒂利希在《系统神学》(卷一)中论及神学资源时再次提及宗教历史,蒂利希为了拒绝所有他律性的启示宣称,而强调《圣经》作者的体验与参与性元素,"他们的参与就是对事件的回应,通过回应,事件变成启示性事件"[④]。他之所以认为《圣经》记载的内容应被视为神学的资源,这并不是因为这些是宗教历史文献,而是在历史和词源的注释中彰显出圣灵的能力。可见,《圣经》研究或教会历史中的历史批判学获得的历史资料并非蒂利希的兴趣所在,而是作为一个神学家他能基于终极关切来自由地运用这些资料。[⑤] 对蒂利希而言,没有任何事物在神学思考中应先验地被排除在终极关切之外,系统神学家要对所有资料怀有批判与终极关切的态度。

蒂利希提出系统神学家需要认真看待宗教历史问题的两个原因:实践上的和建构上的原因。神学家和神学思考本身就不可避免地有语境,其必定带有文化、宗教及世俗的表达。[⑥] 这个实践的处境引出如何和为何选取资料的问题,蒂利希认为需要考虑三个重点。

首先,一个神学的宗教历史需要人类的前宗教与宗教生活的探索和分析所提供的素材进行神学性诠释,它应该阐释宗教表达的动机与类型,从而展示它们

---

① Paul Tillich, "On the Idea of a Theology of Culture," in *What is Religion?*, ed. James Luther Adams (New York: Harper & Row, Publishers, 1973), 157.

② Paul Tillich, "The Philosophy of Religion," in *What is Religion?*, 27-121.

③ Paul Tillich, *Dogmatik: Marburger Vorlesung von 1925*, eds. Herausgegeben, ein geleitet und mit Anmerkungen und Registernversehen von Werner Schüßler (Düsseldorf: Patmos, 1986).

④ Paul Tillich, *Systematic Theology* Vol.1 (Chicago: University of Chicago Press, 1951), 35.

⑤ Paul Tillich, *Systematic Theology* Vol.1, 38.

⑥ Paul Tillich, *Systematic Theology* Vol.1, 38.

如何由宗教关切所引导，以致必然出现在所有宗教内，包括作为宗教的基督教。[①]

其次，“一个神学的宗教历史需要指出世界宗教的魔化扭曲和新的趋势，并指出基督教的答案，为那些非基督宗教的继承者接受基督教讯息作好预备”[②]。

最后，“一个神学的宗教历史需要在宣教原则的亮光下被引导，此宣教原则是在耶稣基督里的新存有乃是人类宗教或明或暗所提出问题的答案”[③]。对一个神学家而言，诸宗教历史应在关于宗教本质的存有论表达所提供的类型中被理解，这操作类比蒂利希早期指出的“哲学”和“精神历史”的部分。同时，宗教历史也是论战性的，它提供关于实存问题与基督教答案之间关联机制所要的素材。

蒂利希在《系统神学》(卷三)非常强调神圣普遍临在一切有限当中，并在最后的公开演讲中，明确反对排他性的基督中心论，其原因并不是基督论的独特性宣称需要被放弃，而是它容易导致一种极度危险的化约论，它会将启示经验的范围和界线收窄至一狭小的区域。因此，肯定“诸宗教历史”的价值就等于肯定普遍启示经验，虽然这些经验经常以扭曲的方式出现。因此，包括基督教在内，没有任何一个宗教能宣称是绝对的、最高的和最后的。[④] 蒂利希晚年亦开始怀疑是否在诸宗教历史中只有一个中心存在[⑤]，这个中心需要被视为人类历史中神圣普遍在场与具体的历史彰显。面对历史诸宗教的合理性，基于启示、救赎与神圣临在彼此联结，蒂利希认为唯一的方法就是把这个历史中心普遍化(倘若还有一个所谓的中心)。因此，在蒂利希的体系内，圣灵的启示经验是普遍临在，并彰显于耶稣基督在历史中具体呈现的新存有。

同时，蒂利希指出，神圣的“普遍性—独特性”临在需要赋予神学批判，所有宗教皆须表达一种先知式的批判以审视宗教历史中神圣的扭曲。在克服宗教的魔化时，自我批判应该同时出现在边界内(先知的攻击)和边界外(世俗思想)。在趋向实现内在目的的过程中，以及攻击所有宗教的内在魔化倾向时，必须放弃将具体历史宗教等同终极的做法，并应以圣灵论来检视。蒂利希称呼这种终末式的终极目的与普遍临在为“具体之灵的宗教”(the Religion of the Concrete Spirit)，其中包括圣礼、先知与神秘的动态性元素。每一个宗教皆在不同程度上

---

① Paul Tillich, *Systematic Theology* Vol.1, 39.

② Paul Tillich, *Systematic Theology* Vol.1, 39

③ Paul Tillich, *Systematic Theology* Vol.1, 39.

④ Paul Tillich, "The Significance of the History of Religions for the Systematic Theologian," in *The Future of Religions*, ed. J. C. Brauer (New York: Scribner's Son, 1966), 81.

⑤ 蒂利希说：“也许……我强调，也许……诸宗教历史中有一个核心事件。”参见 Paul Tillich, "The Significance of the History of Religions for the Systematic Theologian," 81。

包含这三方面。在《系统神学》(卷三)中,蒂利希指出,圣灵的普遍临在构成了万物的圣礼化,圣灵属灵在场于人格的信与爱中,呈现为神秘经验,圣灵的格式塔转化了新教原则而带出先知式的自我批判。另外,包括基督教在内的所有宗教皆陷入宗教的含混性中,并追寻圣灵的自我超越。因此,蒂利希在班顿演讲中,谈到通过接纳和拒绝的辩证联合来看待其他非基督宗教的含混性时,在具体之灵的宗教结构内,所有宗教皆投入实现终极目的的斗争中。[①]

倘若蒂利希晚年高度集中地处理宗教历史的问题,且《系统神学》(卷三)中的圣灵论又作为他处理众多神学课题的最终考虑,则圣灵论与诸宗教历史神学之间是否会有着重要的联系?蒂利希的神学由基督论转移到圣灵论,神圣的普遍临在成为处理基督教与其他宗教的一个关键性概念,虽然他无意放弃基督论在宗教对话中的角色,但耶稣基督的位置显然需要由圣灵来赋予,圣灵的普遍启示经验与独特地临在基督身上成为一种圣灵基督论的重要命题。值得注意的是,蒂利希在此进一步将耶稣的独特性加以淡化。

在上述分析中,本文已经考察了蒂利希晚年在《系统神学》(卷三)和最后的公开演讲中的基本立场,所有宗教(包括基督教)都在圣灵的普遍在场的审判与施行恩典过程中,以致这样的观点对所有历史宗教的神学理解皆倾向于垂直方向,蒂利希明确并强烈反对一种"演化—进步"的进路,和以黑格尔式观点看待宗教历史。在关于基督教是不是最绝对的宗教这一问题上,他重构为是否可能肯认诸宗教的根基(启示经验)具有"发展—进步"的可能,他的答案既是又否。在属灵在场的冲击下,神圣的具体临在并非以横向水平的形态出现,但诸宗教文化维度中的经验性表述和诸象征呈现,则完全受制于历史发展进程的外在与内在条件。"进展由此观之是可能的,在处于不同文化阶段中,圣灵被接收的彰显状态会以不同程度的清晰性与力量大小呈现为启示经验。"依此,没有宗教有绝对的宣称。并且,蒂利希强调终极的批判力量展现为耶稣基督事件的新教原则,将是所有宗教克胜神魔结合的重要武器。可以这样总结,关于基督教绝对性的问题,属灵在场的历史性彰显将连同耶稣基督的先知性批判力量,将历史宗教绝对性加以相对化,并引导至关于克胜宗教含混性的讨论。圣灵论与基督论在蒂利希的诸宗教神学中成为两个互补的教义。

虽然,蒂利希关于神学与宗教学的论述比较迂回,但有几个重点还是比较清楚的。

倘若施莱尔马赫的构想是将宗教学放进神学体系中,那么蒂利希似乎采取了相反的进路,即将神学放进宗教学中。神学是一门就宗教而言的体系性和规

① Paul Tillich, "The Significance of the History of Religions for the Systematic Theologian," 90.

范性研究,基于宗教是属于人的精神性活动,以致宗教本身在科学性体系中应占有一席位。

宗教学应从属人文科学而非自然科学,需要注意的是人文科学和自然科学具有两种相异的方法学和对象。宗教并不是与各学科并列的一门独立学科,由于宗教关心的是诸文化历史中的终极关切,以致宗教虽然不与各学科并列,但它存在于各学科的终极意义探究中,从某种意义来说,宗教学的探问无所不在。

虽然存在上述这种普遍性特质,但这不妨碍宗教以诸历史文化形态呈现自身,以致历史文化的宗教学理应成为科学建设的组成部分。

神学从属于宗教学,为终极关切提供特定宗教传统下的体系性与规范性研究。因此,神学研究对象就不应局限于某一宗教传统内。

四、处境性反思

上文就宗教学与神学的关系提供了三个参考模型:施莱尔马赫式、巴特式与蒂利希式。现尝试以这种类型学的方式来检视汉语处境中的问题。

中国高校明显是以巴特式模型来运作,意即在大学或社科机构中以提出一种科学、客观、中立的宗教学为目标,继而将带有强烈认信背景的神学研究收归神学院的领域之内。在宗教学与神学的分离姿态上,是巴特式,但不必然完全"拥抱"巴特对宗教(包括基督宗教)的全盘理解。这种分离模式刻意塑造一种二元对立关系。这模式存在两个层面的困难:正如上文所指出的,就理论层面而言,这种分离模式不仅已经无法解释当前宗教学的前沿思维,同时亦远远落后于当前的神学研究思维;但值得注意的是,就实际操作层面而言,这种分离只是一种体制上的分离,并不意味着在微观的层面上,宗教学学者与神学工作者在研究方法和对象上没有复杂而丰富的交杂。首先,就在大学中产生的所谓基督宗教的研究成果而言,其与神学研究几乎是没有分别的。学者们亦极力地把这种难以区分清楚的研究用客观科学的性格表达出来,企图满足宗教学的科学要求。其次,随着西方前沿学术研究的发展,神学的活力亦慢慢以一种世俗化的语言和论述表达出来,而非仅仅局限于一种基督宗教的传统,这种发展趋势有可能为现时的含糊姿态提供更丰富的养分。

这里存在一个宗教学的学科危机和基督宗教的宗教危机。首先,当宗教学一旦与神学脱离,并摆脱自身的规范性特质,试图以客观科学的姿态出现时,其学科位置就岌岌可危。例如,宗教社会学作为一门宗教学的学科,以社会科学为根基,采取客观中立的姿态从事关于宗教行为和社团构成的研究,但其方法论是社会学的,对象也是社会学的,下一个问题就是宗教社会学为什么不能放在社会学系而非要在宗教学中？类似的问题有：为什么不是心理学系，抑或是历史系、文学系、古典研究系、语言学系？还有必要设一个独立的宗教学学部吗？若有，原因在哪？倘若其他学科完全可以以独特的方法学来研究宗教对象，那么还能为宗教学的独特性辩护吗？这种追问实际上是迫使宗教学去思考，除了与历史方法、社会科学方法、心理学方法、哲学方法之外，宗教学究竟是否存在一种独特的方法论。倘若答案是否，那么究竟是什么使得宗教学能成为一门学科？其次，倘若神学只局限于以认信为背景的神学院内，那将意味着有关基督教研究的规范性研究只有认信意义，没有科学性意义；长远而言，神学作为一种理解基督宗教内部传统的义理建构领域势将失去批判性和客观性功能，继而基督教群体思想容易走入僵化甚至迷信的境地。从西方中世纪以降，神学得以存在于大学体制之内，并非由于一种历史的偶然性而已，它的科学性格不断被强调和建构，以致神学的规范性格和科学性格可同时服侍信仰群体与学术群体。

施莱尔马赫式的模式似乎更具体展现在某些世俗大学中的宗教学学系和神学研究部门。香港中文大学的崇基学院似乎较接近这一模式。崇基学院乃基督教背景学院，合并于香港中文大学这所由政府资助的世俗大学。其中，有宗教学课程提供宗教的学术研究，亦有神学课程提供关于基督宗教的学术研究，并为教会训练牧职人员。这两种课程间的界线并不明确，学生可以跨课程选择宗教学或神学课程，老师亦不时游走于这两种课程之间。一方面，学院的基督教精神与世俗大学之间存在某种张力，同时宗教学与神学研究之间的整合也不可避免。重要的并非是否应整合而是如何整合的问题。施莱尔马赫尝试把宗教学视为哲理神学的进路是值得考虑的，这条进路比把宗教学放在教义神学或实践神学里更为理想。

当然，在汉语处境的思考中，施莱尔马赫的模式仍然有不少困难：第一，他无法正视宗教间复杂的互动历史，诸宗教间的界线在汉语处境中往往是模糊且有弹性的，当然他的对话精神仍然有利于在对话的姿态中为一己的传统辩护；第二，施莱尔马赫的神学理解虽然具备科学性但仍然是以基督宗教为焦点，似乎在考虑神学的位置上仍无法去往更多元世界的不同领域中；第三，施莱尔马赫无法为亚洲及汉语的宗教传统研究提供一种非西方的阅读，即西方诠释范畴仍然可能不适用于汉语的宗教学处境。

当前西方（尤其是英美世界）的宗教学课程已经有突破性的发展，它们大部分已经采取交叉学科的进路切入不同的问题域来讨论宗教，这模式似乎比较类似于蒂利希模式。香港浸会大学的宗教学本科生课程名为“宗教、哲学、伦理”，学生须分别在四个范围中选科：“哲学”“基督宗教与比较宗教”“宗教学的科际整合”“伦理与社会”。这种宗教学的课程特色是不再以整体方式介绍某一宗教传统，强调一种跨领域跨宗教的方法论视野，并以通过具体文化社会全球问题来切入宗教问题为方向。例如，“宗教与性别”(Religion and Gender)一科就尝试以当前的性别研究理论来检视不同宗教(神学)传统，并同时挪用不同的宗教(神学)传统的性别议题来处理性别问题，以凸显不同宗教(神学)的贡献。因此，所有的宗教传统和神学传统都成为可供挪用的资源。其实，这种课程设计现在正是英国和不少美国大学宗教学的设计理念。个别的宗教传统往往不是被研究的主体，而是一种被采纳的方法(宗教作为方法)，它们被用来处理某些具体或思想性问题。这种进路并不以维护某一宗教传统为目的，也并非通过比较研究来评价各宗教间的优劣，而是在文本互际(inter-textual)和文本内际(intra-textual)间进行诠释，务求能达致更好的理解，并且让宗教传统更能与世界产生互动。随着离开所谓“客观中立与否”的问题意识，这种宗教学的进路也不再关心所谓“局外人/局内人”(outsider/insider)的问题；这种宗教学的改变相信也与当前学术前沿中的诠释学、解构主义与后现代思想有关。

结语

宗教学在大学的知识体系中占有一个无法被化约和取代的位置，它的科学性格并不局限于自然科学的思维，而更接近人文科学。因此，它不能亦不应被哲学、社会学、心理学、历史学、人类学等学科取代或仅仅成为它们的分支。宗教学的教研成果将持续地为诸宗教与基督宗教之间的相互理解作出重要贡献，并且也将在基督教神学的中国化发展中担当重要角色。基督教神学无须担心宗教学会阻碍其发展，反而，宗教学能摆脱基督教神学的教义性干扰，使得宗教学的教研更为“健康”。同时，在汉语处境中，基督教神学无法忽略一种多元宗教的具体处境，前者要想贡献于这种独特的环境，必然要与这些中国宗教传统所关切的问题进行“交往”。从一种消极的意义来说，基督教神学不应被视为一种“非学术性”的基督教研究；宗教学也不应被视为一种对所有宗教传统的非宗教性和非神学性的研究。积极而言，两者的姿态其实类似于一种“多元中的合一”(unity in diversity)或“分别而不分离”(distinction without separation)，就好像信经描述的基督的神性与人性的状态。两性不混乱、不分离、不改变、不交换，联合于一个实体当中。宗教学学者与神学工作者若能向对方开放，神学与宗教学将不单能促进这两门学科的发展，更能为当前人类面对的问题一展所长。

The Dialogue between Religious Studies and Theology: A Chinese Perspective

Keith, CHAN ka-fu

Abstract: This paper aims at presenting three distinctive religious studies / theology models in whichScheleimacher, Karl Barth and Paul Tillich are regarded as the representatives respectively, and attempts at accessing their significance in a Chinese context. Schleiermacherian model locates religious studies under the project of Theological studies; Barthian model separates both of them into two separated realm; Tillichian model locates theology under the category of religious studies. Also, these three models correspond to different religious studies program in different Chinese contexts.

Key Words: Schleiermacher, Barth, Tillich, Religious Studies, Theology

D

论争

Rejoinder

何谓圣经在中国:关于中华《圣经》译本体系的建构
——兼评蔡锦图《圣经在中国:附中文圣经历史目录》

刘平*

【摘要】《圣经在中国:附中文圣经历史目录》让当代汉语读者一册在手即可通览基督教《圣经》在中国的译传历史,其中包括在中国的不同语言、民族与群体中的译本和版本流变。该书成为当今第一部百科全书式中国《圣经》译本史料汇编与辞典式中国《圣经》译本—版本著作。但是,纵览正文厚达657页的中国《圣经》译本手册,其中值得商榷、补充和修正的问题至少有12处。本文就12种问题作出初步探讨,并在每个问题中列举若干事例来佐证,以期作者在将来的修订中能提供更加完备、完美的中国《圣经》译本—版本全景图,全面回答有关“圣经在中国”的两大难题:自唐景教至今,如何描绘基督教《圣经》正典在中国的流传与翻译史?如何建构中华《圣经》译本体系?

【关键词】《圣经在中国》;和合本;汉语圣经学

2019年是《圣经》“文理和合译本”“官话和合译本”出版一百周年。在汉语基督教研究、汉语圣经学领域,蔡锦图(Daniel Kam-to Choi)在中文《圣经》翻译

* 刘平,复旦大学宗教学系教授。

研究上取得的学术成果[①]首屈一指。在“文理和合译本”与“官话和合译本”百年纪念前一年，蔡锦图的《圣经在中国：附中文圣经历史目录》(以下简称“《圣经在中国》”)一书以657页的厚度为汉语学术界、收藏界提供了一部关于中国《圣经》翻译史与书目的通论与大全。此书的出版无疑为众多学科深化研究中国《圣经》翻译问题贡献了一部导览手册。文史哲、博物馆学等众多一级学科和二级学科都可按图索骥深入博大精深的中国《圣经》研究领域探索新问题，推介新成果。

显而易见的是，厚重的《圣经在中国》一书给读者的期许是全面梳理中国《圣经》翻译史与详尽书目。该书最亮眼之处是以629页的大篇幅研究与介绍汉语及其方言译本(正文，第1—602页；附录三至附录五，第611—637页)。但是，全书只用9页的篇幅极其简要地叙述中国少数民族语言《圣经》翻译，且将其置于“附录二 中国少数民族方言圣经略论”(第602—610页，此小标题有误下文叙及)之中。因此，从全书的谋篇布局来看，《圣经在中国》的书名，不论是正标题还是副标题，都有以全概偏的问题。正标题与“圣经在中国”的主题并不契合，因为除了偶尔提及之外，全书基本上未论及中国少数民族《圣经》翻译。副标题同样如此，因为全书将中国《圣经》翻译史上的中国少数民族语言《圣经》翻译推到无足轻重的角落，且“附录一 景教文献中的圣经翻译”仅仅简略叙述景教的中文《圣经》翻译，未涉及景教在中国的其他语言翻译。严格意义上说，此小标题应当改为“附录一 景教文献中的中文圣经翻译”。这显然情有可原，著者不可能通晓

---

① 蔡锦图在中文《圣经》翻译研究领域取得的主要成果包括专著、译著、编著与论文，主要有：海恩波 Marshall Broomhall，《道在神州：圣经在中国的翻译与流传》[The Bible in China]，蔡锦图 Daniel Kam-to Choi 译(香港[Hong Kong]：国际圣经协会[International Bible Society]，2000)，英文版参见 Marshall Broomhall, *The Bible in China* (London: British and Foreign Bible Society, 1934)；尤思德 Jost Oliver Zetzsche，《和合本与中文圣经翻译》[The Bible in China: The History of the Union Version or the Culmination of Protestant Missionary Bible Translation in China]，蔡锦图 Daniel Kam-to Choi 译(香港[Hong Kong]：国际圣经协会[International Bible Society]，2002)；伊爱莲 Irene Eber，《圣经与近代中国》[Bible in Modern China: The Literary and Intellectual Impact]，蔡锦图 Daniel Kam-to Choi 编译(香港[Hong Kong]：汉语圣经协会有限公司[Chinese Bible International Limited]，2003)；蔡锦图 Daniel Kam-to Choi，《圣言千载：圣经流传的故事》[Book of Thousands Year: Stories of Bible Transmission](香港[Hong Kong]：基道出版社[Logos Publisher]，2011)；蔡锦图 Daniel Kam-to Choi，《天主教中文圣经翻译的历史和版本》[The History and Editions of Catholic Chinese Bible Translations]，于《天主教研究学报》[Hong Kong Journal of Catholic Studies]，2011年第2期[2011, Issue 2]，香港中文大学天主教研究中心[Centre for Catholic Studies, The Chinese University of Hong Kong]主编，11—44；湛约翰 John Chalmers 等译，《遗珠拾穗：清末民初基督新教圣经选辑》[Gleaning in the Undiscovered Talent: Selections of the Protestant Bible in the Late Qing and Early Republic China]，蔡锦图 Daniel Kam-to Choi 编注(新北市[New Taipei City]：橄榄出版社[Olive Press Publishing]，2014)；蔡锦图 Daniel Kam-to Choi，《圣经在中国：附中文圣经历史目录》[The Bible in China: With a Historical Catalogue of the Chinese Bible](香港[Hong Kong]：道风书社[The Logos and Pneuma Press]，2018)。

众多中国少数民族语言及其方言。从一点来看,该书较为合理的书名应当是“圣经在中国:以汉语及其方言为中心,附中国少数民族语言及其方言圣经翻译”。

造成文不切题的主要原因是《圣经在中国》对“中国”与“圣经”两个关键词没有给出精准的界定。正如书名所显明的,《圣经在中国》的研究视野理当聚焦在“中国”“圣经”的翻译上。但是,在历史与现实中,“中国”一词的内涵与外延颇为变动不定。笔者认为“中国”一词在地缘政治的空间层面上,指现今作为现代民族—国家的“中华人民共和国”的领土、领海与领空,即中国内地地区和港澳台地区。就时间而言,凡是在此地理范围内从唐代景教(635)至《圣经在中国》付梓(2018)翻译出的《圣经》,均在全书收集、整理与研究范围之内。在此时空之内,“圣经”一词指的不仅是基督教(罗马天主教、东正教、新教等)使用的《圣经》正典,也指在华犹太教、元代的也里可温教(包括景教、罗马天主教)使用的《圣经》正典。但是,《圣经在中国》对从唐代至21世纪的在华犹太教未置一词,对中原之外的景教忽略不计。由此,《圣经在中国》出现明显的文不对题现象。

笔者认为,全书若以“圣经在中国:以汉语及其方言为中心,附中国少数民族语言及其方言圣经翻译”为题,可保持全书现有结构,但是仍有均衡不足之遗憾;若进一步改为“圣经在中国:汉语译本、少数民族语言译本及其他”则可以让主标题与副标题契合。若如此,只需将“附录”转化为正文即可。但是,因着全球化之便利,中国与世界各地华人基督徒之间的互动密切,这带来的一个重要且尚未引起注意的现象:一批海外华人翻译、使用的译本也流传到中国,而当代在华外籍人士群体(非个人意义上)使用不同语种的《圣经》译本,例如当代犹太社团(北京、上海、深圳、香港、台湾五大犹太社团)除了希伯来文《圣经》之外也使用英文等译本,在华非洲基督徒会使用自己母语的《圣经》译本;又因着历史原因,香港、澳门、台湾地区在翻译、流通《圣经》译本上也与内地不同,例如香港大量使用的英文译本,澳门的葡萄牙文译本,以及台湾地区少数民族译本、荷兰文译本等;由于同文同种,中国朝鲜族基督徒会使用不同、多数由韩国出版的朝鲜文/汉文《圣经》译本。为此,笔者特别提出建构“中华《圣经》译本体系”的设想,即将“《圣经》译本”与“中华”关联起来。“中华”一词,一方面指包括现今作为现代民族—国家的“中华人民共和国”,即中国内地地区和港澳台地区,另一方面也包括全球海外华人所处地区。凡是在此地理范围内翻译、出版或流通的《圣经》译本,只要在翻译、出版或流通上具备一个条件,均应处于中华《圣经》译本体系收集、整理与研究范围之内。以此为视角,笔者以《圣经在中国》已经取得的成果为基础,进一步提出十二个方面的修改、补充建议,以期可以获得一幅初步的“中华《圣经》译本体系”框架图。

一、"上青云而载真经"[①]的景教《圣经》翻译

景教作为聂斯托利派在华的一支,在华前后流传约七个世纪(635 年至 14 世纪末)之久,直至蒙元时期退出历史舞台而消亡于中土。景教使用的是该教派通用的叙利亚文《圣经》,即"培熹托译本"(Peshitta,又译"别西大译本"),或"通俗叙利亚文译本"(Syriac Peshitta)。Peshitta,意为"简单""通用",是故,该译本又名"简明本",是 150—250 年完成的叙利亚文标准译本。不过,"培熹托译本"之名直至 9 世纪才出现。根据考古发现,景教叙利亚文《圣经》至今尚保留若干残片,例如,1986—1990 年,在甘肃敦煌发现的残片包括:《诗篇》15:2—4a,17:1—4,21:2—5,23:1—4,24:1—5,28:1—5[②];《加拉太书》3:7b—10a[③]。这些残片成为基督教第一次在中华大地上留下《圣经》翻译记录的珍贵文献。[④]

在 700 年的历史长河中,景教不仅在汉族地区传经与译经,自唐武宗灭佛波及景教之后,尽管在中原地区景教踪迹暂时消失,但是,在现代中国边疆地区发现的考古文献证明:景教曾将《圣经》译为其他民族文字,其中包括新疆吐鲁番发现的粟特文《诗篇》以及部分《新约》经卷译文[⑤]、巴列维文《诗篇》[⑥]、新波斯文《诗篇》残卷[⑦]、

---

① 翁绍军 Weng Shaojun 注释,《汉语景教文典诠释》[Sino-Nestorian Documents: Commentary and Exegesis](香港[Hong Kong]:道风书社[Logos and Pneuma Press],1995),54。另有简体版,翁绍军 Weng Shaojun 注释,《汉语景教文典诠释》[Sino-Nestorian Documents: Commentary and Exegesis](北京[Beijing]:生活·读书·新知三联书店[SDX Joint Publishing Company],1996)。

② 牛汝极 Niu Ruji,《十字莲花:中国元代叙利亚文景教碑铭文献研究》[The Cross-Lotus : A Study on Nestorian Inscriptions and Documents from Yuan Dynasty in China](上海[Shanghai]:上海古籍出版社[Shanghai Classics Publishing House],2008),50—56。该书另外有法文版,牛汝极 Niu Ruji,《十字莲花:中国出土叙利亚文景教碑铭文献研究(公元 13—14 世纪)》[La Croix-Lotus: Inscriptions et Manuscrits Nestoriens en écriture Syriaque Découverts en Chine (XIIIe-XIVe Siècle)](上海[Shanghai]:上海古籍出版社[Shanghai Classics Publishing House],2010)。

③ 牛汝极 Niu Ruji,《十字莲花:中国元代叙利亚文景教碑铭文献研究》,44。

④ Pier Giorgio Borbone, "Peshitta Psalm 34:6 from Syria to China," in *Text, Translation, and Tradition: Studies on the Peshitta and Its Use in the Syriac Tradition Presented to Konrad D. Jenner on the Occasion of his Sixty-Fifth Birthday*, eds. W. Th. Van Peursen and R. B. Ter Haar Romney (Leiden, Boston: Brill, 2006), 1-10.

⑤ 牛汝极:《十字莲花:中国元代叙利亚文景教碑铭文献研究》,215。

⑥ 牛汝极:《十字莲花:中国元代叙利亚文景教碑铭文献研究》,216。

⑦ 牛汝极:《十字莲花:中国元代叙利亚文景教碑铭文献研究》,217。

中古波斯文《诗篇》残卷[①]等。

二、在华犹太教的"道经"及其翻译

《圣经在中国》不仅未在"附录一"和"附录二"中提及上述景教译经，而且对约从唐代至今在华犹太教《圣经》及其翻译完全忽略。犹太教的《圣经》正典希伯来《圣经》约在唐代传入中国，直到 21 初或断或续存在近 1300 年。由于希伯来《圣经》构成基督教《旧约》的主要部分或全部，讨论希伯来《圣经》在华传播与翻译的历史就不是可有可无的了。

实际上，明清传教士在文献中的记述表明，以河南开封犹太人为代表的在华犹太人尊经设堂。开封犹太人曾建立"礼拜寺"即犹太会堂，拥有自己的掌教即"拉比"。犹太会堂中有《托拉》即《摩西五经》卷轴，抄写在羊皮纸上，使用的是希伯来文辅音字母，没有马索拉学者创制的希伯来文元音符号。此部《托拉》自四五百年前传承至明末。开封犹太人称《托拉》为"大经"或"道经"。由此可见，直至明末，在华犹太人一直使用非马索拉文本的《摩西五经》。除此之外，开封犹太人还另外收藏有"散经"或"方经"。开封犹太人使用的希伯来文有 27 个字母，通常用的只有其中的 22 个字母，另外 5 个是变体字母。每逢安息日，开封犹太人诵读"大经"中的一段，每年将分为 53 段的整部《托拉》诵读完毕。按照现在通用的希伯来文经文划分法，全部《托拉》可划分为 54 个部分。但是，来自波斯的《托拉》则被分为 53 个部分。可能的情况是，52 个部分用于一年 52 个七天一个周期的安息日，余下的最后一个部分即《申命记》第 33—34 章用于庆祝《托拉》诵读完毕节(Shemini Atzereth, Slmchuth Torah)。[②] 诵经人将《托拉》卷轴置于犹太会堂正中间的摩西"宝座"即读经台上，有一位"提词人"站立旁边；再往下几步，另有一位"满喇"(Mulllah)，即帮助提词人矫正错误的人。摩西宝座后面供有"万岁牌"，上书当时皇上的名字。在万岁牌上悬有希伯来文金字匾额："义撒尔，听哉！我等之主耶和华为独一的主，福哉其名，荣哉其鉴，临于永远。"其中的"撒尔，听哉！我等之主耶和华为独一的主"取自《申命记》第 6 章第 4 节，按照希伯来《圣经》可以这样翻译："以色列，听！雅威是我们的神，雅威是一。"此即犹太教

---

① 陈怀宇 Chen Huaiyu,《高昌回鹘景教研究》[Studies on the Luminous Religion of Qocho-Uighur],收录于《敦煌吐鲁番研究》(第四卷)[Journal of the Dunhuang and Turfan Studies(Vol. 4)],季羡林 Ji Xianlin主编(北京[Beijing]:北京大学出版社[Peking University Press],1999),179—180、181—182。

② 江文汉 Jiang Wenhan,《中国古代基督教及开封犹太人》[Ancient Chinese Christianity and the Jews of Kaifeng](北京[Beijing]:知识出版社[Knowledge Publishing House],1982),182。

最富盛名的祷告词"诗玛篇"(Shema)中的一部分。自清朝雍正皇帝下令禁止罗马天主教传教之后,开封犹太人多称自己的宗教为"一赐乐业教"或"教经教"。教外人士以贬义称之为"挑筋教",即不吃可食动物的腿筋的宗教。掌教头戴蓝帽,用以区别头戴白帽的穆斯林,因此开封犹太人也被称为"蓝帽回回"。[①]

最早有关在华犹太教所使用希伯来《圣经》的记述来自明清的碑刻。明孝宗弘治二年(1489)所立的石碑,正面为弘治二年的《重建清真寺记》。此碑被称为"弘治碑"。明正德七年(1512)所立的石碑碑记为《尊崇道经寺记》。此碑被称为"正德碑"。两碑提及的"清真寺""尊崇道经寺"指的是犹太会堂。《重建清真寺记》记述:"……正教祖师乜摄[摩西],……求经于昔那山[西奈山]顶,入斋四十昼夜,去其嗜欲,亡绝寝膳,诚意祈祷,虔心感于天心,正经一部,五十三卷,有自来矣。"[②]《尊崇道经寺记》记述:"至于一赐乐业教,……有经传焉。道经四部,五十三卷,其理至微,其道至妙,尊崇如天□。"[③]此两处碑记提及的"正经""道经"就是《摩西五经》或《托拉》,源自摩西在西奈山获得的神启,可以分为 53 个部分。清康熙二年(1663)所立的石碑,现已遗落,碑文《重建清真寺记》拓本存留。此碑被称为"康熙二年碑"。"康熙二年碑"的《重建清真寺记》记述:"圣祖[摩西]斋祓尽诚,默通帝心,从形声俱泯之中,独会精微之原,遂著经文五十三卷,最易最简,可知可能,教人为善,戒人为恶。孝弟忠信本之心,仁义礼智原于性。天地万物,纲常伦纪,经之大纲也;动静作息,日用饮食,经之条目也。"[④]就开封犹太会堂,"康熙二年碑"的《重建清真寺记》记述:"殿中藏道经一十三部,方经、散经各数十册。"[⑤]由此来看,开封犹太人不仅有"正经""道经",即《摩西五经》,另外还有"方经"与"散经"。江文汉(1908—1984)认为,"方经"系方形,内容为《摩西五经》的一部分或分册。"散经"的内容包括教律、礼仪、祈祷文以及犹太年表、日历、节令、开封犹太人谱牒等。[⑥] 荣振华(Joseph Dehergne, 1903—1990)、李渡南(Donald Daniel Leslis, 1922—2020)考订认为,开封犹太人掌握的经书分为四类:第一,《经》或《大经》,即《摩西五经》;第二,《散作》,即基督教《旧约》分类中的历史书,包括从《约书亚记》到《列王纪》的经卷;第三,《礼拜书》,即犹太会堂或

---

① 江文汉,《中国古代基督教及开封犹太人》,157—170。

② 李景文 Li Jinwen 等编校,《古代开封犹太教:中文文献辑要与研究》[Ancient Kaifeng Jews: Selected Chinese Document and Studies](北京[Beijing]:人民出版社[People's Publishing House],2011),21。

③ 李景文等编校,《古代开封犹太教:中文文献辑要与研究》,24。

④ 李景文等编校,《古代开封犹太教:中文文献辑要与研究》,38。

⑤ 李景文等编校,《古代开封犹太教:中文文献辑要与研究》,39。

⑥ 江文汉,《中国古代基督教及开封犹太人》,183。

"清真寺"中举行礼拜仪式时诵读的主祈经;第四,《哈费他拉》(Haftarah,《圣录》),即希伯来《圣经》中的先知书辑录。[①] 通常,《哈费他拉》与分为 53 个部分的《摩西五经》相对应,也分为 53 个部分。从这些研究来看,开封犹太人使用希伯来《圣经》中的《摩西五经》或《托拉》、先知书和圣著,但尚未拥有足本希伯来《圣经》。

至今,尚无资料证明从唐代至今的在华犹太人将希伯来《圣经》或其中的前五卷译为中文或其他语言。上文提及的希伯来文金字匾额"义撒尔,听哉!我等之主耶和华为独一的主,福哉其名,荣哉其鉴,临于永远",是迄今为止笔者所能觅得的唯一的犹太教中文《圣经》翻译资料。但是,20 世纪末至 21 世纪初,犹太人在中国沿海开放城市(北京、上海、深圳等)以及香港、台湾地区建立犹太会堂。由此可以推断,当代中国的犹太人会使用希伯来《圣经》、《托拉》的原文或英译本等。近期中国印刷出版了犹太版《圣经》。[②] 其中的《旧约》按照希伯来《圣经》分类,分为三个部分:《托拉》即《摩西五经》、先知书、圣著。《新约》经目数以及排序与基督教相同。《旧约》,被称为"前弥赛亚经";《新约》,被称为"弥赛亚经"。

三、作为一种宗教的基督教与中文《圣经》翻译

《圣经在中国》在正文编排上,先从不同的基督教宗派入手,将全书分为两大部分:"第一部　中国天主教会和正教会""第二部　中国新教教会",然后对中国基督教三大宗派所从事的中文《圣经》译本按照年代先后作具体的铺陈。全书涉及的"基督教"(Christianity),理论上涵盖罗马天主教/公教(Catholicism)、东正教/正教(Orthodox)、新教(Protestantism)及其他宗派(denomination)教派(sect)、膜拜团体(cult)等。在现代汉语语境中,"新教"也被称为"基督教"。从而在现代汉语语境中,实际上存在两种含义的"基督教":广义上的基督教,主要由上述三大宗派构成;狭义上的基督教。天主教除了罗马天主教/公教之外,另外有坚持"三自"(自传、自治、自养)原则的"中国天主教",因此,"天主教"包括两种类型:其一,以圣统制为建制的罗马天主教或公教;其二,以中国 1958 年建立的中国天主教爱国会为建制的中国天主教。《圣经在中国》未对两种天主教作出明确区分。依次标准来看,《圣经在中国》将耶和华见证会的"中文新世界译本"

---

① 荣振华 Joseph Dehergne、李渡南 Donald Daniel Leslie 等编著,《中国的犹太人》[Juifs de Chine],耿昇 Geng Sheng 译(郑州[Zhengzhou]:大象出版社[Elephant Press],2005),17—18。

② *The Scriptures* (Northriding, South Africa: Institute for Scripture Research, 2012)。该英文版《圣经》由南京爱德印刷有限公司承印,仅供出口。

排除在外。“中文新世界译本”译自英语《圣经:新世界译本》1984 年修订版。2001 年,新世界圣经翻译委员会翻译的中文《圣经:新世界译本》,由耶和华见证会的宾夕法尼亚守望楼圣书协会(Watch Tower Bible and Tract Society of Pennsylvania)出版,在日本印刷。[①]

四、中文《圣经》翻译与汉语语体

《圣经在中国》中的“第一部　中国天主教会和正教会”“第二部　中国新教教会”在中文《圣经》译本语体划分上出现明显的不对称。“第二部　中国新教教会”将中文语体分为汉语与汉语方言,在汉语中又下分为“文言”(“深文理”)、“浅文言”以及“官话/国语/普通话”三种,而“第一部　中国天主教会和正教会”则按照年代先后介绍,并未按照第二部划分方法作出细化。因此,《圣经在中国》在正文两大组成部分之间出现前后标准不一现象。笔者按照上述天主教两种类型以及三种汉语语体,另外补充中国天主教修女卢树馨完成的单行本《圣经》译本,重新编辑《圣经在中国》“第一部　中国天主教会和正教会”的目录,从而使全书两大主体部分保持语体分类一致。

第一部　罗马天主教会、中国天主教会和正教会
1　罗马天主教会
导言　罗马天主教会的中文圣经
1.1　文言
1.1.1　白日升
1.1.2　般弘绪
1.1.3　李问渔
1.1.4　德如瑟
1.1.5　马相伯
1.1.6　何雷思
1.1.7　卜士杰
1.1.8　吴经熊
1.1.9　郭先广
1.2　官话/国语/普通话

① *The Holy Scriptures: New World Translation* (Brooklyn, New York: Watchtower Bible and Tract Society of New York, 2007).

1.2.1　贺清泰

1.2.2　沈则宽

1.2.3　萧静山

1.2.4　萧舜华、李山甫、申自天和狄守仁

1.2.5　上海耶稣会徐汇总修院

1.2.6　思高圣经

1.2.7　郭先广

1.2.8　牧灵圣经

1.2.9　偕主读经　乐仁译本

1.3　方言

1.3.1　高陈台湾白话圣经译本

1.4　罗马天主教与新教合一译经

1.4.1　共同圣经

2　中国天主教会

导言　中国天主教会的中文圣经

2.1　佘山修院

2.2　卢树馨

3　正教会

导言　正教会的中文圣经

3.1　文言

3.1.1　固里·卡尔波夫

3.1.2　弗拉维昂·高连茨基

3.1.3　英诺肯提乙(费古洛夫斯基)

3.2　官话

3.2.1　英诺肯提乙(费古洛夫斯基)

五、新教中文《圣经》译本校勘

《圣经在中国》在新教中文《圣经》译本上出现一个归类错误。《圣经在中国》的“3.22　世界圣经翻译中心”“3.25　中国国内译本”分别推介出两种中文《圣经》。实际上,这是同一部“普通话本”。第一部足本普通话《圣经》译本“普通话

本"到21世纪初才面世。2000年4月,美国得克萨斯州的世界圣经翻译中心(World Bible Translation Center,简称WBTC)翻译、出版了《圣经:普通话本》。"普通话本"是一部足本中文《圣经》译本,是第一部以"普通话"命名的中译本。美国得克萨斯州的世界圣经翻译中心向全世界推广自己翻译并出版的"易读译本"(Easy-to-Read Version)。"易读译本"拥有多种语种译本,诸如"英文易读译本""阿拉伯文易读译本""韩文易读译本""中文易读译本"等。其中的"中文易读译本"即"普通话本"。

新教中文《圣经》翻译史上书名最为多样的非"当代圣经"莫属。这也必然让读者与研究者感到混乱不清。《圣经在中国》对此未能给予清晰的梳理。笔者根据自己收藏的纸质版《圣经》,考证如下。1968年,英文《当代圣经》由国际新力出版社香港办事处承担翻译和出版工作。1973年,《当代圣经》中的单行本中译本《约翰福音》由国际新力出版社香港办事处出版,由张慕皑(1941—2017)担任翻译委员会主席。1974年,《当代圣经》中译本取名《当代福音》即《新约》,由国际新力出版社香港办事处出版。1975年,《当代圣经》中译本取名《今日佳音:中文圣经意译本新约全书》由新力出版社香港办事处翻译、出版,由财团法人基督教中国主日学协会发行。1976年,《当代圣经》中译本取名《最伟大的是爱:中文圣经意译本新约全书》由国际新力出版社香港办事处出版,中国家庭圣经联盟发行。1976年,《最伟大的是爱:中文圣经意译本新约全书》,由意译本圣经会翻译,由台北活石出版社出版,委托中国家庭圣经联盟发行。1981年,《当代圣经》中译本《今日圣经:中文意译本新旧约全书》出版,由意译本圣经会翻译、出版,由财团法人基督教中国主日学协会发行。《当代圣经》中译本定名为《当代圣经》,出版于1979年。1981年,国际新力出版社香港办事处以《当代福音》之名发行"中文意译本"《圣经》全书的简体字版本。1987年,当代圣经出版社成立,取代前出版社。1992年,当代圣经出版社与国际圣经协会合并成立国际圣经协会。1997年7月,李金好、向垒、邢饴编校的《立足点——圣经经卷选读》,由国际圣经协会出版,经文采用《当代圣经》(修订本),故可称为"当代圣经修订版"。2003年,国际圣经协会又更名为汉语圣经协会有限公司。21世纪初,英文《当代圣经》改名为"英文新普及译本"(New Living Translation,NLT)。汉语圣经协会有限公司于2006年翻译、出版《圣经:新约全书新普及译本》;2012年出版《圣经:新普及译本》。由此可见,"中文意译本",也可称为"当代圣经译本",已经有"当代圣经修订版",最新的名称是"中文新普及译本"(Chinese New Living

Translation,CNLT)。由此来看,《当代圣经》的中文译本名称包括:“中文意译本”[①]、“当代圣经译本”[②]、“当代圣经修订版”[③]和“中文新普及译本”。因此,《圣经在中国》需要在“3.17　当代圣经”“3.21　新普及译本”之外,另外单独介绍其他两种译本。

六、新教中文《圣经》译本补缺

《圣经在中国》在新教中文《圣经》翻译上需要补充大量材料。笔者根据自己的收藏与研究,对该书中遗漏的版本与书目增补如下。

(一)文理译本(2种)

1.伯德令译本

匈牙利籍犹太人伯德令(Bernát Bettelheim,Bernard Jean Bettelheim,バーナード・ジャン・ベッテルハイム,1811—1870)改宗新教之后,携妻至日本冲绳传教,留下手抄本《马太传福音书》《马可传福音书》。“伯德令译本”[④]是深文理与日文对照译本,20世纪晚期被学术界发现,1997年在日本正式出版。

① 就“中文意译本”(The Living Bible Paraphrased),笔者收藏的主要版本有:《最伟大的是爱:中文圣经意译本新约全书》[The Greatest is Love:The New Testament of the Living Bible Paraphrased](香港[Hong Kong]:新力出版社[Living Bible International],1976);《今日佳音:中文圣经意译本新约全书》[Today's Good News: The New Testament of the Living Bible Paraphrased](香港[Hong Kong]:新力出版社[Living Bible International],1975);《今日圣经:中文意译本新旧约全书》[Today's Bible: The Old and New Testament of the Living Bible Paraphrased](意译本圣经会[The Bible Society of the Living Bible Paraphrased],1981);《最伟大的是爱:中文圣经意译本新约全书》[The Greatest is Love: The New Testament of the Living Bible Paraphrased](台北[Taibei]:活石出版社[Living Stone Publisher],1976)。“意译本圣经会”的地址不详。

② 笔者收藏的纸质本“当代圣经译本”有:《当代圣经:献给真理的追求者》(香港[Hong Kong]:亚洲归主协会中国圣经出版社[Chinese Bible Press & Chinese Bible Press of Asian Outreach],1979);《当代喜讯》(简体字,红皮,配有插图,出版时间与机构不详);《圣经:当代圣经版》(上帝版,简体,横排,出版时间与机构不详)。

③ 李金好 Li Jinhao、向垒 Xiang Lei、邢饴 Xin Yi 编校,《立足点——圣经经卷选读》[Standpoint: Selected Books from Bible](香港[Hong Kong]:国际圣经协会[Biblica Inc.],1997)。经文采用《当代圣经》(修订本)。

④ 伯德令 Bernát Bettelheim 译,《马太传福音书》[The Gospel According to Matthew]、《马可传福音书》[The Gospel According to Mark](东京[Tokyo]:株式会社新教出版社[Shinkyo Publishing Co., Ltd],1979),书末附有《马太传福音书·马可传福音书解说》,作者为海老沢有道、新见宏、照屋善彦。和缀二册,限定300部。

2.杜步西译本

美南长老会传教士杜步西(Hampden Coit DuBose, 1845—1910),1909 年分别由上海美华书馆出版《旧约箴言注释》[①],由中国圣教书会出版铅印本《旧约士师记注释》。“杜步西译本”还散见于他用中文撰写的讲道稿中。

(二)国语/普通话译本(13 种)

1.直译本

1922 年,北京新旧库翻译并出版《马太福音》[②],被称为“直译本”。

2.罗马书国语译本

1922 年,北京新旧库翻译并出版《国语译本罗马人书》[③],此即“罗马书国语译本”。

3.宋华忠译本

1966 年 12 月,宋华忠将 D.N.Steele 与 C.C.Thomas 原著的《罗马人书浅释》[④]即《罗马书》注释译为中文,由台北基督教改革宗翻译社出版;1985 年 10 月,再版。“宋华忠译本”只见《罗马书》,未译其他经卷。

4.“当代译本”与“当代译本修订版”[⑤]

20 世纪初,“当代译本”由国际圣经协会(Biblica Inc.)翻译并出版。2010 年,《圣经:当代译本 · 修订版》由国际圣经协会出版。2016 年,圣经资源中心出版、华宣出版有限公司发行《当代译本圣经》。2016 年 1 月,上海同济大学出版社出版取自“当代译本”的《圣经阅读指南:新约》。“当代译本”“当代译本修订版”以当代通行的汉语译经,注重浅白、通俗与流畅。

---

① 苏州杜步西 H. C. DuBose 注,《旧约箴言注释》[Old Testament Commentaries: Proverbs](上海[Shanghai]:中国圣教公会[Chinese Religious Tract Society],1909)。

② 陆亨理 Heinrich Ruck 译,《马太福音》[The Gospel According to Matthew](北京[Beijing]:新旧库[The Bible Treasury],1922),收录于《新约圣经——六合一译本》[New Testament Bible (6 in 1 Version)](香港[Hong Kong]:拾珍出版社[Found Treasure Publications],2007),1593—1626。

③ 新旧库 The Bible Treasury 译,《国语译本罗马人书》[Romans in Mandarin Version](北京[Beijing]:新旧库[The Bible Treasury],1922),收录于《新约圣经——六合一译本》,1762—1802。

④ 斯大卫 D. N. Steele、陀马思 C. C. Thomas:《罗马人书浅释》[Romans: An Interpretive Outline],宋华忠 Song Huazhong 译(台北[Taibei]:基督教改革宗翻译社[Reformation Translation Fellowship],1966),收录于《新约圣经——六合一译本》, 1762—1802。

⑤ 笔者收藏的主要译本有:《圣经:当代译本 · 修订版》(科泉市[Colorado Springs]:国际圣经协会[Biblica Inc.],2010);《当代译本圣经》(香港[Hong Kong]:圣经资源中心[Bible Resource Center Press],2016);杨腓力 Philip Yancey、蒂姆 · 斯塔福 Tim Stafford,《圣经阅读指南:新约》[The Student Bible (New International Version) :The New Testament],美国 Biblica 中文翻译部 Agency of Chinese Translation of Biblica in USA 译(上海[Shanghai]:同济大学出版社[Tongji University Press],2016)。

5.三自四人小组译本

2007 年 12 月,周行义、王建德、祁绍奚、周忠益等四人编著《汉希(词号、语法)英逐字五对照新约圣经》①,由上海的中国基督教三自爱国运动委员会、中国基督教协会出版部发行。为了与罗马天主教的“四人小组译本”即《圣经在中国》“1.11 萧舜华、李山甫、申自天和狄守仁”,以及新教传教士的“四人小组译本”即《圣经在中国》“1.3 麦都思、郭实腊、裨治文和马儒翰”相区别,笔者因此《新约》中文译本的译者均出自中国基督教两会,故称之为“三自四人小组译本”。

6.天经汉译本

2010 年 7 月,维吾尔文《圣经》译本即《天经》(*Al-Kitab Al-Muqadas Bible*)②的中译本,由香港新桥出版有限公司出版,采用《天经》为书名。“维吾尔文天经汉译本”将“耶和华神”译为“主安拉”。

7.祁绍奚译本

2011 年 9 月,参与上述“三自四人小组译本”的祁绍奚另外独立编译《逐字对译新约:汉语逐字对照译文》③,由中国基督教三自爱国运动委员会、中国基督教协会出版部发行。“祁绍奚译本”只有《新约》。

8.新和合研读译本

2011 年 1 月,李广译注的《新约:新和合研读译本(研读本)》④,由香港圣经资源中心出版。2012 年 7 月,李广编译的《新约新和合译本:附约伯记、诗篇、箴言、传道书、雅歌》⑤,由香港圣经资源中心出版。“新和合研读译本”由李广独立完成,故称“李广译本”;只限于《新约》和部分《旧约》,是对“国语和合译本”的修订,因此自称为“新和合研读译本”。

---

① 周行义 Zhou Xingyi、王建德 Wang Jiande、祁绍奚 Qi Shaoxi 、周忠益 Zhou Zhongyi 编著,《汉希(词号、语法)英逐字五对照新约圣经》[Chinese-Grace(Syntax & Grammar)-English Interlinear New Testament with Five Editions](上海[Shanghai]:中国基督教三自爱国运动委员会[National Committee of Three-Self Patriotic Movement of the Protestant Churches in China],2007)。

② 《天经》[Al-Kitab Al-Muqadas Bible](香港[Hong Kong]:新桥出版有限公司[New Bridge Publishing Company Limited],2010)。该译本为真主、简体版(Chinese Simplified Character),横排。

③ 祁绍奚 Qi Shaoxi 编译,《逐字对译新约:汉语逐字对照译文》[New Testament: A Word-for-Word Translation of Chinese](上海[Shanghai]:中国基督教三自爱国运动委员会[National Committee of Three-Self Patriotic Movement of the Protestant Churches in China],2011)。

④ 李广 Li Guang 译注,《新约:新和合研读译本(研读本)》[New Testament: New Union Version for Studies (Studies Edition)](香港[Hong Kong]:圣经资源中心[Bible Resource Center Press],2011)。

⑤ 李广 Li Guangh 编译,《新约新和合译本:附约伯记、诗篇、箴言、传道书、雅歌》[New Testament of New Union Version: With Job, Psalms, Proverbs, Ecclesiastes & Song of Songs](香港[Hong Kong]:圣经资源中心[Bible Resource Center Press],2012)。

9.英王钦定本中译本

1611 年出版的“英王詹姆斯译本”(King James Version,KJV),也称“英王钦定本”,2015 年由两个华人译经团队译为中文。2015 年,美国圣经信徒协会(Bible Believers of Washington)翻译、出版《圣经:中英英王钦定本》①。笔者将此中文译本取名为“英王钦定本中译本”。

10.英皇钦定本译本

2015 年 2 月,天上之声编译组翻译并出版《圣经:英皇钦定本》②。笔者将此中文译本取名为“英皇钦定本中译本”,与上文提及的由海外华人翻译并出版的“英王钦定本中译本”作出区别。

11.张伯琦译本

2017 年,张伯琦独立编译完成的《新旧约圣经原文编号逐字中译(读经工具书)》③,由上海的中国基督教三自爱国运动委员会、中国基督教协会出版。“张伯琦译本”采取原文逐字译经。

12.王汉川译本④

王汉川(1950—)自 21 世纪之初,凭借一己之力不断推出自己的中文《圣经》翻译作品,至 2017 年,已经完成并出版《旧约》中的《创世记》(2005)、《出埃及记》(2006),以及《新约》中的四福音书(2010、2017)和保罗书信(2008)。全部《新旧

---

① 《圣经:中英英王钦定本》[The Bible: King James Version in Chinese & English](布莱恩[Blaine,WA]:圣经信徒协会[Bible Believers of Washington],2015)。

② 《圣经:英皇钦定本》[The Bible: King James Version],天上之声编译组 Edition & Translation Team of the Heavenly Voice 翻译、出版,2015 年 2 月。“天上之声编译组”具体信息不详。

③ 张伯琦 Zhang Boqi 编译,《新旧约圣经原文编号逐字中译(读经工具书)》[Strong's Concordance Number of Literal Chinese Translation of The Old and New Testaments(The Tool for Biblical Studies)](上海[Shanghai]:中国基督教三自爱国运动委员会[National Committee of Three-Self Patriotic Movement of the Protestant Churches in China]、中国基督教协会[China Christian Council],2017)。

④ 已经出版的王汉川的译本包括:生命树书系之三,《创世之光:〈摩西史诗——创世记〉鉴赏指南》[The Light of Creation: An Appreciation Guide to “The Epic of Moses — Genesis”](北京[Beijing]:群言出版社[Qunyan Press],2005);生命树书系之四,《生命之光:〈约翰福音〉鉴赏指南》[The Light of Life: An Appreciation Guide to “John”](北京[Beijing]:群言出版社[Qunyan Press],2005);生命树书系之五,《自由与律法之光:摩西史诗〈出埃及记〉鉴赏》[The Light of Freedom and Law: An Appreciation Guide to “The Epic of Moses — Exodus”](北京[Beijing]:群言出版社[Qunyan Press],2006);生命树书系之六,《保罗书信:保罗生平和书信鉴赏(上·下卷)》[The Pauline Epistles: An Appreciation Guide to the Life and Epistles of Paul(in 2 Volumes)](北京[Beijing]:群言出版社[Qunyan Press],2008);生命树书系之八,《心灵牧歌:〈四福音书〉鉴赏大全》[Pastoral Song of the Soul: An Encyclopedic Appreciation of the Four Gospels](北京[Beijing]:群言出版社[Qunyan Press],2010);《心灵牧歌:〈四福音书〉鉴赏大全》(上、中、下)[Pastoral Song of the Soul:An Encyclopedic Appreciation of the Four Gospels(in 3 Volumes)](北京[Beijing]:生活·读书·新知三联书店[SDX Joint Publishing Company],2017)。

约全书》有待进一步推出。

13.禧年本[①]

最新的中文《圣经》译本是“禧年本”。2018 年 3 月,美国的禧年本译经委员会出版《圣经:诗篇、箴言、传道书、雅歌》;2018 年 11 月,出版《圣经:创世记、出埃及记、民数记、申命记》,标注译者为戴职中。“禧年本”尚未完成全部的《旧约》和《新约》,译经计划还在进行之中。

七、汉语方言译本分类与补遗

《圣经在中国》按照清末传教士的研究成果而非现代学术标准对汉语方言分类。笔者认为,采取传教士学术研究与现代学术研究相结合的方式给汉语方言分类将更加全面与准确,由此将汉语方言分为七种。

第一种是官话方言,有“南京官话译本”“山东话译本”“天津话译本”“胶东话译本”“直隶话译本”等。

第二种是吴语系方言,包括“上海话译本”“苏州话译本”(Soochow Dialect/Colloquial Version)、“宁波话译本”(Ningpo Dialect/Colloquial Version)、“杭州话译本”(Hangchow Dialect/Colloquial Version)、“金华话译本”(Kinhwa Dialect/Colloquial Version)、“台州话译本”(Taichow Dialect/Colloquial Version)、“温州话译本”(Wenchow Dialect/Colloquial Version)、“无锡话译本”(Wuxi Dialect/Colloquial Version)等。

第三种是闽语系方言,包括“厦门话方言”(Amoy Dialect/Colloquial Version)、“福州话译本”(Foochow Dialect/Colloquial Version)、“汕头话译本”(Swatow Dialect/Colloquial Version)、“潮州话译本”(Teochew Dialect/Colloquial Version)、“兴化话译本”(Hinghua Dialect/Colloquial Version)、“建阳话译本”(Kienyang Dialect/Colloquial Version)、“邵武话译本”(Shaowu Dialect/Colloquial Version)、“海南话译本”(Hainan Dialect/Colloquial Version)、“汀州话译本”(Tingchow Colloquial Version)等。

① 戴职中 Dai Zhizhong 译,《圣经:创世记、出埃及记、民数记、申命记》(禧年本)[The Bible: Genesis, Exodus, Numbers, Deuteronomy (The Jubilee Version)]2018 年 11 月,美国印刷,ISBN-13:978-1985690547,ISBN-10:1985690543,网址:www.xnben.org;《圣经:诗篇、箴言、传道书、雅歌》(禧年本)[The Bible: Psalms, Proverbs Ecclesiastes & Song of Songs (The Jubilee Version)]2018 年 3 月,美国印刷,ISBN-13:978-1983679674,ISBN-10:1983679674,网址:www.xnben.org。

第四种是赣语系方言，只有“建宁话译本”(Kienning Dialect/Colloquial Version)。

第五种是客家话，其中有“客家话译本”(Hakka Dialect/Colloquial Version)、“五经富话译本”(Dialect/Colloquial Version)等。

第六种是广东地区方言即粤语，有“广州话译本”(Canton Dialect/Colloquial Version)、“三江话译本”(Sankiang Dialect/Colloquial Version)、“连州话译本”(Lenzhau Dialect/Colloquial Version)。[①]

第七种是其他地区汉语方言，如湖北地区方言有“汉口话译本”(Hankow Dialect/Colloquial Version)。[②]

新补充的汉语方言译本是由江苏无锡基督教三自爱国运动委员会正在进行的“无锡话译本”。[③]

八、其他语种《圣经》翻译补遗

《圣经在中国》在“附录二　中国少数民族方言圣经略论”中的“七、其他语言译本”中，仅使用两小段提及阿拉伯文译本与朝鲜文或高丽文译本。在当代汉语语境中，中国有朝鲜族，其使用的语言与朝鲜文/高丽文/韩文相同，且韩国与中国尤其中国朝鲜族交往互动密切，因此朝鲜文/高丽文/韩文译本可归入中国少数民族语言译本之中。“附录二　中国少数民族方言圣经略论”之题目也欠准确，根据书中信息，应改为“附录二　中国少数民族语言及其方言圣经略论”。“七、其他语言译本”所指的“其他语言”，主要指除前文已经介绍过的汉语及其方言、少数民族语言之外使用的语言。但是，实际上，《圣经在中国》只在正文中提及英文以及在“七、其他语言译本”中提及阿拉伯文，除此之外所谓的“其他语言

① 2009年网络流传一则信息，粤语(Cantonese)，俗称“广东话”，正式被联合国定义为工作语言，并且被认定为日常生活中主要运用的语言之一，仅次于中国的官方语言“普通话”。根据《联合国打击对粤语的虚假宣传》，刊于“语言杂志”(Language Magezine)网站(https://www.languagemagazine.com/2019/10/11/un-combats-false-claims-on-cantonese/)，发布日期：2019年10月11日，引用日期：2022年2月1日，上述信息为误传。在中国以及联合国，粤语仍被归为汉语方言类。

② 关于汉语方言，不同的学者提出不同的分类。本书参考游汝杰 You Rujie:《汉语方言学教程》(第二版)[The Textbook of Chinese Dialectology(Second Edition)](上海[Shanghai]:上海教育出版社[Shanghai Education Publishing House],2016),229—230;蔡锦图:《圣经在中国:附中文圣经历史目录》,7、420—553。

③ 《马可福音:官话和合・无锡土白对照(试读本)》[The Gospel According to St. Mark: Mandarin Union Version・Wuxi Colloquial Version (Advance Reader Copy)](无锡[Wuxi]:无锡市基督教堂[The Church of Christ of Wuxi],2019),印数1—50册。非正式出版物,自行印刷,仅供交流使用。

译本”被大量遗漏。笔者认为，鉴于下文分析，“七、其他语言译本”应当另外归类，独立成章。

笔者认为《圣经在中国》大量遗漏“其他语言译本”，并建议将之收入独立章节，其中的理据有如下四点。其一，大量其他语言的《圣经》译本过去在华人世界中使用、流传。例如，前文述及景教的“通俗叙利亚文译本”即“培熹托译本”，元代罗马天主教携带进入中土的“通俗拉丁文译本”，即“武加大译本”，清代由俄罗斯东正教、英美传教士传入中国的俄文译本以及各种英文译本。其二，荷兰、葡萄牙、英国、日本，以及 1949 年前传教士主要来源国中的其他欧美国家，将荷兰语、葡萄牙语、英语、日语以及其他欧美国家语言（如西班牙语、瑞典语、德语等）的《圣经》译本传入中国。其三，20 世纪晚期，国际化大都市香港的人口组成以华人为主。除华人以外，香港还有菲律宾人，其次为南亚人、印尼人、泰国人、英国人、美国人、加拿大人、日本人和韩国人。澳门以华人主，另外有葡萄牙人（包括在澳门的土生葡萄牙人）、印尼人、菲律宾人和越南人。北京、上海、广州、深圳以及台湾等国际化程度高的地区都存在类似现象。非华人群体中的基督徒使用自己母语《圣经》译本。其四，随着中国对外开放并逐步融入全球化浪潮，移民海外的华人在移民目标国会使用该国的《圣经》译本。例如，美国的华人广泛使用各种中英对照版的《圣经》译本。类似情况也出现在加拿大、澳大利亚、英国、西班牙、德国、南非、巴西等国。

具体而言，笔者建议《圣经在中国》可以分四类推介“其他语言译本”。第一类为由中国内地南京爱德印制有限公司印刷并仅供出口的单语种外文《圣经》译本。特别从 21 世纪初开始，南京爱德印刷有限公司承印大批海外《圣经》印刷订单，其种类与数量之多超乎想象。其中的英文译本至少包括：“国际儿童版圣经”(ICB)[①]、“基督徒标准版圣经”(CSB)[②]、“新国际读者译本”(NIrV)[③]、“英王钦定

---

① *The Holy Bible*, International Children's Bible (ICB) (Nashville, TN: Thomas Nelson, 2005); *The Holy Bible*, International Children's Bible(ICB)(Nashville, TN: Thomas Nelson, 2010).

② *The Holy Bible*, Christian Standard Bible(CSB), Military Bible(Nashville, TN: Holman Bible Publishers, 2017); *The Holy Bible*, Christian Standard Bible(CSB), The Nurse's Bible (Nashville, TN: Holman Bible Publishers, 2017).

③ *Holy Bible*, New International Reader's Version (NIrV) (Grand Rapids, MI: Zonderkidz, 2009); *Holy Bible*, New International Reader's Version (NIrV) (Grand Rapids, MI: Zonderkidz, 2018); *Holy Bible*, New International Reader's Version (NIrV) (Grand Rapids, MI: Zonderkidz, 2018); *The NIrV Adventure Bible for Early Readers*, Revised, New International Reader's Version (NIrV) (Grand Rapids, MI: Zonderkidz, 2009).

译本"(KJV)[①]、"新美国标准圣经"(NASB)[②]、"烈火译本"(TPT)[③]。朝鲜文/韩文有"朝鲜文/韩文改译本"[④]等。

第二种为中文与其他语种对照版或双排版译本,主要有:日文的"伯德令日文译本"[⑤]、"日文新译本"[⑥],英文的"修订译本"(RV)[⑦]、"修订标准译本/修订标准版"(RSV)[⑧]、"新修订标准译本/新修订标准版"(NRSV)[⑨]、"新英王钦定本"(NKJV)[⑩]、

---

① *The KJV Cross Reference Study Bible* (Uhrichsville, Ohio: Barbour Publishing, Inc., 2016).

② *NASB Thinline Bible*, New American Standard Bible (NASB)(Grand Rapids, MI: Zondervan, 2002).

③ *The Passion Translation*, *The New Testament with Psalms*, *Proverbs and Song of Songs*, Second Edition (Savage, MN :Broad Street Publishing, 2018).

④ 《圣经》[The Bible],朝鲜文/韩文(南京[Nanjing]:南京爱德印刷有限公司[Nanjing Amity Printing Co., Ltd],1989);《圣经》[The Bible],朝鲜文/韩文(南京[Nanjing]:南京爱德印刷有限公司[Nanjing Amity Printing Co., Ltd],1996)。

⑤ 伯德令译,《马太传福音书》《马可传福音书》。

⑥ 《新约圣经日中对照:新改訳聖書/圣经新译本(简体・神字)》[The New Testament in Japanese and Chinese:新改訳聖書/The Bible Chinese New Version (Simplified Chinese Characters・Term God)],横排,新改訳聖書/圣经,第三版,いのちのことば社(东京[Tokyo]:生活之语出版社[Word of Life Press], 2005),576。

⑦ 《马可福音(中西字)》[The Gospel According to St. Mark in English and Mandarin](上海[Shanghai]:大英圣经公会 [British and Foreign Bible Society],1933),官话和合译本(Mandarin Union Version)、修订译本(Revised Version, RV);《新约全书(中西字)》[The New Testament in English and Mandarin](上海 [Shanghai]:中华圣经公会[China Bible House],1942),国语和合译本(Kuoyü Union Version)、修订译本(Revised Version, RV);《新约圣经(中英文对照)》[The New Testament in English and Chinese],(国际基甸会[The Gideons International],1972),国语和合译本(Kuoyü Union Version)、修订译本(Revised Version, RV),

⑧ 《新约全书(中英文对照)》[The New Testament in English and Chinese](香港[Hong Kong]:香港圣经公会[Hong Kong Bible Society],1986),中文和合本(Chinese Union Version, CUV)、修订标准译本/修订标准版(Revised Standard Version, RSV)。

⑨ 《圣经・新约全书——中英对照》[The Bible・The New Testament in English and Chinese](北京[Beijing]:中国天主教主教团教务委员会[The Chinese Catholic Educational Administration Committee]发行,南京爱德印刷有限公司[Nanjing Amity Printing Co., Ltd]承印,2008),北京 2008 年奥运会纪念版,思高本/思高译本(Studium Biblicum Version)、新修订标准译本/新修订标准版(New Revised Standard Version, NRSV)。

⑩ 《圣经(新约全书)》[The Bible (The New Testament)](国际基甸会总会印制[The Gideons International],2001),新标点和合本(Chinese Union Version with New Punctuation, CUNP),采用 1919 年版,新英王钦定本(New King James Version, NKJV);《圣经(新约全书)》[The Bible (The New Testament)](国际基甸会总会印制[The Gideons International],2007),新标点和合本(采用 1919 年版),新英王钦定本(New King James Version, NKJV)。

“新国际译本/新国际版”(NIV)①、“现代英文译本”(TEV)②、“当代英文译本”(CEV)③、“英文标准译本”(ESV)④、“新美国圣经”(NAB)⑤、“世界圣经翻译中心英译本”(WBTC Bible)⑥、“英文新普及译本”(NLT)⑦、“英文意译本”

---

① 《圣经——中英对照(新译本·NIV)神字版》[The Bible — In Chinese and English (Chinese New Version·NIV), Term God](香港[Hong Kong]:环球圣经公会有限公司[The Worldwide Bible Society Ltd.],2006),新译本(Chinese New Version,CNV)、新国际译本(New International Version,NIV);《新约圣经——中英对照(新译本·NIV)神字版》[The Bible — In Chinese and English (Chinese New Version·NIV), Term God](香港[Hong Kong]:环球圣经公会有限公司[The Worldwide Bible Society Ltd.],2006),2013 年 3 月第九刷,新译本(Chinese New Version,CNV)、新国际译本(New International Version,NIV)。

② 《新约圣经》[The New Testament](台北[Taipei],1987),现代中文译本(Today's Chinese Version,TCV)、现代英文译本(Today's English Version,TEV);《圣经:现代英文译本·现代中文译本》[The Bible:Today's English Version·Today's Chinese Version](香港[Hong Kong]:联合圣经公会[The United Bible Societies],1992),现代英文译本(Today's English Version,TEV)、现代中文译本(Today's Chinese Version,TCV);《新约圣经》[The New Testament](上海[Shanghai]:中国基督教三自爱国运动委员会[National Committee of Three-Self Patriotic Movement of the Protestant Churches in China]、中国基督教协会[China Christian Council]发行,南京爱德印刷有限公司[Nanjing Amity Printing Co., Ltd]承印),苏出准印 JSE-0001169,出版时间不详,现代中文译本(Today's Chinese Version,TCV)、现代英文译本(Today's English Version,TEV);《新约圣经》[The New Testament](香港[Hong Kong]:香港圣经公会[Hong Kong Bible Society],2004),现代中文译本修订版(Today's Chinese Version, TCV, Revised Edition)、现代英文译本(Good News Translation)第二版,封面书名为《给旅客的佳音》(Good News for Visitors)。“现代英文译本”现在的英文名称是 Good News Translation (GNT),以前的名称是 Good News Bible(GNB)、Today's English Version(TEV)。

③ 《中英新约圣经》[The New Testament in English and Chinese](新加坡[Singapore]:新加坡圣经公会[The Bible Society of Singapore],2005),新标点和合本(Chinese Union Version with New Punctuation,CUNP)、当代英文译本(Contemporary English Version,CEV)。

④ 《圣经——中英对照(新译本·ESV)神字版》[The Bible — In Chinese and English (Chinese New Version·ESV), Term God](香港[Hong Kong]:环球圣经公会有限公司[The Worldwide Bible Society Ltd.],2003),新译本(Chinese New Version,CNV)、英文标准译本(English Standard Version,ESV)。

⑤ 《双语新约圣经》[The New Testament in English and Chinese](石家庄[Shijiazhuang]:河北信德社[Faith Press of Hebei],2014),思高译本(Studium Biblicum Version)、《新美国圣经》(New American Bible,NAB)。

⑥ 《新约(英汉对照)》[The New Testament (in English and Chinese)],普通话译本,世界圣经翻译中心(World Bible Translation Center,WBTC)英译本,2000 年 4 月,ISBN1-885427-02-6。世界圣经翻译中心具体地址不详。

⑦ 《圣经——中英对照(新普及译本·NLT)》[The Bible — In Chinese and English (Chinese New Living Translation·NLT)](香港[Hong Kong]:香港圣经协会有限公司[Bible Society Ltd.],2012),中文新普及译本(Chinese New Living Translation,CNLT)、英文新普及译本(New Living Translation,NLT)。

(ELB)①、"信息本"(The Message)②、"新耶路撒冷圣经译本"(NJBV)③,西班牙文的"西班牙文新国际版"(NVI)④、"1995年版雷纳—瓦雷拉译本"(Reina-Valera 1995)⑤,葡萄牙文的"葡萄牙文修订本"(RA)⑥,印尼文的"现代印尼文译本"⑦。

第三种为三排版中的其他语种《圣经》译本。其中有:"现代越南文译本"、"越南汉喃文译本"⑧、"荷兰文译本"⑨。

第四种为四排版中的其他语种《圣经》译本,包括:通俗拉丁文的"武加大译

---

① 《当代福音》[Chinese/English Living New Testament](诺克斯维尔,田纳西州[Knoville, TN]:种植者出版社[The Planters],1987),中文意译本(Chinese Living Bible, CLB)、英文意译本(English Living Bible, ELB)。

② 《信息本圣经》[The Message](台北[Taipei]:圣经资源中心[Bible Resource Center Press],2010),新标点和合本、信息本圣经(The Message)。

③ 《新约全集(英汉对照)》[The New Testament (in English and Chinese)](上海[Shanghai]:天主教上海教区光启社[Light Start Press/Guangqi Association of the Catholic Shanghai Diocese],2000),佘山修院译本、《新耶路撒冷圣经》(The New Jerusalem Bible, NJB)。笔者将此命名为"新耶路撒冷圣经译本"(The New Jerusalem Bible Version, NJBV)。

④ 《圣经——中西对照(和合本、新国际版)》[The Bible — In Chinese and English (Chinese Union Version & Nueva Version Internacional)](香港[Hong Kong]:香港圣经协会有限公司[Bible Society Ltd.],2008),和合本(Chinese Union Version, CUV)、西班牙文新国际版(Nueva Version Internacional, NVI),轻便本。

⑤ 《新约:附诗箴——中文-西班牙文对照》[The New Testament: With Psalms & Proverbs-in Chinese and Spanish],和合本修订版(Revised Chinese Union Version, RCUV),1995年版雷纳-瓦雷拉译本(Reina-Valera 95, RV 95),联合圣经公会,香港印刷,ISBN 978-1-59877-229-6,出版机构与年代不详。"诗箴",即《诗篇》《箴言》。

⑥ 《新约全书:附诗箴》[The New Testament: With Psalms & Proverbs](巴鲁埃里[Barueri]:巴西圣经公会[Sociedade Bíblica do Brasil],2010),和合本修订版(Revised Chinese Union Version, RCUV)、葡萄牙文修订本(Almeida Revista e Atrualisada, RA)。

⑦ 《圣经:现代印尼文和现代中文译本》[ALKITAB: dalam Bahasa Indonesia dan Bahasa Cina Sehari-hari](雅加达[Jakarta]:印度尼西亚圣经公会[The Bible Society of Republic of Indonesia],2002),现代中文译本(Today's Chinese Version, TCV)、现代印尼文(Diglot Bible in Today's Indonesian Version)。

⑧ 《汉喃圣经》[The Bible in Hán Nôm],收录《雅歌》《箴言》《创世记》《诗篇》《马太福音》等,中-越对照译本,《奉天》学术迦南(陈雅灵,1955)汉喃习得专辑,《奉天》诗刊社,2019年,国际刊号为ISSN 1321-3622。为"现代越南文译本""国语和合译本""越南汉喃文译本"三种译本对照排版。

⑨ *The Gospel of St. Matthew in Formosan* (Sinkang Dialect), with Corresponding Versions in Dutch and English, Edited from Gravius's Edition of 1661, by Rev. WM. Campbell, M.R.A.S., English Presbyterian Mission, Taiwanfoo, Taipei: SMC Publishing Inc., 1996. 蔡锦图:《圣经在中国:附中文圣经历史目录》,607。

本”,以及英文的“世界英文圣经”(WEB)[①]、“新英文译本圣经”(NET Bible)[②]。

值得特别提及的是,《圣经在中国》发现了迄今为止最早的华人英文《圣经》译本。1936年,著名教会大学华西协合大学的多位学者出版了中英对照《耶稣:由马太马可与路加三书辑成之本传》,该书为对观福音的中英双语译本。“华西协和大学英译本”从《新约》希腊文原文与八部英文译本译出。[③]

八、特殊群体《圣经》翻译补遗

针对中国具有特殊需要的盲人、聋哑人群或失聪人士,传教士引进西方的盲文系统与手语系统翻译《圣经》。值得注意的是,盲人使用的文字通常被称为“盲文”。但是,“盲文”一词带有贬义。以六个凸点为基本结构的盲人专用文字的专业称呼是“点字”。所以,笔者建议《圣经在中国》一书采用“点字”用法,只是在行文中为了方便叙述客观事实时使用“盲文”一词,另外辟出一章专论此类《圣经》译本。

19世纪70年代,英国传教士穆威廉(William Hill Murray,1843—1906)在北京成立启明瞽目院(Hill Murray Institute for the Blind,1949年后改名为“北京盲校”)。这是中国第一所盲校。为了向中国盲人传教,该院从国外运来凸起英文字母印制的《圣经》以及英文盲字《圣经》。该院中国学者与传教士合作,以英文盲字符号为案例,采用法国布莱叶(Louis Braille,1809—1852)发明的盲文体系布莱叶点字法,用凸点字符代替字母,按照《康熙字典》的音序,将盲字排出北京话的全部音节,形成中国最早的汉语盲字——“康熙盲字”。“康熙盲字”也被称为“穆威廉号码系统”(Murray Numeral System)、“北京盲字”或“协和盲字”,简称“408”。另外,传教士还以拼音方法制作了一套拼写闽南话的汉语方言盲字——“福州盲字”(1897)、一套拼写南京官话的“心目克明盲字”(1900)。“心目克明盲字”取义为心灵与眼睛都能看见的盲字。20世纪20年代,1911年创建

---

① 麦克雷 Michele Ferrero 编辑,《四部福音:四种语言(希-拉-英-中)》[Four Gospels: Four Languages (Graece-Latin-English-Chinese)](耶路撒冷[Jerusalem]:拉丁语言文化中心、士达孔拿一特威兹穆尔学院[Latinitas Sinica & STS Publications],2016),收录希腊文、拉丁文、英文与中文四福音分别为:Nestle-Aland, *Novum Testament Graece*,第27次修订版;R. Weber, *Biblia Sacra Iuxta Vulgatam Versiones*,第3次修订版;*The World English Bible*(《世界英文圣经》);思高译本。拉丁文译本为“武加大译本”(The Vulgate),英译本为《世界英文圣经》(*The World English Bible*,WEB)。

② 《新约圣经——中英四排版》[The New Testament — In Chinese and English with Four Columns](香港[Hong Kong]:环球圣经公会有限公司[The Worldwide Bible Society Ltd.],2011),为“新译本”、“和合本”、《新英译圣经》(*New English Translation Bible*,NET Bible)、《新美国标准圣经》(*New American Standard Bible*,NASB)四排版圣经。

③ 参见蔡锦图,《圣经在中国:附中文圣经历史日录》,307。

的上海盲校以上述两种盲字创制出“心目克明两方字”。此外,在1949年前,中国还有粤语盲字、客家话盲字、五方元音盲字等汉语方言盲字,未出现统一的盲字。[①] 1952年,中华人民共和国政府颁布《新盲字方案》,以“心目克明盲字”为基础,以北京语音为标准,采用分词连写方法拼写普通话。1953年,中国内地以此统一盲字,称之为“现行盲文”。1988年,中国内地推出拼出普通话的汉语双拼盲文(Two-Cell Chinese Braille),但沿用到现在的依然是“现行盲文”。目前,港澳仍沿用粤语盲字。[②] 台湾使用的汉语盲字是“心目克明盲字”的修订版,正式称呼为“国语点字”。[③]

《圣经在中国》一书并未忽略点字中文《圣经》翻译,在第296、298页提及英国伦敦差会传教士杨格非(Griffith John,1831—1912)的译作,论及传教士在甘肃秦州根据布莱叶点字法改进盲人读书法,按照秦州话的发音确立秦州标准系统(Tsinchow Standard System)。[④] 除此之外,其他相关信息缺失。盲人使用的中文《圣经》译本,可分为官话(国语、普通话)译本和方言译本。笔者根据自己手中的材料,补充相关版本与目录如下。

(一)官话译本

1.穆威廉北京官话点字译本

该译本采用莫维廉(“穆威廉”)号码系统,以穆威廉北京译本为底本,译者、出版机构与年代不详。

2.马可福音点字官话译本

马可福音点字官话译本采用英国人穆恩(William Moon,1818—1894)以拉丁字母为基础创建的盲文字体,译者、出版机构与年代不详。

3.汉口官话点字译本

英国在华传教士雷振华(George A. Clayton,1870—1947)的“汉口官话点字译本”以“和合译本”为底本,采用布莱叶点字法,出版机构与年代不详。

4.贾素珍官话点字译本

澳大利亚中国内地会教士贾素珍(Sussie J. Garland,1870—1930)的点字官

① 参见郭卫东 Guo Weidong,《基督教新教传教士与中国盲文体系的演进》[Protestant Missionaries and the Development of China's Braille System],于《近代史研究》[Modern Chinese History Studies],2006年第2期[2006,Issue 2],109—124。

② 参见藤伟民 Teng Weiming、李伟洪 Li Weihong 主编,《中国盲文》[Chinese Braille](北京[Beijing]:华夏出版社[Huaxia Publishing House],1996),9—67。

③ 参见《盲人事工/点字圣经》,下载于基督教信仰与生命(Christian Faith and Life, http://www.christ.org.tw/blind/blind-s.htm#biblie-for-blind)。

④ 参见蔡锦图,《圣经在中国:附中文圣经历史目录》,296。

话译本,采用秦州标准系统。

5.“四福音书官话点字译本”

“四福音书官话点字译本”以“和合译本”为底本,采用布莱叶点字法,译者、出版机构与年代不详。

(二)方言译本

1.甘为霖厦门话点字译本

1888 年,英国长老会传教士甘为霖(William Campbel,1841—1921)在伦敦刊出《马太福音书》[①],采用布莱叶点字法,出版机构不详。

2.哈特曼广州话点字译本

传教士哈特曼(F. Hartman)的广州话点字译本采用布莱叶点字法,出版机构与年代不详。

3.福州话点字译本

福州话点字译本采用布莱叶点字法,译者、出版机构与年代不详。[②]

(三)国语译本

国语点字,也被称为台湾盲文(Taiwanese Braille)、台湾点字、注音符号点字,是以在台湾使用的国语为基础制定的点字。国语点字《新约全书》《旧约全书》可以从如下网址下载:http://www.christ.org.tw/blind/blind-s.htm#biblie-for-blind。

(四)普通话译本

20 世纪 90 年代后,《盲文圣经:新旧约全书》,采用点字,由中国基督教协会出版发行,总计 32 本。[③] 目前此“普通话圣经点字译本”为中国内地通行的汉语《圣经》点字译本,也是唯一一部点字汉语《圣经》足本译本。

《圣经在中国》对中国聋哑人群或失聪人士使用的《圣经》只字未提。2015 年,为纪念台湾听障宣教一百周年,台湾高雄的社团法人台湾手语双福关怀协会出版《台湾手语圣经辞典》[④]。这部辞典并非严格意义上的手语《圣经》译本。但

① 参见吴怡莹 Wu Yiying,《甘为霖》[William Campbell],收录于《华人基督教史人物辞典》[Biographical Dictionary of Chinese Christianity],世华中国研究中心[Global China Center],下载于 http://bdcconline.net/zh-hans/stories/gan-weilin。

② 以上点字中文《圣经》译本目录参见海恩波,《道在神州:圣经在中国的翻译与流传》,230—231。

③ 《盲文圣经:新旧约全书》[The Bible in Braille: The Old Testament and The New Testament](上海[Shanghai]:中国基督教协会[China Christian Council]),苏出准印 95 第 56 号,具体出版年代不详,总计 32 本。

④ 陈育麟 Peter Chen 总编辑,《台湾手语圣经辞典》[Bible Dictionary in Taiwan Sign Language](高雄[Kaohsiung]:社团法人台湾手语双福关怀协会[Taiwan Sign Language Evangelical Center],2015),为台湾听障宣教一百周年纪念版。

是，考虑到手语需要采用图像来表意，若整本《新旧约圣经》，甚至单卷本《圣经》使用手语图片出版，可能需要上千册才可能完成。《台湾手语圣经辞典》只以图片形式翻译手语《圣经》核心词汇，但这至少可以让我们管窥到手语《圣经》译本的大致面貌。

九、中文《圣经》翻译印刷字体补缺与补遗

《圣经在中国》对中文《圣经》翻译使用的四种印刷字体（汉字、罗马拼音文字、国语注音字母、王照注音字母）作出细致研究，但是，仍然存在挂一漏万的可能。《圣经在中国》将属于"罗马拼音文字"类型的汉语拼音中文《圣经》译本遗漏。笔者根据自己收藏的材料补充如下四种：

第一种，新标点和合本汉语拼音版[①]；

第二种，和合本修订版汉语拼音版[②]；

第三种，中文新普及译本汉语拼音版[③]；

第四种，新世界译本汉语拼音版[④]。

《圣经在中国》对教会罗马字（Church Romanization，missionary roman character）《圣经》译本的介绍较为用力与详尽。教会罗马字，即台湾客语通用拼音，也被称为"白话字"（Phak-fa-sṳ）。1850 年，教会罗马字由传教士在厦门创制并推广，自此得名。这是一种汉字注音拉丁化或罗马字母化客家话的方案。厦门话罗马字，又被称为"厦门白话字"。因此，教会罗马字有"白话字"之称。此为晚

---

① 《英中拼音圣经》[English-Chinese Pinyin Bible]（首尔[Seoul]：马礼逊基督教文学社[Morrison Christian Literature]，2006），新标点和合本、英王钦定译本（King James Version，KJV），附标汉语拼音。另外，和合本汉语拼音版有多种双语对照版：和合本-和合本汉语拼音-大花苗文，《中苗对照新约圣经》，和合本及汉语拼音，大花苗文《新约》，HCNM，出版机构与年代不详；和合本-和合本汉语拼音-韩文/朝鲜文，《新旧约全书：中韩对照圣经：加拼音》，和合本及汉语拼音，韩文译本，CHDM，出版机构与年代不详；新标点和合本-新标点和合本汉语拼音-韩文/朝鲜文，《韩中圣经：新旧约全书》（首尔[Seoul]：马礼逊基督教文学社[Morrison Christian Literature]，2009），新标点和合本及汉语拼音、韩文/朝鲜文新修订译本。

② 《中文拼音圣经：和合本修订版》[Chinese Pinyin Bible：Revised Chinese Union Version]（首尔[Seoul]：马礼逊基督教文学社[Morrison Christian Literature]，2014），和合本修订版、现代标点符号，附汉语拼音。

③ 《圣经·新普及版·汉语拼音版》[The Bible：Chinese New Living Translation & Pinyin Chinese New Living Translation]（香港[Hong Kong]：汉语圣经协会[Chinese Bible International]，2015），新普及译本，附标汉语拼音。

④ 《圣经新世界译本汉语拼音版》[Pinyin New World Bible]（纽约[New York]：守望台圣经书社[Watchtower Bible and Tract Society of New York，INC.]，2004），新世界译本，双并排，附标汉语拼音。

清时期传教士使用的最为广泛的注音系统。[①] 笔者在此补充的一个译本是“和合本罗马字版”[②]。

十、中文《圣经》文学作品归类与补遗

《圣经在中国》“第二部　中国新教教会”单列“7　中文圣经文学作品”，介绍了11位中外学者从文学角度对中文《圣经》的翻译。若进一步探究，笔者发现叔未士、宾惠廉、湛约翰、鲍康宁、善人遭难、许地山、李荣芳、王福民都是平信徒、牧师或基督徒，只有陈梦家、朱维之以非基督徒身份从中国文学角度翻译《圣经》。《圣经在中国》考证出吴曙天的《雅歌》就是“国语和合译本”，因此可归入前者的版本之中。进入21世纪，华人学者译经活动开始活跃，取得瞩目成果。有鉴于此，笔者认为，这部分除陈梦家、朱维之之外的内容可以归入“第二部　中国新教教会”中的“1　文言译本”“3　官话/国语/普通话译本”，同时另外单独设立一节“华人学者中文圣经翻译”。“华人学者中文圣经翻译”研究与收录当代海内外基督徒以及非基督徒学者从神学或文学角度参与翻译的中文《圣经》作品。大多数华人学者的作品并不以传教为目的，也不为教会出版机构出版。他们包括上述的陈梦家、朱维之，笔者另外补充其他学者及其译作如下。

1992年，李广熙的《雅歌与哀歌》[③]由天津南开人民文化宫出版。1993年，张久宣(1937—)译有少量《旧约》，收录在他编辑的《圣经故事》[④]中。1997年，马小军、罗林平节译《新约》的《神迹·智慧·箴言》在上海出版。特别值得一提的是，一批20世纪50年代出生的学者积极参与《圣经》汉译工作，在21世纪初推出了一批中文《圣经》译作。梁工(1953—)自20世纪80年代末开始投入圣经学领域，翻译《圣经》中的诗歌并出版《圣经诗歌》[⑤]。2015年，黄少政(1958—)与华

---

① 特别参见蔡锦图：《圣经在中国：附中文圣经历史目录》，423—553。

② 《新约圣经(中英对照)》[The New Testament (in English and Chinese)](台北[Taipei]：台北语文学院[Taipei Language Institute]，1969)，国语和合译本的罗马字译本，英文为“英文标准译本”(English Standard Version，ESV)。

③ 李广熙 Li Guangxi 译，《雅歌与哀歌》[The Song of Songs and Lamentations](天津[Tianjin]：天津南开人民文化宫[Nankai Cultural Palace of Tianjin]，1992)，收录《雅歌》、《哀歌》、《箴言》摘段、《智训》(“所罗门智训”)摘段，天津南开文学社编辑。

④ 参见张久宣 Zhang Jiuxuan 编辑，《圣经故事》[Bible Stories](长春[Changchun]：吉林文史出版社[Jilin Literature and History Press]，1993)。

⑤ 梁工 Liang Gong 编译，《圣经诗歌》[The Biblical Poetry](天津[Tianjin]：百花文艺出版社[Baihua Literature & Art Publishing House]，1989)，该译文将“耶和华”译为“亚卫”。

云(1957—)合作从英译本翻译并在台湾出版《圣经·新约》[①]。2016年,孙更俊(1958—)由北京的宗教文化出版社出版《大卫诗篇》即《诗篇》。谢文郁(1956—)从希腊原文翻译并在上海出版《约翰福音》[②]。20世纪50年代出生于上海的冯象独立完成整本《圣经》的汉译工作。[③] 在21世纪华人学者汉语《圣经》翻译领域中,"冯象译本"尤为引人瞩目,社会影响颇大。

中文次经翻译见于罗马天主教、正教与新教的《圣经》译本。实际上,华人学

---

① 黄少政 Huang Shaozheng、华云 Hua Yun 译,《圣经·新约(英汉对照)》[Chinese-English Bilingual New Testament: King James Version](台北[Taipei]:思行文化传播有限公司[Think & Executive Culture Communication Company,2015),英王钦定译本(KJV),1611年版,中文翻译。

② 谢文郁 Xie Wenyu,《道路与真理:解读〈约翰福音〉的思想史密码》[The Way and Truth: The Gospel of John in the History of Western Thought](上海[Shanghai]:华东师范大学出版社[East China Normal University Press],2012),附录一《约翰福音》译文,550—575。

③ 冯象的《圣经》译本按《圣经》经目排序如下。《摩西五经》[The Five Books of Moses],收录于冯象 Peter Feng,《摩西五经》[Torah or the Five Books of Moses](香港[Hong Kong]:牛津大学出版社[Oxford University Press],2006);冯象 Peter Feng,《摩西五经:希伯来法文化经典之一》[Torah or the Five Books of Moses](北京[Beijing]:生活·读书·新知三联书店[SDX Joint Publishing Company],2013)。《创世记》[Genesis],收录于冯象 Peter Feng,《创世记:传说与译注》[Genesis](南京[Nanjing]:江苏人民出版社[Jiangsu People's Publishing LTD.],2004),223—336。《创世记》[Genesis],收录于冯象 Peter Feng,《创世记:传说与译注》[Genesis](北京[Beijing]:生活·读书·新知三联书店[SDX Joint Publishing Company],2012),241—370。《出埃及记》[Exodus],收录于冯象 Peter Feng,《宽宽信箱与出埃及记》[The Letters to Kuan Kuan and Exodus](北京[Beijing]:生活·读书·新知三联书店[SDX Joint Publishing Company],2007),219—301。《出埃及记》[Exodus],收录于冯象 Peter Feng,《宽宽信箱与出埃及记》(第二版)[The Letters to Kuan Kuan and Exodus(Second Edition)](北京[Beijing]:生活·读书·新知三联书店[SDX Joint Publishing Company], 2012),219—301。《利未记》[Leviticus],收录于冯象 Peter Feng,《政法笔记(增订版):附利未记》[Essays on Zhengfa or Law as Politics with Leviticus](北京[Beijing]:北京大学出版社[Peking University Press],2012),253—313。《利未记》[Leviticus],收录于冯象 Peter Feng,《政法笔记(增订版):附利未记》[Essays on Zhengfa or Law as Politics with Leviticus](北京[Beijing]:北京大学出版社[Peking University Press],2012),253—313。《以赛亚书》[Isaiah],收录于冯象 Peter Feng,《以赛亚之歌》[Isaiah](北京[Beijing]:生活·读书·新知三联书店[SDX Joint Publishing Company],2017),155—347。《约伯记》[Job],收录于冯象 Peter Feng,《信与忘:约伯福音及其他》[Faith & Oblivion](北京[Beijing]:生活·读书·新知三联书店[SDX Joint Publishing Company],2012),331—444。《智慧书》[The Book of Wisdom],收录于冯象 Peter Feng 译注,《智慧书》[The Books of Wisdom](香港[Hong Kong]:牛津大学出版社[Oxford University Press],2008);冯象 Peter Feng 译注,《智慧书:希伯来法文化经典之二》[The Books of Wisdom](北京[Beijing]:生活·读书·新知三联书店[SDX Joint Publishing Company],2016),其中收录《约伯记》《诗篇》《箴言》《传道书》《雅歌》。《新约》[The New Testament],收录于冯象 Peter Feng 译注,《新约》[The New Testament](香港[Hong Kong]:牛津大学出版社[Oxford University Press],2010)。冯象 Peter Feng,《圣诗撷英》[The Bible as Poetry](北京[Beijing]:生活·读书·新知三联书店[SDX Joint Publishing Company],2017)。《先知书》[The Books of Prophets],收录于《先知书》[The Books of Prophets]冯象 Peter Feng 译注(香港[Hong Kong]:牛津大学出版社[Oxford University Press], 2020)。

者还另外按照新教的《圣经》术语译出次经,目前主要包括如下三种:张久宣的《圣经后典》[1],赵沛林、张钧、殷耀的《圣经次经》[2],洪佩奇、洪叶的《圣经故事:新约篇·次经篇》[3]。另外,李广熙也有少量次经翻译。李广熙译出的《雅歌与哀歌》收录有《智训》(《所罗门智训》)摘段。[4] 其中张久宣的次经译本最为内地学术界所广泛使用。

十一、新兴的网络中文《圣经》翻译

随着网络技术的快速发展,网络电子版《圣经》译本开始出现。《圣经在中国》对这个领域关注不足。自 1995 年,《新英文译本圣经》(*New English Translation Bible*,NET Bible)由 20 多位圣经学者从希伯来文本、亚兰文本、希腊文本译成英文。其缩写为 NET ,故该译本也被简称为"网英译本",也指可在互联网上免费使用并下载(www.bible.org,2019 年建站)的《新英文译本圣经》。"网英译本"的创始版(Alpha Edition)和首版 (First Edition), 分别在 1999 年和 2009 年登录网络。全书共有 6 万多条注解。对应的中译本是"中文新英文译本",也简称为"网中译本"。"网中译本"主要以"国语和合译本"为基础,略作修改。"网中译本"由德仁文化文流中心(基金会)于 2004—2009 年译成,因此,也被称为"德仁译本"。"网中译本",可以在互联网上免费使用及下载(www.bible.org/chinese,2019 年建站)。[5]

十二、编辑错误

由于《圣经在中国》一书以"锱铢必较"的版本与目录见长,这也必然意味着在细节上存在缺陷。限于篇幅,笔者对其中的技术性问题只列举 20 个。

①目录:"3.3　格非",改为"3.3　杨格非"。

---

① 张久宣 Zhang Jiuxuan 译,《圣经后典》[Deuterocanonical Books](北京[Beijing]:商务印书馆[The Commercial Press],1987)。

② 赵沛林 Zhao Peilin、张钧 Zhang Jun、殷耀 Yin Yao 译,《圣经次经》[The Apocrypha](长春[Changchun]:时代文艺出版社[The Time Literature & Art Press],1995)。

③ 洪佩奇 Hong Peiqi、洪叶 Hong Ye 编著,《圣经故事:新约篇·次经篇》[Bible Stories: New Testament and Apocrypha](南京[Nanjing]:译林出版社[The Yilin Press],2011),187—254。

④ 参见李广熙译,《雅歌与哀歌》。

⑤ 相关信息参见"圣道书社网站",https://www.thewordbooks.com/index.php/product/chinese-net-bible-chinese-new-english-translation-traditional-chinese/。

②第69页:注释5,“从一九四〇至一九四三年,萧舜华另有《玛窦福音》、《玛尔谷福音》和《路加福音》的单行本”。根据笔者考证,萧舜华的《玛窦福音》和《玛尔谷福音》出版信息如下:《玛窦传的福音》,天津崇德堂发行,正文印刷局印刷,1939年2月10日出版,附“勘误表”(1)(2)(3)(4);《玛尔谷传的福音》,天津崇德堂发行,正文印刷局印刷,1939年4月15日出版。因此,此处的“一九四〇”改为“一九三九”。

③第71页:注释7,“笔者未能详细比较《简易圣经读本》与《青年圣经读本》的异同”。本文作者对这两本书作出详细比读,发现两本书的内容完全一致。

④第69页:“《青年圣经读本》”补上“在经文中附有插图”。

⑤第75页:“上海教区主教龚准”,补充“龚”,即“龚品梅(1901—2000年)”。

⑥第83页:“《箴言》、广训》”,改为“《箴言》《广训》”。

⑦第87页:“金主教”,补上“金鲁贤(1916—2013年)”。

⑧第87页:“上海教区出版了《新经》上(四福音)”,改为“上海教区出版了《新经上:四福音》”。该书信息如下:《新经上:四福音》,简体,横排,依据耶路撒冷《圣经》版本翻译,天主教上海教区译,天主教上海教区出版,1986年5月第一版。

⑨第93页:“天主教香港教区出版了《牧灵圣经》(Christian Community Bible)中文版”,改为“天主教香港教区出版了《牧灵圣经》(*Chinese Pastoral Bible*),是 *Christian Community Bible* 的中文版”。

⑩第105页:“本地同工”,即“顺天华人隆源参订”;“分两部出版,第一部分包括福音书(《福音经》),第二部分为其他书卷(从《宗徒书扎》和《默示录》)”。此处有错,且表述不清。改为:“分三部分出版,第一部分包括福音书(《福音经》四册),第二部分包括《使徒行传》和使徒书信(《宗徒经》二十二册,分为《宗徒行实》即《使徒行传》、《公书七札》即大公书信、《私书十四札》即保罗书信),第三部分为《启示录》(《默示录》)。”

⑪第105页:“直排8行×16字”,改为“直排10行×22字”。

⑫第108页:“一九七九年”,改为“一八七九年”。

⑬第130页:根据第132页的版本信息,“一八一四年在广州出版”,改为“一八一三年在广州出版”。

⑭第143页:“《马礼逊回忆录》”,增加注释,补充中译本:“马礼逊夫人(Mrs. Elizebeth Morrison):《马礼逊回忆录》(*Memoirs of the Life and Labours of Robert Morrison*),顾长声译,桂林:广西师范大学出版社,2004年6月第1版;未亡人编(the Widow):《马礼逊回忆录:他的生平与事工(全集)》(*Memoirs of the Life and Labours of Robert Morrison, D.D.*),邓肇明译,香港:基督教文艺

出版社,2008 年 2 月初版。未亡人,即马礼逊夫人艾思庄(Eliza Armstrong Morrison)。”

⑮第 157 页:“最早的出版成果见粦为仁(William Dean)的圣经译本”,补为“最早的出版成果见粦为仁(William Dean,又称“怜为仁”“为仁者”)的圣经译本”。

⑯第 219 页:“上海美华书局出版。英文及中文书名。序言,”改为“松江上海美华书局出版。英文及中文书名。例言,”。

⑰第 219 页:“《创世记》至《士师记》,序言 3 页”,改为“《创世记》至《士师记》,例言 3 页”。

⑱第 301 页:“上帝竞新印书馆印”,改为“上海竞新印书馆印”。

⑲第 326 页:“香港(Asian Outreach)出版”,改为“香港亚洲归主协会(Asian Outreach Hong Kong ,AOHK)出版”。

⑳第 370 页:“直排 17 行×40 字”,改为“直排 18 行×40 字”。

本文也同样面临着挂一漏万的可能性。笔者在此抛砖引玉,期待学术界、教界同人共同努力提高中国《圣经》翻译研究的水平,早日建立起中华《圣经》译本体系。这样的体系包括:不同的宗教,以及同一个宗教内的不同宗派、教派;不同的汉语与少数民族语体(汉语语体涉及文言—官话/国语/普通话、方言,罗马字拼音和国语注音,点字与手语等;少数民族语体,将从唐景教以来的非汉民族包括其中);过去以及现在中国外籍团体使用的《圣经》译本;海外华人世界翻译与使用的《圣经》译本。四个部分之间也存在交叉、重叠的关系。但是,经过数代人的积累,这种体系终究能建立起来,并使之尽善尽美,不愧于为《圣经》翻译付出无数心血的前贤与新进。

What Does "The Bible in China" Mean: On the Construction of the System of Chinese Biblical Versions

— A Review of *The Bible in China*: *With a Historical Catalogue of the Chinese Bible*

LIU Ping

Abstract: *The Bible in China*: *With a Historical Catalogue of the Chinese Bible* gives the modern Chinese readers a comprehensive view within one single volume on the history of translation and transmission of the Christian Bible in China, including transmission and development of various versions and editions of translation of the Bible in different languages, ethnicities and groups in China. The book becomes the first modern encyclopedia and lexicon on the history of versions and editions of translation of the Bible in Chinese. However, reading through this book on versions and editions of translation of the Bible in China, with its body as long as 657 pages, one will find at least twelve problems which deserve further discussions, additions and corrections. In this paper, the author makes a preliminary investigation into the twelve problems, each of them probed and treated with a few examples. By doing so, this paper hopes the author will not only offer a more complete and perfect panorama of versions and editions of translation of the Bible in China in future revisions, but also give a full answer to the two difficult questions: firstly, what is the history of transmission and translation of the Christian canon since the time of Nestorianism in the Tang Dynasty? And secondly, how is a system of versions and editions of translation of the Bible in China to be constructed?

Key Words: *The Bible in China*, Chinese Union Version, Chinese Biblical Studies

关于中文《圣经》翻译研究的期待

蔡锦图*

【摘要】本文是对《圣经在中国:附中文圣经历史目录》的撰写过程回顾、补充和修正,以及提出对中文《圣经》翻译历史研究的期待,包括资料整理和研究取向。对于《圣经》在中国这一课题,本文提出几点研究方向,期待有助于建立详尽的历史回顾。

【关键词】中文《圣经》;《圣经》翻译;《圣经》历史编目

上海复旦大学宗教学系刘平教授的论文《何谓"圣经在中国":关于中华圣经译本体系的建构——兼评蔡锦图〈圣经在中国:附中文圣经历史目录〉》,对于中文《圣经》译本历史的建构,提出许多深具价值的思考,既指出拙著《圣经在中国:附中文圣经历史目录》(以下简称《圣经在中国》)众多不足之处,也有对这一课题研究的不少卓见。对笔者而言,这是难能可贵的经验,足以深思。本文期待在刘教授评论的基础上,对这一课题再作一些讨论。

本文首先回顾我对中文《圣经》翻译研究的少许经验,以及《圣经在中国》编写的背景和过程。这段经历,也许可以解释为何这本书对部分内容有所偏重(尤其是较为集中于20世纪50年代之前新教《圣经》的中文译本)。在此,笔者也对《圣经在中国》书中误漏的地方作出修正,部分是手民之误,部分是在出版之后才发现的疏误,让我深感惭愧。在此的修正,期待可以弥补一些遗憾。然后,在刘平教授论述的卓见下,我作出一些思考,其中有不少关于中文《圣经》翻译研究的方向,期待与众学者一起参详。最后一段,是我对于这一研究题目的一些期许。刘教授提到的两大难题:基督教的《圣经》正典在中国的流传与翻译史如何?如何建构中华《圣经》译本体系?激励我有一点浅见,以作进一步思考。盼望他山之石,可以攻错,鼓励国内外学者对中文《圣经》翻译的历史研究有更多贡献。

---

* 蔡锦图,香港信义宗神学院神学博士。

一、《圣经在中国》的编写回顾

《圣经在中国》的书题颇有不足，这是我承认的，因为原拟的撰写取向是副题所述——“中文圣经历史目录”(Historical Catalogue of the Chinese Bible)，以现今在各地图书馆或私人馆藏保存的中文《圣经》版本，编成目录。在本书资料整理过程中，首先是处理这些书目，才有其他叙述。至于“圣经在中国”(The Bible in China)的正题，其实是向海恩波(Marshall B. Broomhall)撰写的英文著作[①]书题致敬。该书在标题上似乎有“文不对题”的现象，原因是在撰写的背景有上述倾向。刘平教授建议本书应改书题为——《圣经在中国：以汉语及其方言为中心，附中国少数民族语言及其方言圣经翻译》，更能点题本书的重点，诚为极有价值的建议。倘若将来有增订的机会，可以按此考虑。

对于中文《圣经》翻译历史的研究，是我在 20 多年前开始的偶然际遇。[②]1999—2002 年，我把海恩波的上述著作翻译成中文，另外也翻译了两部有关中文《圣经》翻译历史的著作[③]。其中一部著述的德国作者尤思德(Jost Zetzsche)，提供了一些中文《圣经》历史资料给我，启发我开始探索这一课题。

在那段时间，我先后往访了德国天主教圣言会“华裔学志”(Monumenta Serica Institute)、大英图书馆和英国剑桥大学圣经公会图书馆。在“华裔学志”的学术研讨会上，我认识了斯洛伐克汉学家高利克(Marián Gálik)，蒙他给了我一部中国文学家陈梦家的《歌中之歌》(1932，《雅歌》)影印本，让我开始留意中文

① Marshall B. Broomhall, *The Bible in China* (Shanghai: China Inland Mission, 1934)；海恩波 Marshall Broomhall，《道在神州：圣经在中国的翻译与流传》[The Bible in China]，蔡锦图 Daniel K. T. Choi 译(香港[Hong Kong]：国际圣经协会 [International Bible Society, 2001])。

② 这段故事见蔡锦图 Daniel K. T. Choi，《中文圣经与中国教会》[Chinese Bible and Chinese Churches]，收录于《我信，所以说话：梁家麟院长六秩寿辰纪念祝贺文集》[I Believed; Therefore I Spoke: Essays in Honour of Leung Ka-lun at the Occasion of His 60th Birthday](香港[Hong Kong]：建道神学院[Alliance Bible Seminary, 2018])，225—248。

③ Jost Zetzsche, *The Bible in China*: *History of the Union Version*: *Or the Culmination of Protestant Missionary Bible Translation in China* (Sankt Augustin-Nettetal: Monumenta Serica, 1999)；尤思德 Jost Zetzsche，《和合本与中文圣经翻译》[The Bible in China: The History of the Union Version or the Culmination of Protestant Missionary Bible Translation in China]，蔡锦图 Daniel K. T. Choi 译(香港[Hong Kong]：国际圣经协会 [International Bible Society] 2002)；Irene Eber, et al. eds., *Bible in Modern China*: *The Literary and Intellectual Impact* (Sankt Augustin-Nettetal: Monumenta Serica, 1999)；伊爱莲 Irene Eber 等，《圣经与近代中国》[Bible in Modern China: The Literary and Intellectual Impart]，蔡锦图 Daniel K. T. Choi 编译(香港[Hong Kong]：汉语圣经协会[Chinese Bible International, 2003])。

《圣经》文学作品。多年后,我把陈梦家的这部小书和其他找到的中文《圣经》文学作品,编印成书。[①]

中文《圣经》译本馆藏最丰富的地方是剑桥大学图书馆。该馆为所藏《圣经》在 20 世纪初由达洛(Thomas H. Darlow)和莫尔(Horace F. Moule)编写了一部目录。[②] 1973 年,苏佩礼(Hubert W. Spillett)按照这部目录,增补编订,记录了剑桥大学所藏中国通用语言(文言、浅文言和官话)、各地方言,以及少数民族语言的译本资料。[③] 剑桥大学的馆藏来自英国及海外圣经公会(British and Foreign Bible Society)赠送的数以千计的各类语言的《圣经》,大多是该会出版或资助的项目,因此是以新教《圣经》译本为主,辅以来华传教士在中国购入并寄往英国保存的少量天主教和东正教的译本。苏佩礼编成的目录没有出版,而是以打字稿的形式存放在图书馆。当时笔者复印了这两套英语目录,为了研究的方便,在图书馆中每见一部《圣经》,就在两部目录的资料旁,加上中文的注释,逐渐形成一部笔记。

以上述编目为基础,笔者以后在多间图书馆中查考中文《圣经》版本,逐渐发现,前述编目尽管有先行者的贡献,却有误置或错漏。笔者把上述编目翻译成中文,对照美国圣经公会(American Bible Society)的另外两份编目[④](主要是该会在美国的藏书),作出修正。也有在其他地方见到的中文《圣经》版本,包括美国哈佛大学燕京图书馆的藏书(美国公理会海外传道部从 19 世纪末至 20 世纪 20 年代捐赠的中文《圣经》和其他材料)[⑤],以及在牛津大学图书馆中见到的甚为罕见的中文《圣经》版本。此外,还有伦敦大学亚非学院(School of Oriental and African Studies)图书馆、澳大利亚国家图书馆、多个差会(尤其是瑞士巴色所藏有客家话《圣经》),以及欧洲、日本、新加坡、中国各地大学和神学院的图书馆,这

---

① 参见蔡锦图 Daniel K. T. Choi 编注,《遗珠拾穗:清末民初基督新教圣经选辑》[Gleaning in Undiscovered Talent: Selections of the Protestant Bible in the Late Qing and Early Republic China](台北[Taipei]:橄榄出版社[Olive Publishing, 2014])。

② See Thomas H. Darlow and Horace F. Moule eds., *Historical Catalogue of the Printed Editions of Holy Scripture in the Library of the British and Foreign Bible Society*, compiled by T. H. Darlow and H. F. Moule, 2 vols. (London: Bible House, 1903-1911). 中文《圣经》编目在第二册的第 181—254 页。

③ 本书是根据达洛(Thomas H. Darlow)和莫尔(Horace F. Moule)的编目整理的中文和少数民族语言《圣经》版本记录,下迄 1973 年。剑桥大学图书馆以此为基础,整理馆藏,后来增添了少量材料。

④ Eric M. North ed., *The Book of a Thousand Tongues: Being Some Account of the Translation and Publication of All or Part of the Holy Scriptures into More than a Thousand Languages and Dialects with over 1100 Examples from the Text* (London: Pub. for the American Bible society [by] Harper and Brothers, 1938). 中文《圣经》的编目在第 83—97 页;以及 Eugene A. Nida rev. ed., *The Book of a Thousand Tongues* (London: United Bible Societies, 1972)。中文《圣经》的编目在第 70—88 页。

⑤ 哈佛大学燕京图书馆把相关编目称为"Catalog of Protestant Missionary Works in Chinese",索书号为:Ref BR 1285/Z99/H37/1980x。

让笔者在古老的馆藏中,得见一个新的天地。当然,有些材料是收集了,却没机会仔细研究。例如,笔者在日本同志社大学和早稻田大学图书馆见到十多部1873—1880年的单行本《圣经》,却没有机会追溯它们为何保存在日本(推想是传教士从中国带往日本,协助日语《圣经》的翻译)。此外,在《圣经在中国》第652—654页列出了一些日语研究的书目(其中不少涉及明清译经的研究),可是基本没有涵盖日本学者对景教经卷的论述,也是缺憾。

直至2010年,我仍未想到如何把散乱不堪的笔记整理成书。从那段时间开始,我有过一些想法,既盼望回顾中文《圣经》翻译的历史,也略述不同课题研究的可能性,以中文发表。[①]为了可以较宏观地理解,笔者也撰写了一部论《圣经》

① 按时间次序是:《新教中文圣经的版本编目研究》[Research on Cataloguing of the Protestant Chinese Bible],收录于《建道学刊》(31) [Jian Dao Journal, 31](香港[Hong Kong]:建道神学院[Alliance Bible Seminary, 2009]),1—24;《中文圣经翻译的历史回顾和研究》[Historical Review and Research of Chinese Bible Translation],收录于《圣经文学研究(第5辑)》[Journal for the Study of Biblical Literature, Series 5](北京[Beijing]:人民文学出版社[People's Literature Publishing House] 2011);《从〈和合本〉到〈和合本修订版〉》[From Chinese Union Version to Revised Chinese Union Version],收录于《神思》(第89期)[Shen Si, Vol. 89](香港[Hong Kong]:思维出版社[Xavier Publishing Association Company Ltd.], 2011)35—40;《从"委办本"翻译探讨19世纪新教中文圣经翻译的争议和分歧》[Discussing the Controversies and Disagreements in the Translation of the Protestant Chinese Bible in the 19th Century from the Translation of Delegates' Version],收录于《经典与诠释》[Classic and Interpretation](成都[Chengdu]:四川人民出版社[Sichuan People's Publishing House], 2011),69—93;《施约瑟与中文圣经翻译》[Samuel I. J. Schereschewsky and the Chinese Bible Translation],收录于《香港圣公会国际学术研讨会:"回溯过去、展望未来"》[Hong Kong Sheng Kung Hui International Symposium: "Looking Back to the Past, Looking to the Future"],2012年6月7日至9日 [7th - 9th June, 2012],未刊论文[Unpublished Thesis];《在元始就有道:汕头话〈圣经〉的翻译与流传》[In the Beginning Was the Word: The Translation and Propagation of the Bible in Shantou Dialect],收录于《潮汕社会与基督教史论》[Perspectives on Chaoshan Society and Christianity](汕头[Shantou]:汕头大学出版社[Shantou University Press], 2012);《广州话圣经的历史和版本:兼论对中国方言圣经译本的研究方向》[The History and Editions of Bible in Cantonese],收录于《法流十道:近代中国基督教区域史研究》[The Religion Spread Through the Ten Circuits: Studies in Modern Chinese Christianity through Regiona](香港[Hong Kong]:建道神学院[Alliance Bible Seminary], 2013),505—522;《中文圣号问题:从历史角度探索》[Chinese Term Question: Study from a Historical Perspective],《圣经文学研究(第9辑)》[Journal for the Study of Biblical Literature(Vol. 9)](北京[Beijing]:人民文学出版社 [People's Literature Publishing House], 2014), 141—162;《〈和合本〉的历史和意义》[The History and Significance of the Chinese Union Version],收录于《天风》[Tian Feng](中国基督教三自爱国运动委员会/中国基督教协会[National TSPM/ China Christian Council],2018),21—22;《〈和合本〉的成书与流传》[The Compilation and Circulation of Chinese Union Version],收录于《〈和合本〉百周年纪念文集》[Anthology of the Centenary of the Chinese Union Version](香港[Hong Kong]:香港圣经公会 [Hong Kong Bible Society], 2020),41—52;《浸信会传教士的中文圣经翻译》[Chinese Bible Translation of the Baptist Missionaries],于《圣经文学研究》[Journal for the Study of Biblical Literature],2020年第1期 [2020, Issue 1]。

在几千年来故事的论述，随后是《圣经在中国》和另一部讨论浸信会译经的著作。[①]

笔者在剑桥大学图书馆参阅的主要是新教的中文《圣经》译本，但该馆也保存了一些天主教和东正教的中文《圣经》。其中最重要的是 18 世纪初由法国巴黎外方传教会(MEP)白日升(Jean Basset)翻译的《新约》部分抄本。白日升译本的原稿和抄本，迄今共有 6 份存世，其中 3 份是早期的抄本，其他 3 份是根据前 3 份抄录的，保存在不同地方。白日升译本的未完初稿保存在罗马卡萨纳特图书馆(Biblioteca Casanatense)，从《福音书》依次翻译至《希伯来书》第一章，大概是原稿或原稿的抄本。剑桥大学图书馆和大英图书馆拥有从这部抄本编辑而来的《福音书》合参本，由白日升的中国助手抄写，并把《福音书》编成合参的形式。这部合参本后来在广州被发现，辗转保存于剑桥大学图书馆，大英图书馆的抄本是复制自剑桥大学图书馆的抄本。新教传教士马礼逊(Robert Morrison)来华前，曾在大英图书馆参阅这份抄本。笔者根据所见的材料，撰写了一篇论文[②]刊载在《华神期刊》，主要是讨论剑桥大学图书馆的合参本抄本。此后数年间，笔者也陆续看了一些其他天主教中文《圣经》译本，尤其感谢巴黎外方传教会的包智光(François Barriquand)神父协助，在阅读过多部从明末至民国年间的天主教译本后，撰写了中文和英文的论文[③]。当笔者编写明清天主教译经资料

① 参见《圣言千载：圣经流传的故事》[Book of Thousands Year: Stories of Bible Transmission](香港[Hong Kong]：基道出版社 [Logos Publishers], 2011)；《圣经在中国：附中文圣经历史目录》[The Bible in China: With a Historical Catalogue of the Chinese Bible](香港[Hong Kong]：道风书社 [Institute of Sino-Christian Studies, Ltd.], 2018)；《元始有道：19 世纪浸信会中文圣经翻译》[In the Beginning Was the Word: Bible Translations into Chinese by the Baptists in Nineteenth-century](香港[Hong Kong]：浸信会出版社[Chinese Baptist Press (International) Limited]/中坜[Tiong-lik]：中原大学基督教与华人文化社会研究中心[Chinese Baptist Press (International) Limited and Research Center for Chinese Christianity (CYCU)],2019)。另有小册子：《圣经的由来：成典、留存和翻译》[The Origin of the Bible: Writing, Preserving, and Translation](香港[Hong Kong]：香港圣经公会[Hong Kong Bible Society])。

② 《白日升的中文圣经译本及其对早期新教译经的影响》[The Chinese Bible Manuscript of Jean Basset and Its Influence on the Early Protestant Chinese Bible Translation]，于《华神期刊》[China Evangelical Seminary Journal],2008 年第 1 期 [2008, Issue 1],50—77。

③ 蔡锦图 Daniel K. T. Choi，《天主教中文圣经翻译的历史和版本》[The History and Editions of Catholic Chinese Bible Translations]，于《天主教研究学报》[Hong Kong Journal of Catholic Studies],2011 年第 2 期 [2011, Issue 2],11—44；Daniel K. T. Choi and George K. W. Mak, "Catholic Bible Translation in Twentieth-Century China: An Overview," in *Catholicism in China, 1900-Present: The Development of the Chinese Church* (New York, NY: Palgrave Macmillan, 2014)；《晚明至清初天主教中文〈圣经〉翻译》[The Bible Translation of the Catholic Church from the Late Ming to Early Qing Dynasties]，收录于《传播、书写与想象：明清文化视野中的西方》[Strangers and Distant Lands: The West in Late Imperial China](上海[Shanghai]：复旦大学出版社 [Fudan University Press], 2019),33—52。

时，蒙黄锡木博士和上海徐家汇藏书楼的徐锦华老师告知有关清末天主教教士王多默和许彬两人从没出版的《圣经》手稿书影的消息。得悉之后，笔者十分兴奋，也相信仍然有不少遗珠静待发掘。这反映了有关中文《圣经》翻译的研究，尚需更多努力。

在2002年的德国学术会议中，笔者遇见一位俄罗斯东正教会的修士。他知道笔者在搜集中文《圣经》的资料，就给了笔者一份1951年1月的《北京俄国东正教总会圣经目录表》的手抄本，该资料列举了直到当时中国东正教会的《圣经》翻译。笔者在剑桥大学图书馆和其他地方见到《圣经在中国》所列的数部译本，包括固里·卡尔波夫(Gury Karpov、Grigory Platonovich)、弗拉维昂·高连茨基(Flavian Gorodetsky)和英诺肯提乙(费古洛夫斯基)(Innokentii, Figurovskii of Beiguan)的译本及其他。《北京俄国东正教总会圣经目录表》的手抄本列明了，直至当时为止，俄罗斯正教会已出版或翻译的中文《圣经》译本。近年经正教会中华诸圣会授权，把德奥斐拉克特(Theophylact of Ohrid, 约1055—1107)所撰的《圣经》和注释稿件翻译成中文，从2008年开始在网上推出。遗憾的是，这么多年来，笔者始终未能仔细对比正教会的几部《圣经》译本，所以在《圣经在中国》中，只能略述所见译本的资料。

2018—2011年，笔者在香港圣经公会工作期间，协助了中文次经的修订工作，这让笔者可以仔细比较次经的文体和翻译。尤其是1933年北平中华圣公会的《次经全书》。该书于1949年重印，现今圣公会的次经版本，主要是根据这个版本印制的，部分用字经过修订，但正文基本上与1933年的版本没有分别。因此，《圣经在中国》也列出一章，介绍中文的次经。

叙述这些故事片断，只是想指出笔者对有关课题的认识来自不同际遇，而非有系统的安排。笔者深深期待，所作有限的研究有助于更多学者共同努力，把《圣经》在中华大地上的历史，更完整地描绘出来。

二、《圣经在中国》的论题选择

综上所述，笔者对于《圣经》在中国的历史认识，实在是来自相当零碎的经验，而且有相当多不足。直至2016年，才决定把手上材料，尤其是以曾见过的中文《圣经》版本为基础，编写有关馆藏书目，然后对每一类别的经卷，加上一段描述性文字。若有可能，也列出经文翻译例证。由于编写时已经发现篇幅过大，而且主要材料都是新教的译经，遂把重点放在1810—1950年。关于之后的《圣经》出版项目，仅列出概要，故出现“头重尾轻”的格局。以往，笔者曾先后在汉语圣经协会(前国际圣经协会)和香港圣经公会工作，对于两间机构出版的《圣经》(包

括《当代福音》和"和合本")有详细资料,也协助过"和合本修订版"的翻译工作。然而,由于《圣经在中国》的篇幅已经极大,因此对于近数十年的中文《圣经》版本(包括《当代圣经》和"和合本修订版")只能略述,无法详列所有书目。

笔者在编写中,主要是保存基督教或基督徒的中文《圣经》资料,选择的是被天主教、新教和东正教认可的机构或教派出版的译本,只有《圣经》文学作品不受此规范。至于被基督教会视为异端的教派(例如耶和华见证人会)所译的《圣经》,一概不会列入。近年坊间由非基督徒编写的《圣经》材料,例如冯象的几部译本,同样没有列入。这是由于笔者按自己宗教信仰的理解,规范撰写取向。

其中较难判断的在于是否加入犹太人在中国的《圣经》抄本。关于这段历史,笔者曾在《圣言千载:圣经流传的故事》中提及。由于《圣经在中国》主要是论述基督宗教的译经成果,犹太教的经文是希伯来文抄本,而不是翻译,因此最后没有加入有关讨论。①

目前学术界大多认为,中国自唐代开始已有犹太人在境内活动。至北宋年间,某些犹太人沿着丝绸之路来到中国,在北京及西北和东南沿海等地有活动,经过一段时间的适应之后,形成了犹太社群,包括在河南定居的犹太人。这批主要聚居于开封的犹太人,他们的宗教信仰称为"一赐乐业教"(以色列的音译)或"挑筋教"(由于宰杀动物时遵守挑筋的遗规而得名,因为犹太人的祖先雅各在与神的使者角力时大腿扭伤,故有此习俗)。由于他们头缠蓝布,当地人又不谙该教与伊斯兰教(回教)的区别,故称他们为"蓝帽回回",其教派又被称为"天竺教"等。开封犹太人均依照他们的本姓改取汉姓,共分七姓八家,至今在开封附近只余六姓犹太人后裔居住生活。

近代西方对于开封犹太社群的认识,源于1605年(明神宗万历三十三年)来自开封的年青犹太人艾孝廉("孝廉"是明清对举人的别称,一般认为这人名叫"艾田")在北京造访了耶稣会士利玛窦,引起不同教派的外国传教士对开封犹太人的记载和研究。艾田见过在基督教图片上的马利亚和幼年耶稣,以为那是利百加和以扫或雅各,因而前来查询。在中国的耶稣会士接着探访开封,随后又发现当地的犹太社群拥有犹太会堂、文献和经书。在开封的犹太寺中,藏有《摩西

① 关于犹太教在中国的圣经抄本,参见 Donald Daniel Leslie, *Jews and Judaism in Traditional China: A Comprehensive Bibliography*, Monumenta Serica Monograph Series, 44 (Nettetal: Steyler Verl., 1998)。该书提供了在中国的犹太人和犹太教最完整的书目,提供了世界各地关于这个课题的文献资料目录。另参见 Roman Malek ed., *From Kaifeng... to Shanghai: Jews in China*, Monumenta Serica Monograph Series, 46 (Nettetal: Steyler Verl., 2000)。该书是论文集,其中讨论开封犹太人的是: Michael Pollak, "The Manuscripts and Artifacts fo the Synagogue of Kaifeng: Their Peregrinations and Present Whereabouts," 81-109。这是近代对这个课题最完整的讨论。

五经》共13部(称为《天经》、《正经》或《道经》),每部53卷,另有《方经》《散经》数十册。在18世纪之前,这些经卷尚得以保存,未致流失。在1845年的《中国丛报》(*Chinese Repository*)中也有较大篇幅介绍在中国的犹太人。

在19世纪50年代的太平天国运动中,开封犹太人饱受磨难,加上开封犹太社群最后一个拉比在这时候去世,他们又不认识希伯来文,丧失了自己的宗教信仰。由于犹太人与汉回通婚,或无人主持教务等原因,犹太社群逐渐解体,宗教活动变得凋零,会堂年久失修。因着宗教信仰气氛转淡,开封犹太人在1851年开始变卖这些经卷或圣物,包括《摩西五经》六部,以及《方经》《散经》数十册,和七姓《登记册》。1852年,美国的犹太人组织了协助开封犹太人重拾信仰的活动,但不久因美国内战而停止。在咸丰年间,犹太寺已经倾圮。到了1866年美国传教士丁韪良(William A. P. Martin)访问开封时,犹太寺已成废墟,他也购去两部《摩西五经》。1870年前后,奥国公使谢雨则(Karl von Scherzer)再购去一部经书,寄往奥地利国家图书馆。1899年,上海徐家汇的耶稣会教士在开封收购了一批犹太后裔出卖的希伯来文经卷,引起了耶稣会援助开封犹太人的兴趣。1900年,中国犹太人援助会在上海成立,其甚至探讨派遣传教团往开封的事宜,但最终没有成行。1908年,上海天主教教会某教士也购买了一部《正经》送往巴黎,现今已不知该书的下落。在短短数十年间,开封犹太人已把13部《摩西五经》中的10部卖给他人,使这些经书流散各地(部分已无法寻得去向)。到了1914年,开封犹太社区甚至将犹太会堂的地契出售,中国犹太人援助会的工作也就停止了。开封犹太社区的遗址由中华圣公会购得,会堂中的文物,包括最重要的经卷,全被抢购一空。这些原先收藏在经龛的经卷,部分被带到国外,然后辗转落入私人收藏家手中。现今开封犹太人的珍贵经书和史料已经流散海外各地,部分藏于英美的图书馆。

直至近年,对开封犹太人历史和文化的研究才逐渐增加。例如,1972年美国得克萨斯州南卫理公会大学(Southern Methodist University)神学院图书馆得到捐赠经籍,其中附有一份希伯来文经卷,引起一位对犹太经卷素有研究的印刷商布米高(Michael Pollak)的兴趣。后来经过纽约犹太神学院史文汉(Menaham Schmelzer)教授的考证,肯定这是中国犹太人的《正经》,即1851年被英国人购去的六部《正经》之一。现今证实卷轴分别存放在英美的图书馆。不过,这些经卷更多是作为历史文献,而不是对中国社会产生影响的宗教典籍。

犹太教的《圣经》藏本值得深入研究,但限于《圣经在中国》期待更多注目基督宗教的中文《圣经》概况,因此没有放入。现今重看,这可能有所不足,忽略了一段极有价值的历史。若有可能,应该重新补上。

三、《圣经在中国》的疏漏补遗

《圣经在中国》的篇幅庞大,但有相当多粗疏之处。本书最初撰写的原意是为了保存在各地图书馆的馆藏状况,按搜集的资料,介绍《圣经》的相关资料,因此所述仅限于在现存馆藏中可见的版本。对每一版本都附有一个注释,以便读者可按图索骥,在相关图书馆中找到。不过,如此编写方式也出现几个问题。

首先,《圣经在中国》只能反映现今在西方主要保存中文《圣经》的图书馆馆藏情况,以及笔者曾在少数场合见到的版本或抄本,其实部分很难决定是否应该加上。例如,1904 年文书田(George Owen)的《约翰书信》抄本和 1972 年谢友王的《约翰福音》抄本,两者都没有出版。最后是由于考虑难以找到相关资料,遂以保存资料的心态,把它们记述下来。这是相当主观的判断,不是完备的考虑。然而,笔者一直期待《圣经在中国》是一份抛砖引玉的尝试,故此请原谅笔者的考虑不周。

其次,中文《圣经》译本以文言或官话为主要语言,但在文言或官话不大通行的中国东南地区(特别是沿海省份),为了传教工作的需要,也出现了不少其他方言的译本。除了上述官话系之外,这类方言译本还有吴语系、闽语系和广东地区方言(包括客家话和粤语)等。其中吴语系拥有最多类别的译本,其次为闽语系、广东地区和官话系方言。《圣经在中国》的方言分类方式,主要是沿用当时传教士的概念,未必合乎现今对中国方言分类的方式。不过,《圣经在中国》对新教中文《圣经》的方言译本,只能根据在图书馆所见资料,作出粗疏的整理。实际上,方言《圣经》的问题相当复杂,《圣经在中国》对某些语系的版本(至少有上海语、宁波语、厦门语和闽南语、福州语、客家语、粤语和汕头语),并没有对其翻译历史作出仔细的整理。笔者曾经想过,为每一《圣经》方言译本寻索资料,按照英美圣经公会的报告作出疏理。然而,这是要多年工夫的,现今所见,只能算是基本的参考材料。

最后是编写方式的问题。《圣经在中国》相当偏重新教的现存译本,对于天主教和东正教的译经,只能轻轻掠过。尤其是天主教的译经工作,虽然现今目录已经颇为齐备,但缺乏深入的剖析。其中涉及两个问题,笔者一直未能得出确实的答案。第一,天主教的《圣经》译本倾向使用文言或官话,而对方言译本的翻译颇为忽略(《圣经在中国》对天主教的文言、官话和方言译本没有分开处理,原因是方言译本的数量太少),究竟是基于什么原因,值得深究。第二,天主教中文《圣经》的专有名词(例如人名和地名)与新教有完全不同的翻译,笔者不大能掌握明清译经者如此取向的确切理由。

上述问题,在《圣经在中国》中未能得到澄清处理,书中也有多处疏漏。刘平教授在他的专文中已经整理指出书中多项缺失之处,期待将来若有再版机会,可以一一修订。

在《圣经与中国》出版之后,笔者在书中发现有些错误的地方,部分是手民之误,部分是后来发现资料显示不同。在此尚有一些补充。以下按照《圣经与中国》的页序,把发现的地方列出。

《圣经在中国》1.1 章第 37 页关于白日升译本有两部把福音书编成合参形式的抄本,分别藏于剑桥大学英国圣经公会图书馆和大英图书馆。现今已经确定,剑桥大学抄本是徐若翰编写的抄本,而大英图书馆的抄本是抄写自剑桥大学的版本。笔者在本书和之前发表在《华神期刊》的论文中,都没有弄清楚两者的关系,这是笔者的一份缺失。白日升的译本是罗马卡萨纳特图书馆(Biblioteca Casanatense)所存抄本,估计是最早期的抄本(或原稿),它的四卷福音书是顺着书卷次序翻译的。徐若翰的福音书合参抄本,在广州被发现后,辗转送往剑桥保存。至于大英图书馆的抄本,是剑桥抄本的再抄。笔者在撰写本书时仍未能确定此事,在评估其历史时有误,后来根据历史文献和与其他学者共同推敲,才可以得出上述判断。这份欠缺的感觉,存记在心,也让笔者不敢对任何研究夸言。

第 37 页注 9 提到,美国华盛顿圣经博物馆已从剑桥大学购入白日升译本的抄本。最后没有成事,有关抄本仍然保留在剑桥大学之中。

1.2 章第 44 页殷弘绪出生的时间是 1664 年 2 月 5 日,他是在 1681 年加入耶稣会。

1.8 章第 62 页何雷思的译本《圣保禄书翰》,首版出版日期应是 1918 年。由于剑桥所藏的译本没有任何出版时间,笔者在参考时,根据坊间的材料推测首版日期是 1913 年,而不是 Spillett 230 列出的 1917 年。当时笔者的猜想是编写目录时的笔误(第 62 页注 3),但后来根据其他材料推断,这部版本应是 1918 年完成出版,Spillett 的 1917 年可能是指印刷日期。

第 68—70 页萧舜华的译本,除了书中所列之外,还有 1939 年天津崇德堂的《玛窦传的福音》、1939 年天津崇德堂的《玛尔谷传的福音》、1949 年《耶稣的福音》。笔者一直猜想,应该还有《路加福音》,但迄今仍然未找到有关版本。

第 101 页行 3 的《创世记》应是《创世纪》。此处根据一位俄罗斯东正教会的修士给予笔者 1951 年 1 月的《北京俄国东正教总会圣经目录表》的手抄本,列举了直到当时中国东正教会的《圣经》翻译。

第 227 页倪维思(John Livingstone Nevius)译的《马可福音》是 1866 年,《使徒行传》是 1868 年。

第 233 页雷音百(Joseph Anderson Leyenberger)的生卒年份是

1834—1896。

第 514 页五经富方言的 1916 年《新约》的书题误录为 1910 年版本的书题，应为 Sin-yok Shin-shu Khak-và。剑桥大学图书馆已遗失了这版本，我见过的是 1918 年的另一版本，但在编写目录时却把书题误写。

第 555 页行 11 的“上海中华圣经会”应是“上海中华圣公会”。

第 572 页叔未士的名字应是 Jehu Lewis Shuck。

第 585 页吴曙天的《雅歌》应是 1930 年出版。

以上所述，都是在出版之后才发现的错误，深感歉意。

四、对中文《圣经》翻译研究取向的探索

对“中国”和“圣经”两者的定义，《圣经在中国》无疑有较为模糊的取向。对于“中国”所涉及的领土范围和民族定义，在每一朝代都有所不同，汉唐的理解与宋明是不同的。其实对“圣经”的理解也相同，天主教、东正教和新教对于《圣经》涉及多少经卷的定义，就存在差异。本书倾向按照所述《圣经》译本的时代背景和来源作判断。例如，清代的天主教译本列出了殷弘绪的《训慰神编》，那是《多俾亚传》的意译本，在天主教被视为正典，而在新教则被视为次经，因此天主教和新教的编排方式就有所不同。

刘平教授论文的中文摘要提道：“本文就 12 种问题作出探讨，并在每个问题中列举出若干事例来佐证，以期作者在将来的修订中能提供更加完备、完美的中国《圣经》译本一版本全景图，全面回答有关‘圣经在中国’的两大难题：自唐景教至今，如何描绘基督教《圣经》正典在中国的流传与翻译史？如何建构中华《圣经》译本体系？”我深切认同上述论述，并以此期待华人学者在这两方面可以有更多贡献。

在此，笔者也提出数点观察和反思，也许可以成为有关课题研究的一些方向。

近年来国内出现了不少有关中文《圣经》翻译的研究，但大多数是针对和合本。诚然，和合本《圣经》对于中国教会的成长深具贡献，百年来是新教华人教会发展的重要基础。

从马礼逊来华后刊印的第一部中文《圣经》单行本(1810)开始，传教士和中国信徒不断参与中文《圣经》的翻译和出版，前后也有地区性的联合译本。诚然，不同《圣经》译本各有优点，但随着文言、浅文言、官话和各地方言的《圣经》越来越多和教会数量增长，这逐渐成为严重问题。到了 19 世纪末，可供中国教会共同使用的联合译本和合本，成为教会发展的关键，对于以后新教教会影响深远。

故此，对于和合本有更多研究，实属必需。

近年对和合本的研究较多，例如对和合本历史的探讨、和合本的诠释和神学取向、英国圣经公会与和合本的关系、和合本与中国语言之间的关系、和合本与众多《圣经》版本的比较，以及对和合本和中文《圣经》新译作的前瞻性探索。由于对中文《圣经》的学术研究方兴未艾，相信未来将有许多探讨。对于和合本历史和翻译的研究，有助于对中文《圣经》的翻译和使用作出更多具价值的探索。

关于和合本的研究，实在有许多可以参详的地方，但中文《圣经》的历史并不限于和合本，而是还有大量可供研究的课题。可是，对于不同课题的研究成果，按近年所见，就显得颇为薄弱。

笔者猜想其中一个原因，是许多《圣经》版本和研究资料分存在海外不同地区的图书馆或档案馆中。虽然这些材料并不难找到，但确实是散存在不同地方，在国内相对是较少的。虽然近年有不少图书馆在网上提供中文《圣经》的拍摄版本(例如澳大利亚国立图书馆)，而"中华《圣经》译本(1661—1960)数字化工程"也在进行，以便学者可以更方便找到有关译本的影像，但在中文论文的成果中，除了和合本外，其他课题仍然缺乏。

中文《圣经》是宗教典籍，但它们除了具有宗教的研究意义之外，也有重要的语言参考价值。在20世纪之前，并不存在中文的标准语言，即使是官话，各省都有稍微差异，而方言更具有重要意义。《圣经》文本有固定的内容，但是不同时期和地区的中文《圣经》往往呈现了在该时期和地域的语言特色。

当基督教传教士于清朝中叶来到中国时，他们发现在这片广阔的土地上，虽然有使用通用语言的习惯，包括在文学上使用文言或白话，以及在官商交流中使用官话，但不少地区都在使用当地的方言。这些本地方言，既可以仅是在通用语言的基础上，渗入某地的乡音，也可以是文法和语音与其他地区完全有异。传教士既要掌握中文通用语言，也要运用他们服侍地区的方言。当中文《圣经》被翻译成书时，他们很快发现有必要把文言《圣经》转译成他们所属地区的方言。由于各地的资源和需要不同，某些方言《圣经》仅有单卷的《圣经》，但某些地区却拥有整部《圣经》。按照现今可以追溯的资料，新教方言《圣经》从1847年开始出版，直至20世纪20年代和合本《圣经》出版之后，才逐渐不再有新的方言译本。在短短数十年间，方言《圣经》超过20种，其中广州话、闽南语和客家话《圣经》至今仍然出版。

中国方言《圣经》译本出现的时期，主要是19世纪中叶委办本出版至20世纪初和合本完成。由于方言《圣经》译本是个别地区的传教士为某一特定群体所翻译的(也供当地传教士在传教和牧养中使用)，流通并不广泛，不会在其他方言地区使用。方言《圣经》的出现，主要是为了让各地信众可以按他们最熟悉的语言来认识《圣经》。随着清末民初对国语的推动及其通行，方言《圣经》在许多地区的价值，由在 1919 年翻译完成和出版的国语和合本取代。方言《圣经》在信众学习《圣经》上的作用，由《和合本》承接。大多数方言《圣经》的版本，现今仅保存在海外图书馆中。然而，这些在一百多年前出现的《圣经》，却有晚清方言的众多特质，不少至今仍然使用。尤其是拼音的方言译本，其实保存了有关方言在 19 世纪的发音方式。由于《圣经》的经文是一致的，不论是什么语言的《圣经》，每一节经文的意思都是相同的。如此，方言《圣经》的存在，也可以成为研究晚清众多方言的工具。例如，苏州话在某一节经文的翻译，换成闽语在同一节的译法，可以成为方言研究的辅助。

笔者对《圣经》方言译本的认识相当有限，曾撰写的论文都是与广东地区有关的。然而，让笔者留下深刻印象的都是江浙和福建地区的方言译本。方言《圣经》译本大多只有单卷或《新约》，部分有整部《圣经》。按所见，译成整部《圣经》的方言译本，按时序罗列如下：厦门话罗马拼音文字版本(1884)、福州话汉字版本(1891)、广州话汉字版本(1894)、宁波话罗马拼音文字版本(1901)、福州话罗马拼音文字版本(1905)、上海话汉字版本(1908)、苏州话汉字版本(1908)、兴化话罗马拼音文字版本(1912)、台州话罗马拼音文字版本(1914)、广州话罗马拼音文字版本(1915)、客家话汉字版本(1916)、汕头话汉字版本(1922)。笔者曾经想过，若能把上述译本作一比较，尤其是对各地方言的《圣经》用语进行对比，必然将产生许多具意义的讨论。

理解方言《圣经》如何运用，有助明白当时的传教活动。翻译和出版《圣经》是一个复杂和耗费庞大的工程，传教士是基于传教活动所需，才在他们辛劳的事奉中，加入这项工作。方言《圣经》究竟如何协助传教事工，包括讲道、教学、著述、传教，以及怎样促进基督教思想的传播，都是受到忽略却值得探讨的课题。

当然，笔者猜想没有任何学者可以全面掌握所有《圣经》译本的方言性质，而是需要不同学者共同合作。如此，更能反映在研究上的个人限制，代表了共同努力的需要。对于这些《圣经》版本的语言分析，必须留待各地方言的专门学者。此外，方言《圣经》与通用语言《圣经》的关系究竟为何？在此也可见方言与通用语言之间的相互角色。

除了方言译本之外，另一个较受学者忽略的问题是来华传教士来自不同宗派和差会，以致在神学取向上，不是尽然相同。这在来华的浸信会传教士中，最为明显。19 世纪，浸信会传教士一直有从事《圣经》翻译的历史，尤是是在 19 世纪 40 年代在委办本的参与上，与其他宗派的传教士有明显分歧。在 19 世纪，该会多位传教士也有自行的译经活动，对中文《圣经》翻译有所贡献。他们对“水礼”的希腊文音译词“baptizō”，以及在中文《圣经》翻译的取向上，与其他差会有所分歧,因此有许多值得探索的空间。[①]

最后,笔者对于从唐代(甚至更早)开始的基督教《圣经》正典的翻译与流传的研究,深切期待。然而,这绝非个人的力量可为,而是期待众多学者的共同贡献。

小结

中文《圣经》翻译历史是一个相当复杂的课题,这让笔者在多年的整理中,只能有少许不完善的成果。在一篇英语论文的结语中,笔者对于中文《圣经》翻译研究有一份期待,在此引述,与众多学者分享。

> 圣经翻译的目的,是将《圣经》文本的意义从源语言转移到其他受众语言上。在过去的一个世纪里,出现了对《圣经》原文的新研究。最近几乎所有的《圣经》翻译项目,都强调整部中文《圣经》必须直接从希伯来语、亚兰语和希腊语的原文中翻译出来。这些较新的译本都是从最好的古代手稿中翻译出来的。由于计算机技术的进步,在翻译过程中,为了便于核对,这些修订本与原文保持了一致。同时,中国教会认为,《圣经》翻译的目的不仅是忠实于原文,而且要能够被阅读和了解,包括教会内外的人。
>
> 每一部《圣经》的翻译都必须准确和可读。沟通不仅仅是宣扬某件事情,还要求发出的信息能够被接收,以便读者能够理解它。在中文《圣经》翻译中,很难做到准确性和可读性的出色平衡。然而,这是中国大多数《圣经》翻译的目的,在21世纪仍将是持续的工作。[②]

期待《圣经在中国》在中文《圣经》翻译这一课题上抛砖引玉,开拓更多值得探讨的论述,也盼望本书的不足和疏漏之处,能蒙海涵,并祈修正。

---

① 参见 Daniel K. T. Choi, "The Baptist Endeavours in Biblical Translation in China before the Chinese Union Version," *Journal of the Royal Asiatic Society* 30. 2 (April 2020): 341-364。

② 对于中文《圣经》翻译历史的叙述,参见 Daniel K. T. Choi, "A History of the Chinese Bible," in K. K. Yeo ed., *The Oxford Handbook of the Bible in China* (Oxford: Oxford University Press, 2021), 21-46。引文摘自第45页。

Expectations for the Study of Chinese Bible Translation

Daniel Kam To Choi

Abstract: This paper is a review, supplement and revision of *The Bible in China*: *With a Historical Catalogue of the Chinese Bible* and sets out expectations for the study of the history of Bible translation in China, including its collation and research directions. This paper suggests several directions for research on the subject of the Bible in China, in the hope of contributing to the creation of a detailed historical review.

Key Words: Chinese Bible, Bible Translation, Historical Catalogue of Bible

E

译文

Translation

真理与信仰:保守派犹太教原则声明[*]

胡浩　刘蔚然　赵建成[**]　译

【摘要】保守派犹太教主要是在美国发展起来的一场宗教运动,承袭由弗兰克尔开创的德国实证—历史学派的精神和传统,在意识形态和神学方面介于改革派和正统派之间,属于开明的中间派,强调一种温和的、折中的、谨慎的改革。长期以来,保守派没有像改革派那样发布正式纲领,因为保守派认为其本身代表犹太教的经典传统,不需要用纲领进一步说明。此外,保守派担心发布一个统一的纲领或声明可能会在保守派不同思想之间造分裂和紧张。但避免自我定义已导致部分保守派犹太人在与改革派和正统派的竞争中缺乏自信,他们越来越希望清楚地知道"保守派犹太教是什么"。1985年,保守派建立了一个由拉比、学者和平信徒组成的保守派哲学思想委员会,旨在共同研讨保守派的基本要素和基本观念。1988年,美国犹太神学院、拉比会议、美国联合会堂、保守派犹太教妇女联盟、犹太男子俱乐部联盟等保守派机构联合发布《真理与信仰:保守派犹太教原则声明》,系统阐释了保守派犹太教对上帝、启示、《哈拉哈》(犹太律法)、犹太民族、以色列国、跨信仰关系、社会正义、祈祷、犹太研究等一系列问题的观点和立场,并提出保守派犹太人的标准。尽管该声明并不致力于形成统一的、一成不变的保守派犹太教观点,但还是在一定程度上起到了指导和推动保守派运动发展、凝聚保守派犹太人的作用。

【关键词】保守派犹太教;真理;信仰;纲领

---

* 本文为国家社会科学基金项目"犹太教改革研究"(12CZJ012)的成果之一。译自 *Emet Ve-Emunah*: *Statement of Principles of Conservative Judaism* (The Jewish Theological Seminary of America, the Rabbinical Assembly, and the United Synagogue of America, 1988)。

** 胡浩,河南大学以色列研究中心、区域与国别研究院教授;刘蔚然,郑州大学历史学院博士研究生;赵建成,江西科技师范大学历史文化学院讲师。

第一部分　世界中的上帝

一、上帝

我们相信上帝,的确,犹太教不能脱离对上帝的信仰或关于上帝的信仰而存在。上帝始终处于我们作为一个民族的自我认知,以及所有犹太文献与文化中最核心的位置,上帝还渗入我们的语言、律法、道德良知和学问之中。从《创世纪》开篇,我们的《托拉》和传统就声称上帝是独一的存在,他是创造者,他的意志贯穿于人类历史之中。上帝的意识也广泛存在于犹太人拥有创造性和成就的领域:先知们卓然超群的道德教导、拉比们富有同情心的律法、我们的礼仪师精神上的渴望、我们哲学家的逻辑分析,都反映了一种敬畏的意识,以及一种在我们生活中体验上帝并按照他的意志行事的强烈愿望。上帝在犹太人与犹太教的故事中是主要角色。

尽管一个人不能在没有想到和提及上帝的情况下洞察犹太经验和意识,但上帝也是带来巨大困惑和混乱的原因。对上帝的质疑与不确定是不可避免的;的确,这些质疑和不确定甚至存在于亚伯拉罕、摩西和约伯等《圣经》英雄人物,《圣经》先知和智慧导师,《米德拉西》的最伟大导师身上,以及一直到今天的杰出犹太思想家与诗人的作品中。一个人对这些疑问没有单一的、感到满意的答案,是可以充分地、可靠地作为犹太人生活的,但是,如果一个人没有提出这些问题的话,那他就不能过一种沉思式的犹太生活。

上帝存在吗?若是,上帝是何物?上帝对宇宙有规划吗?上帝关心我吗?他倾听祈祷吗?上帝会让无辜者受难吗?这些问题中的每一个以及许多其他问题成为几个世纪以来神学家和平信徒讨论与争辩的主题。《约伯记》苦苦思索着每一个这样的问题,并得出结论:上帝及其方式是不能完全为人类所理解的。犹太传统一直教育我们必须过有信仰生活,即便当我们没有确实的(关于信仰的)明证的时候。

保守派犹太教确认信仰上帝极其重要,但没有具体指明这一信仰的细节。当然,信仰三位一体的上帝,或者一个反复无常的、不道德的上帝与犹太传统和历史是根本不一致的。不过,在观点上的合理分歧的确存在。

对于我们中的许多人,信仰上帝意味着信仰一个至高的、超自然的存在,这一存在有能力通过他的意志掌控世界。由于上帝不像易于被我们感知到的物体,这一观念有赖于间接证明。信仰上帝的根据很多。它们包括《圣经》的证词、存在而非虚无的事实、宇宙的广袤和有条理性、我们感到受道德律控制的意识,

奇迹般的历史事件的经历,以及看起来超越物质范畴存在的现象,例如人类意识与创造性。所有这些感知都是超越我们自身的邂逅。它们彼此相互强化,产生了一种体验上帝和相信上帝的经历,这个上帝尽管不可感知,却存在于平常的文字意义之中。这就是从《圣经》文本直接读到的关于上帝的观念。

有些人以不同视角来看待上帝的真实性。对他们而言,上帝的存在不是一种可以用证据来检视的事实。相反,上帝的存在是我们观察全部世界以及我们在这个世界所处位置的出发点。在哪里能找到并体验这样一位上帝呢? 他不是一种我们能够指出的存在。相反,当我们寻求在这个世界上的意义时,当我们为道德、正义和未来救赎而奋斗时,他就会出现。对于上帝本质的描绘不是逻辑验证的终线;上帝出现在我们作为一个社团所共有的传统和故事之中。也正是从这一视角,上帝是超越我们体验的一种存在和力量,但他的本质并不是完全独立于我们的信仰和经验之外的。这是一种更贴近许多犹太哲学家与神秘主义者观念的上帝。

这里宽泛描述的两种观点深深地植根于《圣经》与其他犹太传统之中。它们也都在保守派犹太思想中得以体现,且在我们的运动中一直存在并延续至今。事实上,它们存在许多共同之处。尤其是它们都坚持认为,传统上被用于言及上帝的语言和观念,是我们生活方式中有效的且至关重要的一部分。尽管两种观点的支持者都使用隐喻手法来谈论上帝,但我们都确信传统术语(如上帝的王权与父性)所具有的力量,以非常积极的方式在影响着我们的生活。我们的礼仪及对于经典文本的研读反映上帝,反映出对上帝在我们生活中所发挥力量的承认。

有许多关于上帝的问题没有得到充分的回答并不意味着我们的信仰在这些问题上无关紧要。相反,它们能改变这个世界,因为个体对上帝所信仰的东西会形塑和反映他或她对生活的最深刻承诺。举例而言,信仰上帝的统一性,创造和强化了对于人类统一性的信仰与对正义与伦理标准的认同。同样,一个信仰应"收养孤儿和保护寡妇"和要求我们也这样做的上帝的民族,将构建一个非常不同于只以人类自治为荣耀的社会。

上帝难以捉摸的本质,在决定我们该如何感知他以及那将如何影响我们生活的时候,总会给予我们许多选择。人类的生存状况会是如何,在这些事情上不可避免地要做出一些选择。在我们脆弱的世界中,对上帝执着的信仰,从亚伯拉罕和撒拉开始已经塑造了我们的历史特征,今天,这一信仰将继续要求我们按照我们信仰的上帝的要求去规范我们的生活。

二、启示

保守派犹太教确认对于启示的信仰,启示揭示了源于上帝的真理的外部来源。这一主张强调,尽管真理可以为人类所传播,但并不是人类的发明。这就是为什么我们称《托拉》为《托拉》的真理(*torat emet*)。《托拉》的真理既是理论上的,也是实践上的,也就是说,《托拉》教导我们有关上帝以及我们在他的世界中的角色(等内容)。同样,我们否认权威真理的任何客观来源。我们也拒绝宗教激进主义与经律主义,因为这些主义没有承认启示中的人类因素,由此排除了在启示过程中人类经验和理性所扮演的独立角色。

在保守派社团里,启示的本质及其对犹太民族的意义以各种不同的方式被理解,我们认为,犹太教的经典资源给这些启示观点提供了广泛的先例。

在上帝启示的历史中,最卓然而伟大的事件发生在西奈山上,但并非仅限此地。上帝(与人类的交流)在先知的教导和《圣经》先贤那里,以及在《哈拉哈》与"阿嘎达"(律法与民俗)中体现的编纂《密释纳》和《塔木德》的拉比的活动中继续展开。启示的过程并没有终结,仍然活跃于延续至今的法典和答问之中。

我们中有些人将启示设想为一种存在于上帝与人类之间的个人的邂逅。在他们之中,有这样一些人,他们认为这种个人的邂逅有命题性的内容,就是上帝以实际的语言同我们交流。对他们而言,启示的内容立即变得规范起来,就像拉比诠释所定义的:《托拉》的诫命本身直接源于上帝。然而,其他一些人认为,启示包含了上帝与人类妙不可言的邂逅。启示的体验激发了具有准则和思想的人类用语言来表达(这种邂逅),由此,这种启示性邂逅得以延续其历史的影响。

我们中的其他一些人把启示设想为,通过历史与自然,不断地发现关于上帝与世界的真理。这些真理,尽管总是在特定的文化环境中形成的,但被看作上帝创造的最终目的。支持这一观点的人,倾向于将启示看作一种持续的过程而非一个特定的事件。

三、《哈拉哈》

(一)《哈拉哈》的必要性

《哈拉哈》由犹太传统所教导的准则构成,一个人将如何作为犹太人生活?大多数犹太准则体现在《圣经》律法及拉比对它们的诠释之中,许多世纪以来不断得到扩展和延伸,但有些准则是以习俗的形式体现的,另外一些则源自传达律法和习俗并延伸至它们之外(*lifnim m'shurat hadin*)的道德理想。由于每一个

时代都要求对已接受的准则进行新的诠释和运用,《哈拉哈》成为一种持续的过程。所以,《哈拉哈》既是植根于我们先祖经验和文本的古代传统,也是给予我们生活价值、形态和方向的当代生活方式。

对于许多保守派犹太人而言,《哈拉哈》是必不可少的,首先因为这是犹太社团理解上帝意志是什么的所在。其次,《哈拉哈》还具体表达了我们与上帝之间的持续邂逅。在保守派社团,犹太律法的这种神圣因素以不同的方式被理解。但无论如何理解,对许多人而言,(对律法神圣性的认知)乃是遵守《哈拉哈》的基本理由,这一理由也强化着遵守《哈拉哈》的其他一切理由。

不过,也有其他考虑为《哈拉哈》补充了神学上的基础。《哈拉哈》是一种识别和保存犹太民族及其传统的方法,它通过提供可供考虑的案例,以及教导犹太人如何以道德的方式思考这些案例,来培养与磨砺个体及社会的道德良知。它建立最低行为准则并赋予理想以具体的表达。除了以这些方式形塑道德标准的内容之外,《哈拉哈》还帮助激发(人们)去遵守这些准则——不像在过去几代人中那样,通过律法强制手段(以色列在一定程度上还存在)——而是通过创建一套具有神圣性和社会权威的目标。因此,《哈拉哈》建立了一个制度框架来管理人类之间的互动关系。

《哈拉哈》塑造了我们与上帝的关系,它为我们提供一些象征符号,通过这些象征符号,我们得以一起学习和表达虔诚,同时研读神圣的经文。《哈拉哈》的宗教基础使得其能够提供比任何世俗准则系统都远要全面的对于生活的指导。最后,正如祈祷书一日两次提醒我们的那样,《哈拉哈》是上帝给予我们的礼物,是上帝之爱的一种表达。同样,我们对《哈拉哈》的坚持是从我们的角度表达对上帝之爱的行为。事实上,正是以这样一种基本的方式,上帝和犹太民族展现出对于彼此的钟爱。

由于所有这些原因,处在不断发展形态下的《哈拉哈》成为传统犹太教不可或缺的要素,且让犹太教变得具有生命力和现代性。《哈拉哈》不是犹太认同的全部;犹太教还包含体现在民俗传说(aggadah,"阿嘎达")中的伦理和神学反思,对特定土地、语言、艺术、音乐、文学及更多方面的认同。从"犹太教"这一术语最充分的意义来讲,它的确是一种文明,而《哈拉哈》对于这种文明来说是最基本的内容。

(二)《哈拉哈》中的传统和发展

《哈拉哈》的神圣和权威与律法的实体相联系,但不是与每一条单独的律法相联系,因为纵观犹太历史,《哈拉哈》处在变化之中。对传统的尊崇以及对传统延续性的关切阻止了对律法的轻率修改,但是犹太人的习俗在不时地得到修正。最经常性的情况是,新的诠释或对既存先例的应用带来了必要的发展;但有时候，制定新的律令是有必要的。有时候，像在女孩教育和设立西姆拉托拉节(Simhat Torah festival，又称“诵经节”)的问题上，变化最初发生在拉比或民众的行为当中，之后它们才被确认为律法。

编纂《密释纳》《塔木德》《米德拉西》的拉比们认识到变化已经出现，于是，他们自己在编纂经典过程中将这些变化体制化。他们努力确认每一代拉比在以新的方式应用律法以适应时代要求这一做法的合理性。他们指出，《托拉》本身需要这样一种司法性的活动，即一种授权(或核准)，他们时不时地对这一行为作出更广泛的解释，以使甚至对于律法作出的最公然的修改合理化。但是每一个个体没有被赋予修改律法的权力，因为那样会削弱律法的权威性和一贯性；只有社团的拉比领袖才能被犹太传统赋予这一权力，对律法进行必要的修改，因为他们了解《哈拉哈》的内容、目标和方法，不过，他们在商讨修改律法时，应当遵从社团的习俗和需要。

在保守派社团内部，经过拉比决定对《哈拉哈》作出适当改变，我们致力于继续保存和提升《哈拉哈》的拉比传统。这源于我们认为《哈拉哈》对每一个时代都必不可少。正如在过去那样，调整律法的性质和数量因犹太人所生活环境变化的程度而各不相同，我们这个时代急速发展的技术与社会变化，以及新的伦理洞见与目标，都要求对《哈拉哈》进行新的阐释与运用，以保持其在我们生活中的活力。未来更多的调节无疑是必要的。这包括对已接受的传统进行补充以应对新环境，同时，在有些情况下修正《哈拉哈》的系统。

在改变不仅是一种传统，也是《哈拉哈》必要组成部分的情况下，我们，像我们的先祖一样，不会为了改变本身而进行改变。因此，犹太传统和保守派社团的推力将尽可能维持律法和过去的习俗，而寻求(变革)证据的担子就落到了那些希望改变律法和习俗的人身上。《哈拉哈》已经回应而且应当继续回应正在变化着的环境，有时是通过改变律法，有时是坚定地反对传播流行和歪曲的价值。此外，变革的必要性不能成为任何要求修正的细节性提议的借口。每条建议都不能机械地对待，而应当根据本身的实际情况来加以裁决，这一过程需要考虑完整的《哈拉哈》知识，当代的情境，还需要仔细且圆熟的判断技巧。

然而，追随过去时代我们的拉比先驱的榜样，我们考虑有诸多原因要求开启变革。偶尔的情况下，在守教的犹太人中通过调整律法以顺应当代习俗，律法的整体性应得到维持。如果认真地将法律作为行为的向导的话，每一种法律体系都应当不时地进行调整，以使书本上写明的条文能与实际的践行保持一致。有时候，新的科技，社会、经济和政治现实会要求采取法律行动。律法上的一些改变旨在提升犹太民族和整个社会的物质条件。其他一些改变的目标旨在培育犹太人之间以及犹太人与更广泛社区之间的更友好关系。在有些情况下，变革对

于阻止或消除不公是必要的，而在其他一些情况下，它们构成一种积极的计划，通过提升犹太生活的道德标准并增加虔诚来提升犹太生活的质量。

我们确信《哈拉哈》的进程竭力体现着最崇高的道德原则。在变化着的环境产生看起来不道德的后果并造成人类痛苦的地方，我们社团内部存在各种矫正这一情形的途径。在通过现存的《哈拉哈》准则解决上述问题被认为可能和适当的情况下，我们宁愿使用这些准则。若非如此，保守派社团中的一些人要准备通过一种正式的法律程序(*Takkanah*)来修正现存的律法。有些人仅在《哈拉哈》文献资源确认合理的情况下才愿意进行变革。然而，我们当中的所有人，都承认《哈拉哈》对真正的犹太生活来说，不可或缺。

我们对《哈拉哈》的忠诚源于我们对《哈拉哈》神圣性的深刻认知以及《哈拉哈》所蕴含的积极价值。我们的种种努力都是为了保存和提升《哈拉哈》。当有必要进行变革之时，在确保《哈拉哈》对我们生活进行有效的、可行的和道德的指导的明确目标下，适时作出变革。

(三)《哈拉哈》中作决定的权威

保守派理论在《哈拉哈》定义上反映了我们对多元文化的兴趣以及表现了犹太教保守派传统与现代相融合的特征。我们所拥有的丰富传统文化有赖于领袖和平信徒的学识、信赖与虔诚。在宗教方针上，保守派运动寻求美国犹太神学院和其他高等学术机构的帮助。美国联合会堂、保守派犹太教妇女联盟和犹太男子俱乐部联盟代表着我们社团中的平信徒资源。

在每个公会中，宗教习俗的权威由其拉比掌握(its mara d'atra)。这是源于犹太传统中授予他或者她以拉比圣职时伴有专门的拉比培训，也是由于公会选择拉比为其提供宗教指导。在作决定时，拉比可能会征询由拉比会议、美国犹太神学院和美国联合会堂代表组成的犹太律法和标准委员会的意见。委员会就犹太律法和标准发布裁决，这些裁决形成了保守社团的习俗。委员会和拉比会议大会确立的规范对拉比会议的所有拉比起约束作用，但在这些约束之中，也允许一些被视为具有合法性的、在诸多情况下有益于丰富犹太生活的习俗变化。在这方面，保守派社团在作出关于犹太律法的决定时，保持着社团中的拉比个人与更大范围内的该运动的中央权威之间传统的互动。与此同时，保守派犹太教回应了个体犹太人和广大公会的需求。这确保我们在不丧失活跃的、健康的多元主义的情况下，保持了一种明晰的身份意识。

四、罪恶问题

罪恶的存在一直以来对我们的信仰构成最严重的妨碍。鉴于奥斯威辛集中营和广岛原子弹灾难所造成的巨大恐怖，这一困境在我们这一代人中呈现一种新的令人生畏的现实。一个正义与全能的上帝如何会允许如此多的无辜生命被歼灭，这一问题困扰着宗教的良知、阻遏着人们的想象力。

尽管存在几个世纪的争论，但我们必须意识到，没有任何神学可以合理化对无辜者大规模的屠杀、儿童的死亡或者看起来如自然灾难侵袭般的肆意妄为。《托拉》本身反映了上帝意志的不可预测性和上帝自己所宣称的——他是道德的创造者与典范之间的张力。最终，我们不能评判上帝，因为我们自始至终都不能洞察上帝的作为。在我们无限的对于上帝特征的描述与上帝自身无限性之间永远存在着鸿沟。

尽管我们不是总能够协调我们关于公义上帝的观念与上帝行为之间的冲突，但是我们可以寻求推进对上帝之道的理解。通过创造具有自由意志的人类，上帝必然会限制他未来行动的领域。如果没有人类在面临正义与邪恶时作出错误选择的真实可能性的话，整个的选择的观念就变得毫无意义。赋予人类自由意志将被看成神圣的爱，这种爱虑及我们的正直和成长，即使我们的决定会引起巨大的痛苦。

我们必须承认世上的苦难直接来源于我们不恰当使用上帝赋予我们的自由意志；贫困和战争通常是因人类懒惰和道德沦丧引起的。我们消极而不明智的行为加剧了饥饿与疾病的肆虐。鉴于所有人类之间都存在有机的联系，所以一些人的残忍和愚昧会对其他人广泛产生伤害性影响，特别是这些行为没有受到质疑和挑战的时候。我们坦诚地断言我们的行为一定会产生相应的后果。即便最终证明清白与得到补偿会延迟到来，但是总体而言，善行会带来福祉而恶行会导致灾难这一点是确定无疑的。

然而，有时，当我们不能认清苦难的目的和邪恶目标的正当理由时，我们会困惑甚至感到愤怒。我们否认大屠杀是受难者僭越行为或作为整体的犹太人的罪孽的结果这一错误和亵渎神明的言论。但即使可以追寻人类作恶的原因，对自然灾难或基因疾病作出合理解释对我们来说仍然是个谜。当上帝对我们言语时，当我们的理解力不能把握苦难和我们行为之间的关联时，我们仍然可以用我们的行为作出回应。悲剧与个人的苦难能促使我们达至人类精神所具有的同情心、创造力、治愈力和自由的新层次。

受难者在遭遇痛苦的处境下，却几乎不能在神义论上找到安慰。因此，那些通过提出悲剧是生活中的一种必要条件或者靠断言恶要么是善的缺失，要么是自发的魔鬼王国的行为来为上帝辩护的努力可能具有一些哲学上的价值。但是它们并不能立即而有效地缓解痛苦。在艰苦劳动的时刻，我们可以在上帝那里得到安慰，上帝在我们奋斗的过程中怀着同情之心与我们站在一起。当世界在

经历由失去和死亡带来的混乱时，传统的祈福语（“正义的审判者会保佑你”，*Barukh dayon ha-emet*）和卡迪什（纪念祷文）可以提供一种稳定和有秩序的意识。它们如同路上的标志牌，从哀悼到宽慰，一路上指引着我们，让我们确信一切都不是偶然，上帝有其神圣的计划，即便我们还不能清晰地看出这一计划的轮廓。来世（olam ha-ba）的形象能给我们提供这样的希望：我们不会被遗弃在坟墓中，我们不会被遗忘。排除由死亡的现实带来的所有自我满足的幻觉，我们能够获得一种更深层次的上帝意识，即上帝充满关爱地赋予我们忍耐的坚毅以及在失去之中寻求意义的能力。

我们坚持对上帝的信仰，正是上帝的意志使得善良战胜了邪恶，即使这种胜利在历史长河中只是间歇性地展现。人类可以延迟上帝创造一个自由的将爱和正义与其统一在一起的世界的计划，但并不能阻止这一计划的最终实现。即使“上帝的王国”仍然是遥远未来的憧憬，但是我们通过限制我们有害的、自我扩张的冲动，以及彼此之间互行公义且相互怜悯，我们就可以与神圣的上帝建立起亲密的关系。

五、末世论：我们未来的图景

（一）弥赛亚期盼

创造和实现一个理想的“将要到来的时代”的图景完全根植于个体的人以及由他们构成的社团。对个人而言，它表达的是这样一种信念：尽管人的生命看起来短暂且转瞬即逝，但具有持久的意义；死亡不能标志着一个人身份绝对的终结；我们的生命还有“来世”。对一个民族而言，它表达的是这样一种梦想：那个共同体将成为自己身份的掌控者，它可以自由地表达其独特的天才和创造性，它能够作为一个民族找到自我实现之路。最后，由于任何一个民族的命运无可逃脱地受到各个民族共同体命运的影响，末世的图景在对理想世界秩序的梦想中达到高峰，在这一理想的世界秩序里，战争、疾病和邪恶将永久消失，而所有人类都将和平地享有世界的成果，并且一种新的社会秩序会在怜悯与公义的基础上建立起来。

当用一种宗教哲学信条来清晰表达这些未来的图景时，就有了为人们所知晓的“末世论”（源于希腊语“末世”或“最后之事”，以及“逻各斯”或“论辩”“思维”）。先知称这一目标为“末后的日子”（*aharit ha-yamim*）（《以赛亚书》2：2）。拉比们使用了这样一些术语，如将要到来的时代（不是世界，*olam ha-ba*），以及“注定的未来”（*atid la-vo*）和“弥赛亚（受膏者）降临之日”（*yemot ha-mashiah*），弥赛亚用以引导救赎时代的到来。

犹太教的经典文本为个人的、民族的和普世的这三种维度中的每一种，都提供了丰富的沉思冥想(*speculation*)的资源。既然无人知晓末日何时到来，所以我们中每一个人都可以自由地勾画个人推断中的未来图景。犹太思想在其他任何领域都不是教条主义，这一点未能很好地加以证明，因此也显得更加危险。尽管我们当中有些人接受这些推测并认为它们是完全正确的，但是我们之中也有许多人把它们理解为精心创造的隐喻，这些隐喻的产生根植于人类和社团的需要，并同犹太教最本能的价值和承诺紧密联系在一起。这样，如果犹太教的"末世"是一个普遍和平与社会正义的时代，那恰恰是因为我们的《托拉》要求我们此时此地就要努力去创造这样的社会秩序，也是因为我们的先知猛烈抨击了我们的祖先在他们自己的时代未能成功地做到这一点。以隐喻的方式提及这些教义绝不是要降低它们的重要性、它们的价值，以及它们对我们生活的影响。任何人没有梦想都不能生存下去。那么，我们作为保守派犹太人，相信经典犹太末世论思想的本质性存在，这一思想的核心推力源于人类与上帝之间的伙伴关系。我们可以创造一种更加完美的社会秩序——尽管这不是必然，也不是很稳定，而且在我们有生之年或许不会出现——但最终，我们将努力奋斗并增强我们的能力，去帮助实现这一目标。

对于世界共同体而言，我们梦想着一个战争被废止时代的到来，那时，正义与怜悯成为连接个人之间和国家之间关系的准则，即先知以赛亚所说的："认识耶和华的知识要充满遍地，好像水充满海洋一般。"(《以赛亚书》11:9)

对我们民族而言，我们梦想着召集所有的犹太人齐聚在锡安山上，那里我们可以再次主宰我们的命运，并在我们民族生活的每一个领域都能表达我们独特的创造性天才。在保守派犹太教的众多祈祷书中，传统的在耶路撒冷重建圣地的主题已经被重新构建以表达这样一种信念：我们作为一个民族的再生也将激起宗教生活的再生。我们确信以赛亚的语言——"训诲必出于锡安，耶和华的言语必出于耶路撒冷"(《以赛亚书》2:3)，我们相信《托拉》的教导会给世界带来和平。

对于个体的人而言，我们认为死亡并不意味着消失和完全被遗忘。这一信念在我们传统中，以死者身体复活、死后永生和个人灵魂不朽的两大教义清晰地表达出来。

在我们的历史进程中，这两大教义被宽泛地以不同方式得以理解。对于我们中的有些人来说，它们是真理使我们能以勇气和平静面对死亡和所爱之人逝去。另外一些人则用一种更富有寓意的方式来理解这些教义。死者复活的教义，在我们的宗教礼仪中无所不在，它旨在以一种奇特的方式确认犹太教所给予

的我们身体的存在在我们具体的历史和社会背景下的价值。除此之外,我们知道我们遗传基因的结构在我们死后将持久地传递给我们的子孙,伴随着人类的幸存而延续下去。

灵魂不朽的教义确认我们的身份与我们触动他人和社会的能力不会因为我们身体的死亡而告终。我们从历史开始以来形成的伟大个性将对这个世界产生强有力的影响。在更加个人的层面上,我们的朋友和家人尽管逝去,但至今我们仍可以感受到他们活在我们当中。

传统的“最后的审判”的教义表达了我们这样的信念:上帝是公义的,因为他的公义将会获胜,而美德与邪恶最终都会有相应的报偿——尽管按照大圣日礼拜的精神,我们坚信犹太教特别强调上帝的判决很少是“最终的”;真诚的忏悔、祈祷和仁爱的行为能够避免上帝严苛的判决。

总之,如果上帝是真实的上帝,如果他的能力是这个世界上最终的事实,那么他触动我们的能力就不会因我们的死亡而中止。

(二)从梦想到现实

纵观犹太历史的发展进程,犹太人作为人类所做的与众不同之处是将这些梦想变为现实。他们总体上发出两种声音,一种是激进或革命的声音,另一种是更加渐进的或进化的声音。

革命救赎的信仰者显得焦躁而急迫。他们对人类在正常的事件进程中处理自身内在问题的能力表示绝望,他们认为自己有责任——甚至必须——采取激进的行动影响这种转变,给上帝施以援手。他们更不可能满足于他们所看到的他们的同代人以微小的局部救赎方式所获得的婴儿学步般的进展。因此,他们成为好战的激进主义者,诉诸激进的政治行动来决解决问题,甚至在极端情况下,用军事行动和暴力行为来达到他们认为正当的目标。他们把将要到来的时代视为正在出现的宇宙大混乱(他们试图加速这一混乱局面的到来),这种大混乱将摧毁人们所熟悉的自然与历史。

相反弥赛亚渐进主义者认为将要来临的末世会缓慢地、在我们今天所知的这个世界未觉察的情况下出现,并重建一种先前已经存在的和谐。这是一种更具有耐心与人文主义色彩的声音。怀着对人类能够且必将致力于社会、政治、人际关系生活等各种无穷细节活动的信心,他们准备接受这些实践方面的拯救,并将之看成最后救赎来临前的预演。他们不把末世论场景看成一种立即实现的要求,而看成一种对期盼未来的愿景,并以末世所蕴含的无限意义和力量来充实他们所有的日常活动。

现今在伊斯兰国家、美国宗教激进主义者和福音派基督教,以及以色列乃至全世界犹太人的特定群体中占主导地位的末世论调很明显是革命性的论调。我们理解促使这些社团采取上述计划的那些忧虑。我们也确信他们存在造成排外主义、炫耀胜利、激进政治行动以及在极端条件之下的军国主义,甚至恐怖主义的危险。

因此,我们确认一种渐进主义或是进化论的末世论方案。我们也认识到这一方案也存在内在危险:怠惰、清静无为以及一种认为既然上帝将要在恰当时机派遣弥赛亚来实现拯救,那么人类所为就几乎毫无意义的意识。所以,我们努力地提醒自己记住经典的犹太教导:上帝与人类是合作伙伴,这一关系不仅存在于创造与启示的过程中,同样也存在于救赎之中。

我们不知道什么时候弥赛亚将会降临,也不知道他究竟是一个充满魅力的人物,还是只是一种将人类从邪恶中救赎出来的象征。通过弥赛亚形象的教义,犹太教教导我们每一个人都必须认真地生活,好像他或者她,从个体意义上讲,在引导弥赛亚时代来临的过程中都担负着自己的责任。在那之外,我们回应了迈蒙尼德基于先知《哈巴谷书》(第 2 章 3 节)的话语:尽管弥赛亚迟迟不来,但我们也为他等待每一天。

第二部分　犹太民族

一、上帝的契约:以色列的遴选

很少有犹太教的信仰像"选民"教义那样遭到极大的误解。因此,《托拉》和《先知书》(《申命记》7:7,9:6;《阿摩司书》3:2)发现有必要坚持认为这一教义并没有暗含任何犹太人与生俱来的优越性。按照阿摩司的话说:"在地上万族中,我只认识你们,因此,我必追讨你们的一切罪孽。"现今,这一教义仍旧被犹太人和非犹太人频繁地误解,以至于一些现代思想家已建议废止这一教义。

不可否认的是,这条教义已经被扭曲成一种道德傲慢的表达,一种经典犹太资源都煞费苦心地加以否定的态度。然而,它不能轻易地被放弃,因为它对犹太人的自我认知有至关重要的作用,也是理解契约观的必要教义。真相是"以色列的遴选"与"以色列的契约"是同一枚硬币的两个面,两者都是经典犹太世界观的核心内容。

我们的祖先认为他们被拣选成为"祭司的王国"和"神圣的民族",这一拣选同时让他们负有出于愿意接受这一身份而应承担的责任和义务。这一拣选远不是一种特许或特权,它要求犹太人不仅对上帝,而且对作为他们同胞的人类担负额外的责任。就像《托拉》的祈祷词所表达的,我们民族总会感到出于这一目的

被遴选所带来的荣幸。但是,他们经常为了坚持这一角色而不得不付出血的代价,这使得他们同以赛亚“受难的奴仆”的形象联结在一起,即为了将上帝的真理带给世界,他们遭到他人的打击和嘲弄。

即使那些根本不接受“选民”信仰的人也欣赏这样一种论断,即犹太人与其他民族不同,他们出现在历史舞台上是为了成为一个献身于上帝的民族。那么,“以色列的遴选”正体现这种召唤的意识,而忠诚于契约也意味着完成选民任务不仅对以色列的持续存在,还是对整个人类的福祉都至关重要。

对现代的传统犹太人而言,遴选的教义与以色列的契约为犹太人提供了一种超越狭隘的自我利益的意义。它意味着,因为我们特别的历史与独特的遗产,我们正处在一种位置上,即要向世人昭示,认真对待与上帝达成的契约观念的整个民族,尽管遭受压迫和苦难,但不仅让自己兴旺,还能成为他们后代和他们的邻人幸福期望的源泉。这也要求我们有义务在世界范围内建立一个正义和怜悯的社会,尤其在以色列地,我们可以通过个人和集体的榜样来告诉人们什么是“契约的民族和世界诸民族的指路明灯”。

二、以色列国和宗教的角色

(一)宗教自由

以色列国是历史上的一种独特现象,一方面,它是且应成为保障其所有公民自由思想和行动自由的民主国家。另一方面,它是且应该成为独特的犹太人国家,培育犹太文化与宗教价值。在以色列社会平衡民主目标与犹太目标带来了持久性的挑战。

我们相信人类精神的自由是犹太传统的基本理想,同时我们也认为民主的本质是双重的:它表达了大部分人的意愿,也小心谨慎地保护着少数人的权利。因此,以色列国所通过的法律,它的城市、乡镇和其他政治实体,不应该只用以支持单一的宗教观念或是权势集团,并排斥其他观念和群体。为全体犹太人建立的以色列,应该在行动上和法律上为犹太生活的多元主义提供支持。这个国家应该允许所有拉比,不论其归属,履行包括主持结婚、离婚和皈依等事务的职能。

(二)宗教因素

保守派运动宣称,在犹太生活方式中得以反映的犹太教构成了确定、区分、团结和保存犹太民族最为显著的因素。所以,我们认为,以色列国应当在其所有的国家代理机构和政治部门中鼓励犹太生活方式。在没有神权政治的情况下,以色列国应当体现犹太教最高的宗教和道德价值,并在自由社会尽可能最大限度地弘扬犹太生活方式。因此,我们欢迎安息日、赎罪日、饮食法和其他律法,得到这个国家民政和军事部门的支持和遵守,以及犹太历法被普遍使用。甚至在世俗学校教授犹太经典资源,如《圣经》与拉比文献,至少犹太礼仪也得到承认。

在我们强烈赞同维持以色列国犹太特征和氛围的必要性的同时,我们将其看成一种高于一切的道德准则,无论是国家还是它的政治部门和代理机构都不能在宗教信仰与实践领域采用压制措施。鉴于犹太人在观点上存在广泛分歧,我们认为在涉及个人身份的问题上,应该服从世俗法律,在赋予每个宗教团体处理自身宗教礼仪的权利的同时,世俗法律也应为那些希望以民事方式进行结婚、离婚的人提供选择。

(三)宗教理解

我们号召在以色列社会宗教与非宗教因素之间开展最广泛的对话。以色列社会在宗教路线问题上日益增强的极端化以及与之相伴的暴力和敌意的增长应走向终结。

在应对以色列社会面临的挑战的过程中,我们欢迎所有从传统和现代犹太资源获取有益洞见的努力。我们鼓励在这方面开展持久性活动并期待在这一过程中作出我们独特的贡献。

(四)自由社会中宗教的角色

宗教作为一种道德力量会给人带来祝福,若仅作为政治力量则会成为一种威胁;那些压迫公民,并力图让他们在宗教上顺从的政党,无论是宗教政党,还是世俗政党,都是在败坏宗教和政治。他们追逐权力,经常倾向于让犹太人摆脱上帝和宗教。宗教之音在权力的堡垒与精神追寻者内心能更好地被倾听,如果那种声音不是使用自私自利的计谋来获得权力的话。这不意味着当政治上的政策横行无忌地冲撞道德准则时,宗教领袖可以不去大胆地进行抨击。相反,这是一条律法,我们期盼以色列宗教领导人能谴责行为不道德的政治领袖与违反宗教和伦理准则的政府政策。

(五)以色列的独特性

我们希望以色列国将继续作为一个强大和安全的民主国家而存在,这里将成为犹太人逃离压迫的避难所和那些选择继续从事“阿利亚”活动的犹太人的家园。我们不是把以色列国只看作另一个国家或政治实体;相反,我们将以色列国设想为宗教与道德原则的典范,以及无论种族、宗教、族群起源和性别,赋予所有公民以平等民事、政治和宗教权利的典范。我们认为,对于以色列国作为民主的犹太人国家的石蕊测试,关键看其对待宗教和少数族群的态度。犹太人在流散地上已经成为压迫和歧视的牺牲品,所以,他们应当对各种生活在以色列国的民族和宗教群体的社会福祉有特别的敏感性。

我们非常强烈地意识到以色列国的安全需求和复杂而扭曲的国际关系。我

们认识到以色列国必须在不道德的国际水域驾驭危险的航程。虽然如此，我们还是回想起先知对我们民族的教诲：成为“一个契约民族，一盏照亮其他民族的明灯”。以色列的再生给犹太人成为一个神圣的民族和给其他民族带来福祉的民族提供了独特的机遇。因此，以色列国也理所当然地为其他民族在社会正义、公义、怜悯，以及对拥有所有信仰和族群的公民显示同等之爱等原则基础上，来构建他们的社会树立了典范。

我们希望以色列国忠实于其独立宣言所援引的原则，以至于这个国家将继续维持我们的先知与圣贤所立下的道德原则——他们在政府管理和国际事务中从未停止对道德的呼吁和要求。我们期待着我们的先知所预想的那一天，那时“一国不会拿起刀剑去反对另一国，也不再知道战争”。

三、以色列和大流散

（一）以色列的核心角色

我们对以色列国（*Medinat Israel*）以耶路撒冷这个神圣与和平之城为首都，及其在以色列地（*Eretz Yisrael*）的存在感到欢欣鼓舞。我们认为这一现象不仅具有政治或军事层面的意义，更为重要的是，我们认为这是一种奇迹，反映了上帝的意志在人类事务中的显现。我们对这一奇迹感到荣耀，我们庆贺锡安的再生。

自古以来，以色列地就已在世界犹太人的生活和文化中扮演至关重要的角色。《圣经》表明上帝曾将以色列地许诺给我们的祖先及其子孙。上帝与犹太民族之间的契约（*brit*）成为一条牢不可破的纽带，连接我们和我们称之为以色列地的地理实体。长期以来，我们尊崇并珍视耶路撒冷和以色列地，为在那里生活感到荣耀，我们为它们祈祷，为它们魂牵梦绕，我们寻求有一天能够定居在耶路撒冷和以色列地。

对以色列地的炽热依恋持久贯穿于我们悠久的历史中，作为跨国民族，我们超越国界线，事实上生活在世界上的每一个地方。无论在哪里，只要我们得到允许，我们就视自己是所居住国家的公民或本土人，以及忠诚于我们所在的国家（host nation）。我们的宗教曾以土地为中心发展起来但没有受制于那块生发的土地；它已经发展成为一种便携式的宗教，以至于尽管我们在精神家园之外经历了长期的流散（Galut），但即便在流散地（tefutzot），我们仍旧能够创造性地并富于精神活力地生存下来。

的确，自先知时代以来，流散地就已存在于犹太社团。通过几个世纪的变化发展，以色列地和流散地孰轻孰重显得起伏不定。究竟是流散地比起锡安山更富有创造力，还是锡安山比流散地更重要，讨论这个问题没有太大的意义。重要的是如同世界犹太人丰富了以色列地的生活一样,以色列地也丰富了世界犹太人的生活。

(二)保守派犹太教与以色列

我们坚定地支持犹太复国主义的理想,为把我们的民族从流散地聚集在一起并重新建立起一个国家的以色列国所取得的成就而备感骄傲。以色列国及其社会福利是保守派犹太教运动和所有忠诚的犹太人主要关注的目标。诚然,保守派运动不是总是同意以色列国政府在对内和对外事务上所持的立场。虽然我们经常遭受歧视性政策,但是我们仍然在经济上、政治上和道德上坚定而忠诚地支持以色列国。保守派是世界犹太复国主义组织的成员。我们在以色列已经作出了一些重要努力,例如兴起马所提(*Mashorti*)运动,增加公会的数量,开办一所拉比学校,建立一处基布兹,建立一处莫沙夫(*Moshavo*),组织一次青年运动,开办学校和成人教育项目。保守派拉比与平信徒开展"阿利亚"运动的人数不断上升,作为一种价值、目标和律法,我们鼓励并珍视移民以色列国的"阿利亚"。每年,我们当中有成千上万的青少年人,受到我们信仰资源的激励,到访以色列国并在那里学习;也有成千上万的成年人到这里朝圣和参观犹太会堂。保守派祈祷文也认识到以色列再生的意义,所以我们的公会也会兴高采烈地庆祝以色列独立日(*Yom Ha-atzma Vt*)。

(三)不同的犹太生活中心

我们认为,否认以色列地和流散地的互补性角色是对犹太历史的误解和对犹太生存的威胁。当前,在流散地有各种各样的重要的犹太生活中心。流散地犹太人对以色列国提供了至关重要的政治、经济和道义支持,以色列国给流散地犹太人带来一种自豪和自尊的意识。有些人把以色列国的角色看作世界犹太人的文化与宗教中心;另一些人则坚持认为自先知时代以来,在以色列地和流散地各种不同的犹太生活与文明中心,都成功维持"以色列民族"(*Am Yisrael*)和"以色列地的《托拉》"(*Torat Yisrael*)的创造性存在:以色列地产生了大部分的《圣经》、《密释纳》、以色列地的《塔木德》、主要的《米德拉西》文献、祈祷书和其他伟大的著作;而流散地则贡献给我们《巴比伦塔木德》、希伯来诗歌、哲学作品、评注、法典和其他传世久远的作品。各种不同的犹太社区在持续的相互丰富对方的共生过程中开展着密切的互动与交流。

我们意识到以色列地和流散地在面对独特挑战的情况下获得了不同的优势。不过,只有在以色列一个犹太人才可能会过上一种无所不包的生活。在那里,通过国家的民政机关和军事机构,安息日、赎罪日和犹太教饮食法在官方层面得到不同程度的遵守;在那里,希伯来语成为国家语言,在每所学校都会学习《圣经》。看似悖论的是,在犹太国家表达犹太身份的自由与宽松给人造成了一

种错误的印象，认为以色列不需要像流散地那样，用宗教来维持犹太人的幸存。我们不认为犹太认同可以被以色列认同或是说希伯来语的能力替代。我们相信：犹太宗教在本质上是伦理与道德价值的源泉。以色列犹太人受到持续的生存压力的困扰，那种压力就是在面对发誓要摧毁这个国家的死敌的严峻挑战下，如何求得肉体上的生存。以色列也面临着维持、保存和强化犹太道德价值与伦理准则，及其独特的犹太特性的挑战。1900 年来，犹太民族第一次成为自身政治、经济、军事事务的掌控者，并对自己的国家，以及在涉及同外国政府的事务方面行使完全的主权。

流散地犹太人则面临着其他困境。在有些地方，如苏联和伊斯兰国家，犹太人受到宗教上、种族上和政治上的迫害，同时，犹太人和犹太教的幸存处于危险当中。生活在这些社区中的许多犹太人在应对极为不利的环境，维持对犹太教忠诚方面，显示出巨大的勇气和对信仰高度的忠诚。他们必须得到帮助，要么帮助他们迁出所在国，要么帮他们在其居住地建立一种更强大的文化和宗教生活。

一方面，在那些犹太人能自由践行他们宗教的地方，我们也不得不去解决犹太人同化的问题。另一方面，现今与其他宗教与文明相互交汇和相互哺育，如同过去一样，可以丰富犹太教的内涵。

以色列国家和流散地犹太人都有各自扮演的角色，任何一方都应以每一种可能的方式去帮助和丰富另一方，每一方都需要另一方。我们热切期盼锡安真正成为《托拉》和耶路撒冷的中心，成为一座照亮犹太人和整个人类前进道路的灯塔。

四、犹太人与其同胞的关系

（一）犹太人一体观的含义

保守派运动一直坚持捍卫犹太人一体（*K'lal Yisrael*）观念的重要性，依据这样一种观念，我们认为，所有犹太人，不论其哲学或宗教归属，都是一个民族，是以色列民族的一部分。同时我们也相信，每一个犹太人都以不同的方式对西奈山上的托拉启示作出了回应。正如先贤所指出的，每一位个体犹太人根据他或她的精神能力或敏感性感知着来自上帝的信息。对我们而言，这就是宗教多元主义的意义，我们坚持认为，这一真理在今天，如同过去一样，仍然是不能被亵渎和冒犯的。我们并不将这看成一种诅咒甚至是一种不可避免的恶；相反，我们将这种多样性当作一种对丰富和激励当代犹太生活和思想的祈愿、一种积极性的元素。

(二)保守派犹太教与其他犹太群体

我们接受犹太教中的基本原则:所有犹太人都应成为对彼此负责的伙伴。因此,自所罗门·谢赫特时代以来,我们一直致力于为全体犹太人谋福祉,以至于有时我们会把我们自身的利益放在一边,因为我们相信以色列民族的福祉远胜于所有狭隘的利益。此外,我们对文明礼仪的缺乏深感遗憾,因为那将损害犹太社区内部协作性的努力,也会把多年以来辛苦建成的脆弱的犹太统一体撕成碎片。

(三)增强犹太人团结的需要

我们认为加强团结犹太人的保护组织,无论是宗教的或世俗的,对犹太人来说是至关重要的。我们非常清醒地意识到今天在北美组织性的犹太生活存在缺陷。然而我们想要强化包括美国会堂理事会、各种拉比董事会、美国主要全国性犹太组织主席团大会、犹太教育董事会、全国性和地方性的犹太社团理事会、联盟网络、犹太联合募捐协会、以色列盟约组织,以及试图超越宗教分歧、致力于为全体犹太人谋福祉的组织。在面对经久不衰的敌人和广泛蔓延的反犹主义时,犹太人的团结显得比过去更加重要。另外,我们也必须找到用以解决皈依问题和实现宗教离婚(*Gittin*)的统一方法。

(四)犹太人与其同胞之间的关系

面对主要在宗教团体之间不断加大的裂痕,最为根本的考虑一定是要促进犹太人的团结。只有当犹太人彼此和谐且和平生活在一起,而且我们的民族拥抱兄弟情义和对彼此的敬意时,我们才值得实现弥赛亚的救赎。

五、与其他信仰的关系

自以色列各个部落最早定居迦南地开始,犹太人一直与其他信仰者和民族紧密相邻,并发生着密切的接触。这一点在以色列地和流散地都是同样真实的。历史地看,一个犹太社团针对非犹太人采取的态度一般取决于这个社团同其直接近邻的关系。"黄金时代"伊比利亚半岛上的犹太人,以非常积极的态度看待他们生活其中的穆斯林;然而,在莱茵兰地区的犹太人、十字军东征期间殉难的犹太人,则产生一些强烈的反异教徒的言辞。然而,贯穿犹太历史,在所有区域和所有土地上,一直存在大量的文化上的影响和借用,一种在两个方向上同时进行的相互交流,而犹太人与非犹太人均受益于此。

犹太文化一直得以发展——这也是大流散最大的积极性特征——是因为我们认识到我们拒绝另一个民族的信仰,但并不需要拒绝其全部的文明。一方面,尽管我们经常与世界其他民族处在紧张状态中,但我们的《圣经》采用并发展、改

编了他们的一些神话，我们的《塔木德》利用过他们的词汇及习俗，我们的诗歌采用过他们的格律，而以色列国家受益于世界文化的诸多方面。另一方面，我们在宗教、哲学、法律、社会制度、艺术和科学领域所创造的成就，也一直自由地为世界其他国家和文明所借用。

当今社会没有与这种历史趋向相分离。北美犹太人体验了前所未有的祝福，充分参与到自由国家的政治活动中来，结果，他们也获得了与其他信仰和文化进行富有成效的交流的多重机遇。在美国，犹太人与其他宗教群体有诸多共同点，因为我们与他们中的许多人都拥有一段相似的相当晚近的移民史，也因为我们作为宗教群体，在这宪政体制下的世俗国家，都远离拥有政治权力的官僚机构。在这样的背景下规划共同的议程就变得相当容易，所以，在北美，人们看到一种非常健康的不同信仰间对话与合作项目大量增长的现象。而在以色列地，尽管在阿拉伯人和犹太人间存在明显的紧张关系，但是中东的犹太人与非犹太人之间一直有相互影响。这种影响扩展进入犹太—伊斯兰对话领域是人们所真诚期望的。

作为保守派犹太人，我们毫无愧疚地承认，犹太宗教和文明从世界许多其他民族中获取了诸多教益。我们怀着对侍奉上帝的其他方式的敬意，避免趾高气扬的胜利心态。迈蒙尼德曾认为，其他一神信仰——基督教和伊斯兰教——在全世界范围内传播着关于及忠诚于上帝和以色列人《托拉》的知识。许多现代思想家，包括犹太人与非犹太人，都已经注意到，上帝也适合与其他诸多民族订立契约。在涉及其他民族的时候，任何一种观点都完美地同这个民族对自身信仰和宗教生活模式的忠诚结合在一起。

如果说我们要在自己社区内批评趾高气扬的胜利者心态的话，那么，真正的与其他信仰群体的对话要求我们在批判胜利者心态的同时，也要批判社区中有些人存在的失败情绪。20世纪下半叶，如果没有坦诚面对过去数个世纪以来加诸犹太社区的偏见、神学上的憎恶和迫害，以及最终达至顶点的大屠杀的恐怖，那么，犹太人与基督徒之间，就不可能建立起一种真诚的、相互尊重的关系。除非明确承认并寻求同穆斯林对犹太人的敌意，以及在以色列地让人感到困扰且日益增长的反阿拉伯主义的回应所造成的可怕的社会和政治影响进行战斗，就不能在犹太人与阿拉伯人之间培育起良好关系。但是，所有这些关系，通过适当的方式进行处理，就可以给犹太社区乃至整个世界带来巨大福祉。如同晚年的亚伯拉罕·约书亚教授所指出的，“没有任何宗教是一座孤岛”。

神学上的谦逊要求我们认识到尽管我们只有一位上帝，但是上帝不止有一个民族。我们的传统清晰地确认上帝一开始施约于亚当和夏娃，之后又与诺亚及其家族立约，后与亚伯拉罕订立特别的契约，最后在西奈山给予以色列伟大的启示。我们使命的一部分是:理解、尊敬世界上其他民族,并和他们共同生活在一起,洞察他们文化中的那些真理,从中我们能学到并与他们分享我们已经知道的真理。

六、社会正义:建设更美好的世界

(一)普世主义和特殊主义

从最初开始,犹太教就一直试图平衡普世主义和特殊主义因素。犹太人自然会关注犹太人的需求以及犹太民族的命运和信仰。我们的礼拜和仪式在我们生活中显得重要,我们的国家及其主权具有极为重要的意义,犹太人的利益和需求至关重要。

同时,我们被告诫绝不能不关心其他民族的问题。先知竭力同一切试图将犹太信仰限制在祭典和礼仪领域的行为作斗争。在不否认犹太仪式的美妙和意义的同时,他们也要求将信仰指向外部世界,指向上帝的要求,即在圣殿之外践行我们的信仰,并且把它融入我们与我们人类同胞的关系中。犹太教要我们接受的诫命非常清晰:"正义,你要追求至公至义。"(《申命记》16:20)先知们总是不厌其烦地呼吁我们放松对受压迫者的束缚,给饥饿者食物,给无衣服者衣服,为无家可归者提供住处。他们大声抨击那些极端压榨穷人的人,他们急迫地要求对寡妇、孤儿、异邦人和遭遇贫困的人施以正义和同情。(《阿摩司书》2:7;《以赛亚书》10:2)他们的愿景是达成一个符合上帝创世目标的正义和人道的社会。

尽管犹太人内部利益是《塔木德》拉比的首要关注点,但他们并不生活在孤立之中,也不要求我们对外面的世界漠不关心。祈祷文"颂扬上帝是我们的职责"(Aleinu)中所表达的"进入这个世界"反映了我们对所有民族的关注以及在上帝王权统治之下修复和改善世界的冲动。与这种方式一致的是,先贤们规定我们要给予急需帮助的非犹太人像犹太人一样的救济。先知式的社会正义的理想在《哈拉哈》文集中得到具体而充分的表达,《哈拉哈》正是寻求创造一个关心无家可归者、贫穷者和外邦人福祉的社会。《哈拉哈》坚持认为,没有人可以为了排外性地追寻上帝而拥有忽视社会不公现象的权利。同样,中世纪的导师,以及后来的哈西德运动和穆萨运动,尽管强调虔诚和仪式,但从来没有免于敦促我们践行真诚而充满怜悯地对待我们的同类。

(二)保守派犹太教与社会正义

犹太教保守派有长期地、光荣地关注犹太人和非犹太人社会正义的历史。犹太神学院首任院长萨巴图·莫雷斯(Sabato Morais),当他在赎罪日公开为罢工的衬衫制作工进行祈祷时,其作为费城拉比的地位受到了严重威胁。在更近

的时期，亚伯拉罕·约书亚·海舍尔(Abraham Joshua Heschel)博士成为这个国家的良知所在，他因关注年老者、年幼者、患病者和无助者，尤其是热情拥护美国黑人争取公民权的事业而受到广泛认可。海舍尔谴责种族主义为“一种眼疾，一种心灵的癌症”，而他和无数保守派拉比、平信徒与马丁·路德·金手挽手地举行游行示威，以要求黑人获得基本人权。

多年以来，联合会堂、拉比会议和其他保守派运动的羽翼组织基于处理我们时代中出现的不公正和悲剧的需求，已经发表了一些意义非凡的声明。这些关于社会正义的声明敦促我们的国家致力于核裁军、消灭贫穷与无家可归现象，创造一个国家健康计划，同时采取其他措施救助贫困者。保守派犹太教重申了其致力于社会正义和帮助所有信仰和族群起源的人实现自由的承诺。

(三)未完成的议题

一则古老的《米德拉西》暗示，在上帝六天创造世界之后，世界仍未完成。而我们作为上帝的合作者，可以继续完成这一工作。在我们面前有一个未完成的议题：在上帝王权统治下修复和改善世界(le-takken olam be-malkhut shaddai)。犹太人关注犹太幸存和延续性的内部问题是恰如其分的。然而，无论作为一场运动，还是作为一个个的个人，我们采取行动，完成我们传统所发出的促进正义、自由与和平事业的号召，才是最重要的。甚至在为苏联、阿拉伯土地上、埃塞俄比亚和其他地区受迫害与压迫的犹太人大声疾呼时，我们也必须为世界范围内可能出现的核毁灭、种族歧视、饥饿和贫穷的危险，以及对环境的威胁而奔走呼号。如果说有必要实现这些目标的话，我们必须和拥有所有信仰的同胞公民一起努力并采取政治行动。我们必须牢记我们是代表异教徒有罪者向上帝祈求正义的亚伯拉罕的后代，是拒绝奢华的埃及宫廷来侍奉其民族的摩西的后代。我们绝不能忘记我们曾经是埃及土地上的异乡人，这理所当然地让我们将注意力转移到缓解痛苦和不幸上，使我们去帮助那些不曾品尝过自由福祉的人获得自由。

在处理这些问题的时候，观点和方法上存在合理分歧。有些人为和平的利益愿意进行妥协，另外一些人则坚持正义而不愿意妥协。不管哪种方法都需要进行协调和合作以实现目标。

总之，我们绝不能屈服于冷漠、愤世嫉俗和失败主义。通过我们积极致力于实现源于《圣经》和拉比律法及知识的正义理想，我们在创造一个更加完美世界的过程中，将完成作为上帝的伙伴的责任(shutafo shel ha-kadosh barukh hu be-maase bereshit)。

第三部分　按照《托拉》规定的那样生活

一、关于妇女

每个人的尊严问题一直以来是犹太教关注的核心问题。这一根本性的前提是从《圣经》的《创世纪》第 1 章第 27 节和第 5 章第 11 节声称的内容——“神就照着自己的形象造人，乃是照着他的形象造男造女”衍生出来的。

两性平等在保守派犹太教的祈祷书中，在男人和女人感谢上帝按自己的神圣形象创造了他们的祷告中得到清晰确认。自所罗门・谢克特时代以来，妇女得以进入犹太教育领域，这对保守派犹太教来说是具有标志性意义的事件。在我们几乎所有的会堂里，男性和女性都坐在一起。事实上现在所有会堂都庆祝的犹太女孩的成人礼(bat mitzvah)，最初也是由保守派运动中的摩迪凯・M. 卡普兰教授发起的。多年以来，我们的运动一直鼓励妇女担当社团服务和领导者角色，无论是在专业领域还是一般性能力的领域。最近一段时间以来，关于妇女角色的讨论在一些地区的某些部分重新燃起了对诸如围绕礼仪性浸礼池的使用而建立家庭洁净系统(tohorat ha-mishpahah)，创造女孩的命名仪式，尤其是女性遵守新月节(rosh hodes)礼仪等多种多样问题的兴趣。

我们深信，在《哈拉哈》的框架中，每一个人的正义和尊严都可以实现，这样也就消除男女不平等造成的类似于阿古纳特(agunot，如果她们的丈夫不主动提出离婚，那么妇女就不能再婚)的情形。在犹太律法与标准委员会多年研究和试验之后，保守派运动对这一领域的诸多棘手问题提供了令人满意的、切实可行的解决方案。

保守派犹太教对女性在犹太仪式中的角色问题存有许多不同意见。一方面，许多人认为，女性在仪式参与过程中应当可以承担所有的权利与责任，包括作为拉比和领诵员。事实上，犹太神学院现在已开始授予女性以拉比圣职并核准她们成为领诵员，而拉比会议也接受女性作为其成员。另一方面，这场运动中的一些人相信，当今女性能够在传统宗教习俗的氛围中找到宗教上的实现和成就感。

关于女性角色和权利细节持有不同观点的人都接受《哈拉哈》作为犹太人生活的统治性框架地位。

二、犹太家庭

犹太传统把家看作微型的避难所。家庭是犹太人宗教生活的主要中心。保

守派犹太教确认犹太家庭的中心地位,并将家庭作为圣化我们日常生活的方式。

犹太家庭应该通过犹太仪式用品、书籍和艺术得以辨识出来。门上的门柱经卷(mezuzah)不仅是《哈拉哈》的诫命,也是一种犹太认同的标志。这些仪式用品如精致的安息日烛台、祈福用的杯子、光明节烛台和安息日结束仪式的布局应当反映犹太人"圣化诫命"(hiddur)的理想,即增强我们神圣意识的审美意识。

犹太活动创造了家庭的犹太特征。仪式用品意在用来履行诫命。家庭中的谈话应该引发对以色列、犹太民族的兴趣和关注,也应当关注整个人类面临的伦理和道德问题(慈善、施善、hasadim)。对犹太知识的学习,不管对于成年人还是儿童,都应该成为犹太家庭常规性的活动。

犹太家庭应该体现犹太历法变化的节奏,如安息日、赎罪日及犹太人生命周期的循环,伴随从出生到死亡所举行的宗教仪式。

桌子是所有家庭成员共同参与的一种宗教布景。遵守犹太饮食法、吟诵诗祷文赞美诗以及其他在我们就餐时间所举行的仪式都有助于培养这样一种意识:我们每一种行动都可以充满宗教意义。

家庭中的人际关系应该反映诸如爱、忠诚、纯洁、家庭安宁(shalom bayit)、尊敬父母和相互尊重(kevod-ha-briyot)之类的宗教价值。认识到性关系本质上是神圣的,这一点是犹太传统的基本前提。

在家庭中践行犹太教是所有犹太人的责任和权利,不管是单身还是已婚,不管是否有孩子。

三、祈祷

我们把"tefillah"翻译为祈祷,但在英语单词里暗含"祈求"的意思。犹太人的"tefillah"体验包括比"祈求"更加丰富的内涵。它包含承认上帝在我们生活中扮演的角色、赞美上帝、忏悔、回归上帝、对犹太民族和这个世界理想的阐明以及对从《圣经》一直到今天的神圣文献的研读。"tefillah"的希伯来语词根显示,其重点强调的不是"祈求"的意思,而是作为自我提升前奏的自省。

那些看到这个充满着上帝存在的世界的人,每天在很多场合都以"tefillah"对世界作出回应。犹太会堂和特殊的节气或事件都可以成为祈祷的催化剂,但这只会发生在那些准备追寻上帝的人心灵之中。

(一)固定祈祷和即兴祈祷

犹太传统为祈祷的次数、内容和顺序构建了一种叫"keva"的结构。因此犹太律法要求我们在固定的时间祈祷,以保证我们持续不断地认知上帝和犹太传统。此外,固定祈祷(keva)使我们能够作为一个共同体进行祈祷;只有通过协调祈祷的次数和内容,我们才能一起祈祷。通过安排固定的时间,在特殊时刻祈祷和赋予祈祷以有节奏的方式,可为生活增添意义。

然而,理想超越了固定祈祷,并要求我们带着心灵和意念进行祈祷,即用心灵引导和感受我们的祈祷。在为当代人创造生动的祈祷的尝试中,保守派犹太教公会在祈祷礼仪上将有所不同,在这方面,一个既定的公会在崇拜形式上可能会时不时地出现变化或者提供可选择的礼仪。所有这些变化都是富于创造性的犹太传统的一部分。传统的祈祷书(Siddur)随着时代的变化发展会增加和删除某些内容。这一创造性过程使得犹太人能够将传统和现代资源结合起来,从而使得祈祷更加富于精神性。保守派社团的祈祷书和其他礼拜仪式的出版物体现了新旧之间、固定祈祷和即兴祈祷(kavanah)之间的平衡。

尽管每天有固定时间和最少时间的规定,但我们还是鼓励一个犹太人在他或她被触动的任何时间进行祈祷,不管是在通常祈祷的范围之内还是之外。当一个人不能完成规定的祈祷仪式时,他应当私下诵读祈祷文。甚至可以说,祈祷的公共形式也开始于每个犹太人个体的灵魂。

(二)祈祷的精神价值

祈祷的类型——祈求、忏悔、感恩、赞美上帝、情感表达、确认理想和学习《托拉》——有很多,这使得每一个犹太人可以通过以下任何方式,从祈祷中获得不同程度的精神价值。

视角、欣赏和意义。虽然在礼拜仪式中对上帝的许多赞美看起来可能多余,但是把我们的注意力聚焦上帝及其本质可让我们超越我们自身,以上帝的视角观察世界,可以说,我们所关注的可以延伸到我们之外的人,并且欣赏到超越我们自身需要的价值。总之,祈祷的目标是将我们带入充满宇宙的上帝神圣性意识中。

社团和历史之根。我们不可避免的利己主义产生了另一个问题:我们是分离的和孤独的。为了精神上的健康,我们必须形成我们自己的个人特性。但是我们也必须创造与他人的联系:犹太教礼拜仪式通过体现对集体崇拜的偏好,通过在祈祷书中不断使用第一人称复数,通过反复提及过去、现在和未来的犹太民族等方式,帮助我们超越孤独。所有这些因素一起有助于产生一种强大的共同体意识和扎根意识。

传统知识。有时祈祷是有效的,因为它将我们的传统教给我们。犹太教把学习视为崇敬上帝的最高形式。在对《托拉》的公共阅读、阐述和讨论中这点很容易看到。这一点在对《托拉》的集体诵读、阐释和讨论中很鲜明地反映出来。在学习《托拉》的时候,一个人要重新扮演摩西在西奈山聆听和接受《托拉》。祈祷书本身对作为一个整体的犹太民族来说是一部神学作品,而犹太祈祷完全是

对个人与犹太教灵魂和精神之间联系的持续更新。

审美和情感上的影响。我们犹太人努力让我们的祈祷体验变得更加美好(hiddur mitzvah)。除了会堂和仪式绝对具有美感外,礼拜能够让我们表达我们的感觉和希望。祈祷是一个潜在表达我们现有情感和感受新情感的方式。

道德效果。设定好的祈祷时间提醒我们肩负道德使命;结果是,我们更加可能使之成为我们生活的一部分。祈祷能刺激我们践行我们应该做的事情。祈祷可以帮助我们变得如上帝般神圣:“你要圣洁,因为我耶和华你们的神是圣洁的。”(《利未记》19:2)

履行一条诫命——作为一项纪律的祈祷。有时,一个犹太人会没有心情去祈祷。然而,犹太律法规定我们有义务去祈祷。这需要纪律和责任意识,但最终这将导致我们带着专注和感情去祈祷。

祈祷的功效——上帝作为我们祈祷的听众。对于祷告者而言,祈祷能成为与上帝和犹太民族强有力的联系。人们对这一联系的理解有所不同。一些人认为,即便是公共祈祷,仍然是个体崇拜者的一种个体表达,尽管一个人通过意识到他自己、他自己的民族和上帝升华了祈祷的意义。其他一些人则相信祈祷是一种直接与上帝交流的形式。虽然这是一种更加个人化的和令人感到宽慰的观点,但引发了很多有关祈祷功效的难题。上帝能够,或者确实会回应我们的祈祷吗?我们如何得知?有时我们的祈祷会得到回应,因为我们在这一过程中实现了转变,所以,我们的目标得以实现。这对于集体祈祷和个人祈祷者来说同样真实。因此,几个世纪以来犹太人重建锡安的祈祷,让我们的民族一直保持着回归的希望,但以色列国的重生使得这一祈祷得以实现。但是,我们要理解祈祷的现象,我们发现祈祷的许多意义在于它向我们的渴望和抱负发出声音的能力、它改善我们本质的能力,以及创造一种与上帝强有力的联系的能力。

(三)祈祷的语言和音乐

根据犹太律法,人们可以用任何语言完成祈祷的使命。但是,保守派犹太人,像世世代代的犹太人一样,主要采用希伯来语祈祷。宗教使用知识性的抽象术语和情感性的强有力的术语来表达信息。当这些术语被翻译的时候,其意义和内涵都会倾向于发生改变。因此我们用希伯来语祈祷以保存所有原始意义的细微之处。希伯来语一直是犹太人礼拜祈祷的首要语言,是一种神圣的语言(leshon ha-kodesh)。结果是,通过用希伯来语祈祷,我们将自己同无论在何时何地祈祷的犹太人联结在一起。一个学习犹太教祈祷书及其音乐的犹太人,会发展出一种对希伯来语言和音乐奇妙声音及节奏的情感上的依恋。

因为所有这些原因,保守派犹太教敦促当代犹太人掌握传统犹太祈祷的艺术,包括希伯来语词汇和音乐。许多保守派运动中的教育项目试图帮助犹太人学习必需的技巧，以使其在较大程度上能够参与保守派会堂的希伯来语祈祷。同时，正如犹太人一直以来所做的那样，我们在保守派运动中通过使用希伯来语和本地语言进行祈祷，以及使用新的祈祷旋律，改善犹太礼拜仪式和增强崇拜的体验。这样，在保存通过吟唱我们的传统赋予神圣意义的希伯来语祈祷词和旋律所带来的诸多价值的同时，我们使用本地语言使得我们的祈祷具有合法性、即时性和创造性。

(四)被祈祷浸染和鼓舞的生活

保守派运动还教导我们，在多样化的环境中，存在着在犹太会堂之内和会堂之外的各种祈祷和特别的祝祷，保守派运动鼓励犹太人在适当时候吟诵它们。这样，我们会对每一个场合变得敏感，并学会对其作出回应。通过感谢上帝，我们提醒我们自己，不管是食物还是水，抑或是自然界的一切现象，甚至是生命本身的给予都不是理所当然的。祈祷也铭刻着生命循环、安息日和其他节日的里程碑，赋予了这些时刻更崇高的意义。通过这种方式，祈祷扩展了我们对上帝的感知，超越了时间与空间的限制，并且给我们作为整体的生活带来神圣的维度。

四、《塔木德托拉》

(一)终身学习

《塔木德托拉》(对《托拉》，包括所有经典犹太文本的研读)体现着犹太教价值的精髓。事实上，在所有宗教传统中，犹太教把学习当作主要的诫命和崇拜上帝的最高形式。学习《塔木德托拉》是每个犹太人的责任和权利，不论男性和女性、年轻者和年长者，也不管他目前对《塔木德托拉》的了解有多少。既然遵从犹太教的观念需要犹太人知晓其信仰和习俗，既然《托拉》的意义是无法穷尽的，那么，每一个犹太人都被要求成为“托拉之子”或“托拉之女”(ben or bat Torah)，穷尽其一生的时间来学习《托拉》。根据《塔木德》的传说，上帝自己都花了部分时间来学习《托拉》。

犹太教育不应被限制在儿童当中。相反，儿童教育被理解为犹太人终身学习的准备。从一开始，在保守派社团中，这一点既适用于男性也适用于女性。正式和非正式类型的保守派日间学校(day schools)、补习学校、青年团体和夏令营，都致力于完成造就博学者和培育投身学习之中的犹太成年人的目标。

这一目标也应当在家庭中流行开来，家庭应当支持和促进教育机构的工作。没有家庭的强化，学校不可能成功。犹太父母有义不容辞的责任教给其子女犹太教诫命和上帝之爱：“你要殷勤教训你的儿女。”(《申命记》6:7)家庭中的犹太

教育可以有正式教育的成分，但当父母以自己的行动身体力行地显示他们自己对犹太生活的忠诚时，其效果能更普遍地、更有说服力地展现出来。目前存在大量的面向父母、家庭和其他成年人的教育项目，这使得犹太人履行这一基本责任成为可能。

处在保守派社团中的我们，会最大化地利用传统学习模式，利用古代和现代的方法来学习犹太资源。这意味着犹太人在理想状态下必须尽可能多地学习传统知识资源——《圣经》、《密释纳》、《托塞夫塔》、《塔木德》、《米德拉西哈拉哈》、《米德拉西阿嘎达》、各种答问和法典。在此过程中，他们必须把他们的科学、哲学、历史、考古、文学和其他所有相关学科的知识应用到他们的学习。我们不该被限制在传统本身之内来提出问题和给出答案，相反，我们应该像我们过去所有时代那些伟大的学者所做的那样，既从传统内部，也从传统之外去理解传统的历史、习俗和信仰。保守派的学习方法是将传统评注和现代的、历史的研究方法结合在一起。我们相信这样的结合是以更加准确、更开明和更具有洞察力的方式来理解犹太人和犹太教。

除了知识上的诚实和有效之外，学习这一方式可以成为一种真正的精神体验。当我们在他们完全的、历史的背景下去了解他们的时候，我们就能带着理解和同情与经典文本的人们产生关联。通过传统与现代学习方式的结合，我们开始认识到犹太传统随时代变化而出现多样性并不断发展，这给我们一种犹太传统丰盈而富于动态的意识。整个传统变得更加易于理解；我们也明白了我们所作出的选择，并且知道了我们的祖先为什么作出这样的选择。毫无疑问，我们也面对一些传统的方面，它们从思想和道德的角度考虑是有问题的。通过这样做(学习和研究)，我们会更加欣赏我们如此之多的传统中存在的卓越敏感性、适应性、高超的智慧。并且，我们学习我们民族在多样化的生活环境中，如何追寻和发现上帝，能够帮助我们所有人在我们自己的生活中体验上帝神圣的存在。对《托拉》的研读给予每一个犹太人，而不仅是知识精英效仿上帝来思考上帝的权利。

一个有教养的犹太人应该熟悉犹太传统的宗教文本。然而，犹太知识包含太多的内容，所以，一个博学的犹太人应当熟悉犹太文学、历史、哲学和艺术。学习这些科目可以增进我们对犹太历史和宗教的理解。这些科目中一些审美的、情感的和思想的成分也有助于促进和重新强化我们的犹太忠诚，并增加作为一个犹太人的快乐。

(二)富于创造性的犹太学术

对犹太知识的学习不仅限于从过去的材料中学习，也在于我们对传统的创造性贡献，这些传统将经由我们传给下一代。保守派社团通过其教育机构的教员、学术和教学出版物、会议、博物馆、艺术和戏剧产品以及从事特定主题研究的机构和团体,在犹太学术、文学和艺术中培育了这样的创造性。所有这些领域的创造性工作进入《托拉》整体文库之中,成为现在和未来几代犹太人学习的对象。

没有人可能掌握所有的犹太传统,但是保守派运动的目标之一是鼓励每一个成员成为“托拉之子”和“托拉之女”,成为博学的犹太人和正在学习的犹太人,并且不断增长犹太知识,以更靠近上帝的存在。

五、理想的保守派犹太人

纵观犹太人的大部分历史,犹太生活是家庭、社区、会堂和律法有机结合在一起的统一体。然而,自解放运动以来,犹太教中明显出现了日益增长的分裂。我们不仅发现犹太团体之间相互对抗,而且我们理解犹太教本身的方式也变得彼此分离而不同。使得一种整体性的犹太生活得以建立的统一纲领已经完全不复存在。参与大多数人的文化类型和节奏通常会导致我们自己的文化遭到削弱,我们被迫生活在两个世界中,用一个个的碎片,如礼仪遵从或犹太复国主义、慈善或群体防卫等来代替完整的和有机的犹太教,每一个碎片都是必要的,但没有任何一个显得自足而充分。

面对这一现实,保守派犹太教开始在犹太生活中创造一种新的综合。不是倡导同化或渴望一种新的隔都般的孤立,保守派犹太教是一种创造性的力量,通过这种力量,现代性与传统相互影响并重塑彼此。

在过去的一个半世纪里,我们建立大量的机构来规划、表达和体现我们的追求。但同样重要的是,这些机构本身不能创造我们所追寻的新的犹太整体性。不管现代生活条件如何,我们必须热忱地工作,积极培养犹太人个性中存在的整体性。

理想的保守派犹太人有三大特征。第一,他或她是有意愿投身犹太生活的犹太人,其生活回应了这样的格言:“没有任何人或犹太人于我是疏远的和无关的。”这一意愿所涉及的不仅是遵守犹太诫命和增强对犹太人关注的承诺,而且通过犹太人自己的犹太性棱镜折射出生活的所有方面。每天这种人的生活与日常祈祷、安息日和赎罪日的节律一起脉动。我们传统中的道德要求驱使着每个人关注普遍的社会问题并致力于社会正义的行为。个人职业行为和社团生活的内容为我们信仰的价值所塑造,并以我们对犹太教安息日、饮食法规和对圣日的遵守为条件。这种犹太家庭里充满了犹太书籍、艺术、音乐和礼仪用品。特别是考虑到现代家庭的不稳定,犹太家庭应当依靠我们传统中的伦理洞见得以维持,